呉 佩珍
Wu Peichen

田村俊子とジェンダー・人種・階級

太平洋を越える〈新しい女〉

The "New Woman" Crossing the Pacific: Tamura Toshiko and Gender, Race, Class

文学通信

目次

II　カナダのバンクーバーにおける思想的変遷――日系社会を描く作品群をめぐって

凡例

1 引用文中の漢字の旧字体は、原則として常用漢字に統一し、ルビは適宜省略した。

2 本書における中国語文献の日本語訳は、特別に注記する以外、すべて筆者によるものである。

3 本書における英語文献の日本語訳は、特別に注記する以外、すべて筆者によるものである。

4 田村俊子の筆名は、原則としては、作品の初出で使用されたもので表記した。基本的には、一九一八年以前、「田村俊子」として、日本に帰国した一九三六年以後、「佐藤俊子」として表記した。そのほかの筆名について、カナダ時代には「鳥の子」、そして上海時代には「左俊芝」がある。

5 現在使用されることが好ましくない用語が本書の引用文に見られる場合も、歴史的文献であることに鑑み、原文のままとした。

1918年10月11日、カナダのバンクーバーに赴く船、メキシコ丸の甲板で撮った写真。横浜にて。34歳。

序章

1　まえがき

本書は、二〇〇四年三月に筑波大学文芸言語研究科に提出した博士論文「太平洋を越える「新しい女」――田村（佐藤）俊子にみるジェンダー・人種・階級――」を加筆、改稿したものである。その後、二〇年間も経た今、田村俊子研究において、上海時代に関する研究成果が最も多い。本書は、最新の研究動向を取り入れ、特に『女聲』の編集長である俊子と『女聲』の編者の一人であり、女性作家、そして中国共産党の地下工作員でもある関露、そして田村俊子と関露との関係について、適宜資料を補足した。最新の研究動向に照らし合わせれば、田村俊子の近年の研究動向は、殆ど俊子の上海時代、そして雑誌『女聲』や『女聲』をめぐる人間関係に焦点を当てていることがわかる。それに対して、本書の目的は、日本から北米へ、そして最終的に中国にわたった田村俊子の作品とその思想を時系列に沿って分析し、そのなかに見えた田村俊子の「ジェンダー」「人種」「階級」言説の形成の軌跡を解明することにある。

2 作家・田村俊子の足跡

田村（佐藤）俊子（以下、俊子）は一八八四年四月、東京・浅草に生まれた。一九〇一年、一七歳で日本女子大学国文学科に入学したが、心臓病を患い一学期で退学した。その後、幸田露伴の門下生となり、その関係で最初の夫・田村松魚と出会う。彼は、同じく露伴の門下生で、俊子の兄弟子であった。俊子は、露伴から「佐藤露英」の筆名をもらい、樋口一葉のような文体で小説を発表していた。しかし、当時、流行していた自然主義の潮流に接し、自分の作風に疑問を抱きはじめ、女優として活動するようになり一時期文壇から遠のいた。一九〇六年の夏頃から、俊子は、毎日派文士劇の女優になり、舞台名も筆名と同じ「佐藤露英」を用いた。一九〇七年、川上貞奴が帝国女優養成所を成立した際、第一期生として入所したが、一九〇八年、創作意欲が再燃し、舞台から退く。

一九〇九年五月、松魚は、八年間のアメリカ滞在を終え帰国した。俊子は、未入籍のまま、彼と結婚生活をはじめた。ところが、松魚の文筆活動が思いどおりにいかなかったため、生活は逼迫していた。そこで松魚に強く促されて、俊子は、一九一〇年に「町田とし子」の筆名で「あきらめ」を『大阪朝日新聞』懸賞小説に応募し、その作品は、二等（一等に該当なし）に入選した。これがきっかけで、作家「田村俊子」が正式に誕生した。同年、中村吉蔵主催の「新社会劇団」の『波』に女優「花房露子」として出演し、好評を博す。だが、「新社会劇団」は、興行成績不振のため解散を余儀なくされ、その後、俊子が舞台に立つことは二度となかった。

作家「田村俊子」として出発した俊子は、同時期に設立された「青鞜社」に参加し、機関誌『青鞜』創刊号に「生き血」を寄稿した。この時期、「青鞜」同人であった長沼（高村）智恵子、平塚らいてう、そして尾竹紅吉等と交遊関係にあった。彼女たちとの交遊については、「悪寒」（一九一二年一〇月）、「平塚さん」（一九一三年七月）「日記」

(一九一三年七月)などの作品から窺い知ることができる。また、『あきらめ』に表れている同性愛の雰囲気も、これらの作品に見てとれる。

その後、「女作者」(初出原題「遊女」一九一三年一月)、「木乃伊の口紅」(一九一三年四月)、「炮烙の刑」(一九一四年四月)などの代表作を発表したが、これらの作品は、いずれも「両性(男女)間の相剋」を主題にし、官能的雰囲気の漂うものであった。また、そこに表れている夫婦間の確執は、そのまま松魚と俊子夫婦の実生活を反映したものだと思われていた。このような作風は長くつづくことがなく、一九一五年頃になると、創作力は徐々に衰えはじめる。実生活では、夫・松魚との諍いが絶えなかったため、一九一六年の年末から翌年の春にかけて、別居生活に入り、湯浅芳子と同居しはじめた。一九一七年に入ってから、創作力の衰退と借金とによって経済的行き詰まりを見せ、生活に破綻が生じはじめた。さらに春頃から、鈴木悦との恋愛関係に入り、行方をくらませて、二人で隠れて住みはじめた。

この時期、俊子は、人形作りによって生計を立てていた。翌年、鈴木悦は、カナダのバンクーバーの日系紙『大陸日報』の社主・山崎寧の招聘に応じ、編集長としてカナダに赴くことになった。鈴木悦が、一九一八年五月三〇日に横浜を出発した際、見送りに行った俊子は、後日バンクーバーに行くことを約束した。カナダ行きの資金作りのため、俊子は多くの原稿を執筆し、また、借金に奔走した。[1] 同年一〇月一一日に、横浜からメキシコ丸で出発し、一〇月二六日にカナダのヴィクトリアに到着した。

俊子と鈴木悦がバンクーバーに移ったのは、従来の俊子の伝記研究では、ダブル不倫という困境から、また、当時の日本に依然存在していた「姦通罪」から逃れるためであったとされてきた。しかし、鈴木悦の当時の日記と文章、そして俊子がこの「逃避行」を回顧し書いたエッセイを読めば、決して単純に「駆け落ち」を目的とする「逃避行」ではないことがわかる。俊子は、樋口一葉以後、筆一本で自立できた最初の女性作家と讃えられてきた。女性作家としての重圧、さらに創作力が枯渇していくことについて、後年、彼女はこう述懐している――「真の芸術は独創でなければならぬといふ信念を抱いていた私は、創作をするようになつても、他の追随を許さぬといふ見識で、男性の持たぬ境地、彼等の知らぬ世界を書くことにばかり一生懸命になつていたし（中略）自然頽廃的な女の官能、女の感覚、女の悩み、女の恋愛と云ふようなものばかりを書いたものである。やがて私の芸術は行き詰まつて了つた（中略）そこには広い人生もないし、健全なものへの憧憬もないし、新しく踏み出して行くことの出来ない狭い世界ばかりだ。私の筆は鋭い神経と爛れた官能にだん〳〵疲れてきた。残るものは腐つた感情ばかりである。これが私を苦しめ、自分の芸術に疑いが起つてから、全く自暴自棄になつた自分の生活を打ち壊して日本に暫くお別れをしたが、其の当時文壇の親しい友人に『あなたは馬鹿だ』とよく云われたものだ。（中略）その時の私は、価値のない生活、信念のない生活を続け、自分の習つた芸術の屍を守りながら生きて行くことの方が嘘で、これを潔く打ち壊していう（ママ）方が本当だと固く信じていたものである」（「一つの夢―或る若きプロレタリア婦人作家に送る―」『文芸春秋』、一九三六年六月）。

この俊子の回想からわかるように、彼女のバンクーバー行きは、単に鈴木悦との恋愛関係を維持するためだけではなかった。創作の行き詰まりと、それによって破綻が生じた生活も、バンクーバー行きの要因の一つであり、また、思想面に生じた変化も、バンクーバー行きの要因であったと考えられる。この時期の鈴木悦の日記から、そのことが窺い知れる――「日本文壇は正に混乱の状態にある、一つの権威ある批評もなければ、一つの優れた芸術もない。（中略）危険な毒悪な流行の波を、力強い、本然的な思想の奔流にまで導く人がゐない。あと二年、さうだ今は待て。力を養はなくてはならない。それからだ。私が私の生活を主張するのは。私と、あの人（筆者注：

俊子）とが自分の生活を主張するのは。（中略）今は、山に閉じた気持ちでゐべきである。苦難の修行である」（「鈴木悦日記」（一九一八年一〇月九日付）」『田村俊子作品集 第3巻』オリジン出版センター、一九八八年九月）。この引用を見れば、この時期、鈴木悦の思想面に、アナーキズムの雰囲気が漂っていたことがわかる。鈴木悦のアナーキスト的な傾向は、おそらくトルストイからの影響であろう。彼は、一九一七年初夏、島村抱月とともにトルストイの『戦争と平和』を翻訳していた。島村抱月と共訳したとはいえ、それは形の上だけのことであり、実際は、鈴木悦が独力で翻訳したものである。その翌年、日本初の『トルストイ全集』も出版された。[2] 大正期におけるトルストイは、知識人に大いなる影響を及ぼした。大正期に打ち出された「人道主義」や「自由主義」は、トルストイからの影響といえよう。一方、知識人の間では、トルストイを介してマルクス主義の流行がはじまっていた。[3]「危険な毒悪な流行の波を、力強い、本然的な思想の奔流にまで導く人がゐない。あと二年、さうだ今は待て。力を養はなくてはならない」と、鈴木はいう。彼は、社会主義の到来を期待していたのである。そして同時に、その到来時期を迎えるため、自分たちがまず外国で「力を養わなければならない」、としたのであった。

　鈴木悦の社会主義の思想的立場は、俊子の創作姿勢について書かれた次の文に一層鮮明に表れている――「真剣が欠けたら、もう私たちの生活は無い。急転直下の破滅である。あらゆる革命者の陥る危険は、何物よりも先づ第一に夫れである。あの人（筆者注：俊子）の創作態度は、いつも此の危険に片足を入れてゐた。此の革命者的態度に徹底しないうちは、とてもよい創作は出来ない。之が真の人道的態度であり、人道主義である」（「鈴木悦日記」（一九一八年一〇月九日付）『田村俊子作品集 第3巻』オリジン出版センター、一九八八年九月）。この時期に鈴木悦が書いた、俊子に関する記述からすれば、二人の恋愛関係は、思想面と芸術面において二人に共鳴しあう部分があったからこそ成立しえたといえよう。上海時代、俊子と緊密な連帯関係を持っていた中国の女性作家・関露は、渡加前後の俊子の思想の変化についてこう語っていた――「武者小路実篤が代表していたトルストイ主義は、日本文壇に影響を与えていた。女史も多く影響を受けていた。彼女の作品も人道主義に傾いていた」[4]。ここから当時の俊子は、トルストイ主義の影響を受けていたといえようが、俊子は、白樺派より、鈴木悦から直接影響を受けたのではないかと思える。

バンクーバーの日本語新聞社『大陸日報』に入社する直前、鈴木悦は、日本からバンクーバーへ向かう船上でロシアの貴族青年に出会った。この青年は、一九一七年二月のロシア革命以後、アメリカへ亡命するため密航していたのである。青年は、ロシア革命によって労働者階級が台頭し、ロシア全体を混乱に導いた、と告げた。この時の体験をもとに、悦は、ロシア革命の現状と社会改革について、書簡形式の「亡命の人」（一九一八年七月二三～二七日、七月二九～三一日、八月一～二日）を書いた。ロシアの貴族や資産家階級には、「同情すべき何物をも見出すことは出来ない」といい、その一方で「露国における民衆意志の奮起を祝福する」としている。とはいえ、ロシア国内の混乱状態を懸念し、それを導いたのは最早「民衆」ではなく、「モッブ」であり、「単なる群衆である衆愚である」と指摘した。この指摘をふまえながら彼は、社会改革の理想について、次のように述べている――「私たちの戦ひは、官僚思想を絶滅し、衆愚を開拓して民衆に迄引き上げることに其の努力の総てを置くものでなくてはならない。目覚めたる個性の総合より成る政治にして、初めて私たちの生活は善良なる保証を得るのである」[5]。この引用からわかるように、渡加前後、鈴木悦は、すでに社会主義的立場に傾いていた。したがって、この時期、悦と相通じ合う俊子の内面には、社会主義的思想が徐々に萌芽え始めていたのではないかと思われる。

一九一九年一月一日、俊子は、「鳥の子」の筆名で、旧約聖書「サムエル記」をもとにした「牧羊者」という短編小説を書いた。これは、俊子のバンクーバー時代の最初で最後の小説である。また、バンクーバー時代の俊子は、『大陸日報』に文章を発表する際、必ず「鳥の子」という筆名を用いていた。同年八月二日、俊子は、婦人問題を扱った論説「この町に住む婦人達に」を『大陸日報』「土曜婦人欄」に発表した。この『大陸日報』「土曜婦女欄」は、俊子によって設けられたもので、その間の経緯はこの論説から明らかになる――「私はここへ新たにこの欄を設けられたについて、これから引続き、出来るだけこの町に住む婦人達のよき伴侶となつて、自分の心づいた事、考へ付いた事をお知らせし、お話しやうと思ふそしてこれは其の最初のお話の一つである」。

「この町に住む婦人達に」（一九一九年八月九日）、「美の憧憬」（一九一九年八月一六日）、「真の誇り」（一九一九年八月二三日）、「自己の権利」（一九一九年八月三〇日）、「自己の権利 二」（一九一九年九月一三日）などを、俊子は『大陸日報』「土曜婦人欄」に続々と発表した。一九〇〇年代から「写真結婚」制度の流行によって、男性日系移民と結婚する目的で北米に渡る女性、いわゆる「写婚妻」が現れていた。そのため、この時期の日系社会の女性移民の多くは、「写婚妻」だと推測できる。当時、日本及び日系社会において、「写婚妻」のイメージは、「堕落女学生」言説の延長線上にあるものであった。実際、多くの女学生上がりが「写婚妻」になったことも現実であった。これらの女性たちは、日本社会内部で自分の居場所を見つけることができなかったため、その居場所を海外に求めたのである。これらの女性たちを読者に想定し、俊子は、彼女たちに「働くこと」以外に、「知識」を身につけなければならないと呼びかけた――「私たちは狭い天地を出て、広い天地へと入つて来たものである。狭い天地の下に居て十の智識を得るものならば、私たちは、二十をも百をも千をも、無限な智識を得られるやうな広い天地へと入つて来たのである」[6]。さらに、知識の獲得によって、自身の「真の思想」そして「真の生活観」を築きあげ、「日本の国内に眠れる婦人を呼び覚まし、陳腐な思想に遮られて家庭に埋まつてゐる婦人たちの思想を転換させ」ようとした俊子は、移民地の日本人女性達こそ、日本女性解放運動を担う先駆者であると考えていた。

「自己の権利」（『大陸日報』一九一九年八月三〇日）を見ると、彼女の〈ジェンダー〉問題」に対する意識が、徐々に変化していったことがわかる――「自分も同じ人間であるといふ悲惨な個人的自覚は、常に他から圧迫され虐げられつつ生存する弱者の階級の中にあつたのである。この弱者の中に婦人の階級がある。特に自己の権利を主張する為に世界の彼女等は絶えず奮闘しつづけてゐる。現在この世界の内に一とつの革命の発端を起こしつつある階級戦争に於ても、私たちにとつて一層適切に感じられ、そして注意を惹かれるのはこの婦人の運動である」。俊子が「婦人」を一つの「階級」と見、そして「婦人問題」を「階級戦争」と考えていたことは、俊子が〈女性問題〉を「社会主義」の枠組みの中で捉えるようになったことを裏付けるものである。

「自己の権利 二」（一九一九年九月一三日）は、『大陸日報』「土曜婦人欄」に発表された俊子の最後の婦人論だと思われる。ただし、その後、『大陸日報』「婦人欄」にも変化が見られ、「家庭」や「婦人論壇」などのコラムが、「婦人欄」として『大陸日報』の第三面に常設されるようになった。日本の作家や論者の文章を引用する場合以外は、「婦人欄」に発表された文章のほとんどは無署名であった。そのため、俊子が、一九一九年九月一三日以降、どれだけ『大陸日報』「婦人欄」に関わっていたかについては、今後の調査を待たなければならない。

俊子と悦がバンクーバーに長期滞在をした要因の一つに、当時、盛んになっていた排日運動があげられる。俊子と悦がバンクーバーに到着したとき、北米全体で排日運動が熾烈になっていた。当時、労働者が多くを占めていた日系移民は、長時間低賃金で働いていたので、白人労働者の手から仕事を奪い取っていた。このことが、排日運動の原因の一つとなっていた。また、日系人労働者がスト破りをしがちという傾向も、日系人労働者排斥の主因の一つとされていた。一九一九から二〇年にかけて、悦や駐在日本領事・浮田郷次は、『大陸日報』において懸命に、白人労働者と連携し白人社会に同化するよう、日系移民に呼びかけていた。その結果、日系人労働者啓蒙の効果が現れた。一九二〇年五月、カナダの労働運動の中で、白人、中国人そして日本人労働者が、初めて連合してストライキを起こした。それは「スワンソン湾盟休（筆者注：ストライキ）」であった。このストライキは、白人労働者や日本人労働者の中にスト破りが出て、失敗に終わった。とはいえ、このストをとおして、各エスニックグループ間の距離が縮まったことは事実であった。また、このストライキは、カナダの急進的な労働組合OBUが主催したため、結局、左傾的な思想が、一層、日系人労働者の間に広まった。

このストライキの失敗がきっかけで、日系人労働者に対する教育・組織化の必要が、日系社会において痛感されはじめた。ストライキの間、日系人労働者からアドバイスを求められ、彼らのために奔走していた鈴木悦は、『大陸日報』を退社し、一九二〇年七月一日、「加奈陀日本人労働者組合」を立ち上げた。さらに一九二〇年八月一一日、その機関誌『労働週報』を発刊した。それは、一九二四年三月一日から『日刊民衆』に名を改め、一九四一年九月まで続く。

鈴木悦が日系人労働運動と深く関わりつつあった頃、東京府高等女学校と日本女子大学時代の俊子の学友・小橋三四子が、ニューヨークに滞在していた。そこで一九二一年三月一一日、俊子は、モントリオール経由でニューヨークに出かけた。ニューヨーク滞在中の俊子は、観劇したり、図書館や博物館などを見物した。この経緯は、この時期、俊子が鈴木悦に宛てた書簡からわかる。

バンクーバーに戻ってからの俊子は、悦とともに労働組合運動に深く関与し、社会主義的な立場に傾斜していたことが容易に推測できる。一九二二年三月三一日、湯浅芳子宛の書簡の中で俊子は、次のように述べている――「私は大分社会主義者の傾向を持ち始めてゐます。然し、アナキーズムでもなしコンミユニズムでもなし、何ズムかまだ分からない」。

鈴木悦は、労働組合運動に全力を尽くしていたが、その一方で俊子は、女性日系移民を啓蒙するため、一九二四年二月、「通俗説話会」を設立した。俊子が日系女性達に対して抱いた期待は、一九二四年一月一日に発表された詩「婦人よ」から窺い知ることができる――「婦人の幸福の為に／婦人の生活の為に／婦人の権利の為に／もつとも愉快に笑つてください。／其れには／貞淑なる／美徳の重き冠を／あなたの頭上より／取り去らねばならぬ。（中略）婦人よ。あなたは今に／その冠の重さを感じるであらう。／そして祖母の記念の／内裏雛の冠のように／錆びたる金属の／美徳の冠をば／わが頭上に頂きつつあることを／あなたは自ら／笑止に感ずる時があるであらう」[7]。この詩からわかることは、〈ジェンダー〉問題に対して、俊子がいかなる意識を持っていたかということだけでなく、移民地の日系社会の女性たちが、伝統的な「婦徳」概念の束縛から、依然、逃れえなかったということでもある。

一九二四年三月、サンフランシスコの新世界新聞社副社長・山県繁三の招聘に応じ、俊子は単身サンフランシスコに赴いた。このとき、『新世界新聞』に「二重生活のヂレンマ」（一九二四年四月二〇日）、「美人の話」（同前）、「カリホルニアの空を眺めながら」（同年四月三〇日、五月二～三日）、「日本語教育について」（同年五月四日）、「婦人の弱点」（同前）、「『女らしい』といふ言葉の意義」（同年五月一一日）、「婦女解放運動の先駆たち」（同前）などの、「婦人問題」をめぐる論説を発表した。「『女らしい』といふ意義」の中で俊子は、つねに圧迫される「弱者の階級」は、「劣等観される或る種の民族・労働者・婦人」の三つの階級であるとしている。社会主義的立場から「婦人問題」を捉える彼女の傾向は、これらの論説のなかでより端的に表れている。また、俊子が「婦人問題」、そして〈人種差別〉問題の解決策を「社会主義」に求めるようになった姿勢も、この時期の論説から窺い知れる。

とはいえ、俊子と悦は、結局、サンフランシスコの新世界新聞社に入社することはなかった。この間の経緯について、俊子は、サンフランシスコより悦に宛てた書簡のなかで、このように語っている――「あなたは初めの自分の手紙に、民衆をやり出してから、初めて生き甲斐のあるやうな愉快さを感じると云つてもよこしたが、それは確に然うに違ひない。（中略）たとへ物質的には少しは余裕が出来たにしたところで、決していい生活に入れたといへないわけです。これはよくお考へになつて、もしもいやなら、もう止めてしまつて、民衆のために尽くしてやる方がいいと思ひます」[8]。

この決定により、鈴木悦だけでなく俊子自身が、一層カナダの日系人労働運動に深く関与していくこととなった。一九二四年一〇月、悦は鴨撃ちに行き負傷したため、俊子は民衆社に出社し、彼に代わって執筆することになった。一九二五年からは、俊子も民衆社に出社するようになり、翻訳部門を担当した。さらに、『日刊民衆』に「婦人欄」が設けられ、ここに多くの婦人論説を書いた。一九三〇年三月一二日、労働組合の婦人部が発足し、俊子はその部長となり、労働婦人運動にさらに積極的に関わっていく[9]。『日刊民衆』は戦争のため、一九四一年五月二日から一九四一年一〇月一七日まで[10]のバックナンバーをのぞくと、他のすべては散逸してしまっている。そのため、俊子の『日刊民衆』の文章は、今日、見ることはできない。バンクーバー時代の俊子の足跡を辿り紹介した『晩香坡の愛』（ドメス出版、一九八二年）の著者・工藤美代子は、当時の日系人女性を訪問し、俊子が、婦人労働組合のリーダー的な存在であったことを知る。また、「労働婦人」との国際的共闘の経験について、俊子は、「一つの夢――或る若きプロレタリア婦人作家に送る――」（『文芸春秋』一九三六年六月）のなかでこのように回顧している――「鐵のような意志を持つた加奈陀の無産婦人闘士たちが、文字通りの親愛の手を日本人の婦人労働者に向かつて差延べるのである。私が初めて経験したものは、斯うした国は異にしても同じ階級者としてその血の上に感じ合う友愛であった」。一九三二年二月、鈴木悦は一時帰国した。そのため、『日刊民衆』の編集やそれに関係する活動は、すべて俊子によって行われていた。

その時期は、一九三二年一月から二月にかけて上海事変が起こり、日本は上海に総攻撃を仕掛けていた時期であった。ここで注目したいのは、『日刊民衆』の立場である。それは、北米各地で発行されていた日本語新聞の日本語欄とは際だって異なっていた。『日刊民衆』は中国側の立場に立ち、日中間の戦争を報道していた。「胸襟を開いて語る支那軍首領」や「日本に責任があると、英国労働組合会議言明」[11]という見出しは、『日刊民衆』が中国に同情的な立場に立っていたことを裏付けるものであろう。後年、俊子が中国に対して示した好感情[12]、そして晩年、上海で中国語女性雑誌『女聲』に全力を尽くしたのは、『日刊民衆』時代と深く関わることであったと思われる。こうした中国に対する感情は、いうまでもなく移民地のバンクーバーで、「人種を越え」国際的な共闘をおこなった経験に基づいている。

一九三二年九月一一日、悦は、郷里の豊橋で盲腸炎にかかり急死する。俊子は、同年一一月、ロサンゼルスに赴き、一二月には『羅府新報』に随筆「ある友へ」（一二月一二日一九—二二、二七日）を発表する。翌年五月から一〇月にかけて、「優香里」という筆名で断続的に『羅府新報』に随筆「人に逢う」を発表している。この「人に逢う」には、「日系二世」の教育問題や二世の進路についての言及が多くみられる。俊子は、帰国後、一連の「日系二世」の作品群、たとえば、「カリホルニア物語」（『中央公論』一九三八年七月）、「侮蔑」（『文芸春秋』一九三八年一二月）などを発表するが、それはロサンゼルス滞在中の見聞に基づくものだと思われる。

一九三六年三月三一日、バンクーバーから帰国した俊子は、小説、随筆、評論を多く発表する。[13]小説のほとんどは、日系二世を題材にしていた。「小さき歩み」三部作（『改造』一九三六年一〇月、一二月、一九三七年三月）は、カナダの日系二世をめぐる話であるが、前述した「カリホルニア物語」と「侮蔑」は、カリフォルニアの日系二世に題材を取った作品である。この一連の作品群は、日系一世と二世との間の確執、そして日系二世たちが社会主義へ傾く過程を描写しているため、当時の日系社会の状況だけでなく、俊子の北米における思想遍歴を窺い知るための好材料となっている。

また、随筆「一つの夢——或る若きプロレタリア婦人作家に送る——」(『文芸春秋』一九三六年六月)、「内田多美野さんへお返事」(『新女苑』一九三七年二月)、そして「日本婦人運動の流れを観る」(『都新聞』一九三七年六月一三日、一七〜一九日)は、俊子自らが、自らの思想遍歴を語った文章でもある。さらに、カナダの女性詩人ポーリン・ジョンソン(E. Paulin Johson)の紹介とその作品の翻訳(『明日香』一九三八年一月—二月、五月、七月)やユージン・オニール(Eugene O'Neill)の『アンナ・クリスチ』(*Anna Christie*)の翻訳を行っており、ここから俊子がいかなる西洋思潮の影響を受けていたかがわかる。

一九三八年一二月、俊子は、『中央公論』社の特派員として北京に向けて日本を発った。当時、俊子が日本を離れたのは、その創作力の衰退、借金による経済的破綻、そして佐多稲子の夫・窪川鶴次郎との恋愛関係が原因ではないかと取り沙汰された。このように、バンクーバーに渡ったときと同じように、その渡中の原因は、またスキャンダルがらみのものとして取り沙汰されたのである。

カナダから帰国後の俊子と親交を交わしはじめた丸岡秀子は、俊子が中国に赴くまで二人の交遊がどのようなものであったか、また、この時期、俊子の思想的立場がいかなるものであったかについて、『田村俊子とわたし』の中で詳しく述べている。したがって、この本は、窪川鶴次郎との恋愛関係の経緯を含めて、俊子が中国に渡るまでの様子を知る手がかりを与えてくれる。当時、丸岡秀子は、亡夫の経済学者・丸岡重堯が取り組んでいた農業問題に関与しようとしていた。「農業組合中央会」で会長秘書を務め、農業婦人問題の調査を行っていた。[14]俊子の創作力の衰退について、このように述べている――「俊子の筆力はけっしておとろえていなかった。むしろ冴えているくらいだった。（中略）しかし、俊子の中の絶望の吐息は、底の奥深く隠されていたから、なかなかつかめないのが本当だったと思う。この年（筆者注：一九三八年）を境として文壇は、次第に〝戦争もの〟に占められていった」[15]。また、俊子が中国に赴いたことについては、次のように述べている――「外装だけでは、そんな真実を内面に置いていたとは誰も信じないであろう。これまで浴びてきた風評や非難からすれば、彼女の行動を逃避としか見ないだろうし、一片の評価も置きはしないであろう。また俊子は俊子で、そんなことには見向きもしないであろう。そしてとうとう独りで、今後の自分の歩みを決めしまった。恋愛事件も、おしゃれも、浪費も、みんな一つに束ねてみせてしまった。だが、初老の域に入りかけた孤独の女の内面は、もっと澄んだ苦悶を秘めていたであろう。作家として泉が涸れたことを嘆き、そのなかで時代を見、何が真実かを探ろうと努めていた」[16]。

前述の引用からわかるように、俊子の中国行きは、単なる「逃避行」ではなかった。言論制限が厳しくなりつつあった、ファッショ的風潮の圧迫が強まる当時の日本に、自分の居場所を見いだすことができなくなったからだ、そう丸岡は指摘している。「彼女におくれをとってしまった」と、丸岡はいう。これは、俊子の中国行きに対する反応である。丸岡は、当時、勤め先で「国民精神総動員運動」委員にされたことで、もはや自分はその職場を去るしかないと考えていた。ただし、俊子に相談し、「同意」してもらいたかった。だが、俊子はすでに日本を去ることを決めたので、「先を越されてしまった」と、丸岡はいっているのである。『田村俊子とわたし』の結末で、丸岡は、南京陥落の一九三八年一二月一三日、辞表を書き、「書き終えたとき、また俊子を想っていた」としている。この結末からわかるように、俊子と丸岡は、戦争協力者にならないように、それぞれ日本と職場を去っていくことを選択したのである。

俊子は、一九三九年一月、揚州、蘇州、鎮江、杭州を回り、上海に戻り、月末に北京に向けて発った。途中、青島、天津などに立ち寄る。北京にも滞在し、そして蒙彊方面へ旅行に出かけた。一九三九年六月に『改造』に発表した「雪の京包線」は、この旅行の見聞記である。その中で俊子は、大同やその炭鉱を訪問したことを詳細に記述している。一九四〇年五月、『改造』で発表した「南京の感情」は、汪精衛の南京政府が発足した当時の状況を窺わせている。[17]

一九四〇年から翌年にかけて、彼女は、つづけて北京に滞在し、飯店生活から西城闢才胡同の平等俊成の家に移り住んだ。この平等俊成は、仏教学者・平等通昭の弟であり、「東大出の左翼活動家で、日本共産党の地下組織の一員」という噂があった。[18]また、この時期、俊子は中国人による「婦女連合会」を創設するため、北京で興亜院の在北京華北連絡部部長長官・森岡皐に出資をしてくれるように依頼している。[19]

しかしこの計画は実現されなかった。そこで、一九四二年二月、俊子は、南京政府宣伝部顧問を務めていた草野心平に就職の斡旋を依頼した。太平洋戦争の勃発後、日本軍は、共同租界にあったミリントン・プレスを接収し、名称を太平洋印刷公司に改めた。その責任者・名取洋之助は、子供向けの月刊誌『新少年』と女性月刊誌『女聲』を出版することを計画していた。俊子は、『女聲』の編集長に就任し、同年五月一五日、中国語女性雑誌『女聲』が、出版されはじめた。同年五月から六月にかけて、佐多稲子と真杉静枝は、戦地慰問のため中国各地を回り、そして上海に立ち寄り俊子を訪問している。[20]

一九四三年三月、日華協定による租界返還がきっかけとなり、太平洋出版印刷公司は、陸軍から海軍の管轄下に入った。俊子は、この機会を借りて、事務所を上海の虎丘路一四二号に移し、「女聲社」として太平洋出版印刷公司から独立した。

『女聲』創刊の際、中国人女性作家・関露は、アシスタントとして中国語が分からない俊子を補佐し、俊子とともに『女聲』を編集していた。しかしながら、中共の地下工作員であった関露は、「佐藤俊子をとおして、日本の左翼あるいは日本共産党員と連絡を取り、情報を獲得する」[21]という任務を帯びていた。そのため、『女聲』は、多くの中共地下工作員による主な投稿誌の一つになっただけでなく、「華中淪陥期において刊行時間が最も長く、そして最も重要な女性誌」となった。このことは、関露の存在によることはいうまでもないが、俊子の協力も決して見逃すわけにはいかない。

一九四四年の年末から四五年にかけて、戦局が緊迫していたため、『女聲』の発刊がますます困難になり、俊子は紙の確保と金策のため奔走した。俊子は、『女聲』発刊に向けての強い意志を、次のように表している――「雑誌も紙も印刷費の高価、生活費の膨張等で到底やりきりませんが玉砕の覚悟してやれるところまで頑張つてゐます[22]」。一九四五年四月一三日、陶晶孫の晩餐に出かけたあと、帰路につく人力車のなかで脳溢血で倒れた。病院に搬送されたのち、昏睡状態のまま、三日後の一九四五年四月一六日帰らぬ人となった。享年61歳であった。

3　先行研究

田村俊子研究が本格化し始めたのは、一九六一年に瀬戸内晴美の『田村俊子』という、第一回「田村俊子賞」を受賞した伝記的小説の出版以降のことである。その小説出版前後の田村俊子研究の焦点は、俊子をめぐる〈新しい女／旧い女〉という言説にあった。この問題に関する研究は、人物批評、逸話紹介、印象批評の域を出るものではなく、同時代評は充分な資料価値をもってはいたが、人物とその作品を同一視しすぎるきらいがあり、俊子の作品は「官能的／感覚的描写」であるという視点からしか評価されることはなかった。「フェミニズム批評が導入され、『田村俊子作品集』全三巻（オリジン出版センター、一九八七年一二月、一九八八年五月、一九八八年九月）の刊行が為された、八十年代後半以降」（鈴木正和「研究動向」『昭和文学研究』40号、二〇〇〇年三月）、俊子の作品を作家論から自立させ、解読することが可能になった。

八〇年代から九〇年代にかけての田村俊子研究は、主に『田村俊子作品集』の編輯者、長谷川啓と黒沢亜里子によって行われてきた。この時期の代表的な論文は、長谷川啓の「初出「あきらめ」を読む――三輪の存在をめぐって」（『社会文学』一九八八年七月）、「書くことの〈狂〉――田村俊子の『女作者』」（『フェミニズム批評への招待――近代女性文学を読む』学芸書林、一九八五年五月）、「〈妻〉という制度への反逆――田村俊子『炮烙の刑』を読む」（『現代女性学の探究』双文社、一九九六年四月）、そして黒沢亜里子の『『遊女』から『女作者』へ――田村俊子における自己定位の位置をめぐって」（『法政大学大学院紀要』一九八五年三月）、「田村俊子ノート――平塚らいてう・森田草平の『炮烙の刑』論争を中心に」（『日本文学論叢』一九八七年三月）などがある。制度や夫に逆らう妻や「遊女」という田村俊子が描く作中人物は、従来、悪女もしくは旧い女として扱われてきたが、前述の論文によって、この時期、フェミニズムの視点から再評価されはじめた。

九〇年代後半から二〇〇〇年以降、その間に隆盛になりつつあったジェンダー論を反映した論文が多く、たとえば、小平麻衣子の「女が女を演じる――明治四十年代の化粧と演劇・田村俊子「あきらめ」にふれて」（『埼玉大学紀要（人文・社会）』一九九八年九月）と「再演する〈女〉――田村俊子「あきらめ」のジェンダー・パフォーマンス」（『国語と国文学』二〇〇〇年五月）、そして平石典子の「「新しい女」からの発信――『あきらめ』再読」（『人文論叢』（三重大学）二〇〇〇年三月）は、同時代の女優問題と女学生同性愛問題を射程に入れて、両性間の問題に比重を置いてきた従来の田村俊子研究を、ジェンダーのみならず、異性愛／非異性愛の領域にまで拡大した。また、同時代のジェンダーやセクシュアリティ研究に影響され、九〇年代以後、少しずつ注目されてきた田村俊子研究における「女性同性愛」の課題も、「女学生の恋愛ごっこ」や「演技性」という従来の視点からではなく、強制的異性愛の秩序への挑戦を通じて女性がいかに主体性確立を実現するか、という観点から注目されるようになった。前者の論点から書かれたものに次のものがある——長江曜子「田村俊子『悪寒』について——その恐怖の本質」（『文学研究』第五号、一九九〇年一月）、大森郁之助「田村俊子「あきらめ」のもう一つの顔——初出稿から見た異端の愛と悲しみ」（『札幌大学女子短期大学紀要』一九九二年二月、『考証——少女伝説～小説の中の愛し合う乙女たち～』友朋堂、一九九四年五月）、吉川豊子「近代日本の「レズビアニズム」——一九一〇年代の小説に描かれたレズビアンたち」（『性幻想を語る』三一書房、一九九八年三月）。また、後者の論点によるものは、浅野正道「やがて終わるべき同性愛と田村俊子——『あきらめ』を中心に」（『日本近代文学』65号、二〇〇一年一〇月）などがある。

既に述べたように、現在に至る田村俊子研究の多くは、彼女の作品に現れている「恋愛」「女性」「自我」「官能」など、男性社会に投げかけられた〈キーワード〉と密接な関連を持つ「両性問題」をめぐり行われてきた。つまり、俊子の作品を、「官能的／感覚的描写」というステレオ・タイプ化された視点から見る傾向が強かったのである。俊子の作品中の人物を俊子本人と見なし、作品を作家の私生活をそのまま反映したものとして扱う俊子研究の傾向は、現在も依然として根強く存在している。二〇〇三年四月に出版された田村俊子の伝記、『田村俊子　谷中天王寺町の日々』（福田はるか著、図書新聞、二〇〇三年四月）は、「この書が松魚のいささかの復権の役に立てば、それもまた幸いである」というが、俊子に関する記述は、依然、前述した傾向から逃れえていないといえよう。

カナダのバンクーバー時代の田村俊子の足跡を辿る工藤美代子とS・フィリップスの『晩香坡の愛』（ドメス出版、

一九八二年七月)、工藤美代子の『旅人たちのバンクーバー　我が青春の田村俊子』(筑摩書房、一九八五年)、そして晩年の俊子が取り組んでいた中国女性雑誌『女聲』についての渡邊澄子の一連の紹介論文は、貴重な資料を発掘したものと評価できる。これらの資料をふまえて、池上貞子の「田村俊子と関露――華字雑誌『女声』のことなど」(『文学空間』一九九二年七月)、岸陽子の「夜に鳴く鳥――大東亜文学者大会と一人の中国女性作家」(『人文論集』一九九七年二月)などの論文が書かれ、中国女性作家・関露が探求の対象とされた。しかし、現時点におけるカナダと上海時代の佐藤(田村)俊子研究は、資料紹介の域を出るものではない。俊子の晩年の思想的立場を示唆する一連の日系二世作品については、鈴木正和「佐藤俊子『侮蔑』を読む――異文化からみた日本への視座」(『昭和文学研究』29号、一九九四年七月)以外に、研究論文はみあたらない。ここは、いまだ未開の研究領域といえる。

二〇一二年以降、田村俊子全集の出版が始まり、北米や中国時代の作品もともに収録され、作品を通して、俊子の生涯を鳥瞰することが可能になるようになった。近年、上海図書館に所蔵された中国語女性雑誌『女聲』のマイクロフィルム化によって、入手しやすくなったこともあるのか、上海時代に田村俊子が携わっていた中国語女性雑誌『女聲』に関する研究が進んで、研究成果が最も多いと言えよう。[23] その最も代表的な研究成果は、二〇二三年に出版された山崎真紀子編『日中戦時下の中国語雑誌『女聲』――フェミニスト田村俊子を中心に』である。この一冊は、田村俊子が上海時代に編集長として勤めていた女性雑誌『女聲』を中心に、その内容を丹念に検証したものである。とくに戦時下の上海において、欠号なく三六期も発行された『女声』の内容を主題別に分析し、明らかにした部分が多い。本書の第三部について、この研究成果の一部によって上海淪陥期に創刊された女性雑誌『女聲』の編集長を務め、田村俊子をサポートしていた中国女性作家・関露がどのようなルートを経由して佐藤俊子に接近し、中国共産党の地下工作員として「女聲社」に潜伏していた経緯も、より明らかになってきた。[24]

4　問題意識と研究目的

田村俊子は、日本から北米、そして中国へと移動し、それぞれの土地にさまざまな足跡を残した。このような俊子の半生を一言でいうなら、「コスモポリタン」田村（佐藤）俊子となろう。彼女はいかなる道程を辿って、ここに至ったのであろうか。

先述のとおり、従来の田村俊子研究は、その比重を彼女の一九一八年以前の日本における文学活動に置いてきた。一九九〇年代以降、フェミニズムの視点が導入され、とくに「両性間の問題」をめぐる俊子の考えの再評価が行われたことにより、彼女はフェミニズムの先駆者という座を獲得することとなった。この時期には、ジェンダーやセクシュアリティの研究、そして女性の自立問題などを別個に取り扱う研究が散見されるが、ジェンダーとセクシュアリティの視点と女性たちの社会進出との関係性の研究は見あたらない。しかし、それは、時代に先駆けて萌芽した俊子のフェミニズム思想を解明するためには不可欠なプロセスである。また、彼女の晩年の思想的立場は、まだ解明されていない。それは、この問題の重要な手がかりとなる、一九三六年から三八年にかけて書かれた日系二世を描く一連の作品が、ほぼ看過されたままになっているからである。そのため、俊子が、上海時代に中国女性作家・関露とどのような連帯関係にあったかが論じられるとき、俊子の思想的立場の問題は、つねにアポリアとされてきた。

前述した問題提起をふまえ、本書の問題設定は次のようになる。①俊子が取り組んだ〈ジェンダー〉問題は、当時、女性たちの社会進出とどのような関係にあったのか。②作家・田村俊子は、なぜ日本を離れ、カナダのバンクーバーに赴いたのであろうか。③そして、一八年間の北米滞在を終え、日本に帰国した俊子は、なぜ、また日本を離れて中国に発ったのであろうか。④俊子は、海外でどのように活動し、どのような成果を達成したのであろう。

本書は、従来の田村（佐藤）俊子研究で看過されてきたこれらの問題に対する疑問から出発する。先行研究では欠落していた視点から、彼女の作品と作品を生み出した同時代の社会動向との関連性を明らかにし、田村俊子の全体像を構築していくこと、これが本書の目的となる。これによって、従来の「作家・田村俊子」像が打破されるだけでなく、明治期に構築されたドメスティック・イデオロギーと、このドメスティック・イデオロギーから逃れるための女性の海外渡航との関連が明らかになろう。この企てのために、一九三六年から一九三八年にかけて創作された一連の日系二世の作品群を手がかりとして、北米時代における田村俊子の思想的変化を辿らなくてはならない。俊子の日系二世を描く作品群は、〈ジェンダー〉問題から出発した田村俊子が、いかに「社会主義」や「ナショナリズム」に関心を持つようになったかという問題だけでなく、晩年の俊子の思想的立場を解明するうえでも、研究しなければならないものである。また、これらの作品群の分析をとおして、俊子研究における従来の盲点、つまり、いままで解明されていない俊子の北米時代と上海時代との関係が明らかになると期待される。

5　本書の構成

田村俊子は、明治末期に自然主義作家として出発し、この時期に発表された作品がすでに強烈な女性自覚とジェンダー意識を帯びている。のち、北米時代を経て、社会主義と人種問題に深く関心し、日中戦時下の上海時代にいかに「ネーション」の枠組みを越えようとし、一九四五年四月二六日に亡くなるまで[25]、中国女性読者向けの女性雑誌『女声』の編集と発行に献身的に携わっていた。本書の目的は、田村（佐藤）俊子の日本、北米と中国にかかわる作品を検証し、その作品と思想形成における「ジェンダー」、「人種」、「階級」言説の形成軌跡を解明することにある。本書の構成は、3部8章による。

第1部「ドメスティック・イデオロギーへの挑戦——田村俊子にみるジェンダー諸問題」（第1、2、3章）では、日本で活躍していた田村俊子を扱い、彼女が描く多くの「女学生上がり」の女性たちのジェンダー・セクシュアリティ問題を分析しつつ、俊子自身が抱えていた問題意識を究明し、いかに彼女が、そのドメスティック・イデオロギーから逃れようとしたかを考察する。

第2部「カナダのバンクーバーにおける思想的変遷——日系社会を描く作品群をめぐって」（第4、5、6章）は、俊子のカナダ時代を扱い、一九三六年から一九三八年にかけて創作した日系二世を描く作品の分析をとおして、俊子が、いかにジェンダー諸問題と日系社会で発見した人種・階級問題との共通点を見出したか、そしてその解決策として彼女が傾倒しはじめた社会主義とは、いかなるものであったかを探る。

第3部「インターナショナル・フェミニストの連携——上海時代の佐藤（田村）俊子と中国女性問題」（第7、8章）は、上海時代の俊子を扱い、第2部で明らかになった彼女の社会主義的立場をふまえながら、当時の中国共産党地下工作員・関露との連携関係、および俊子が主幹をつとめ、関露がアシスタントとして編集に従事した中国語女性雑誌『女聲』に見られる、女性問題をめぐる言説を通して、彼女の晩年の思想に底流していたコスモポリタニズムを明らかにする。

さらに、上記の研究目的を追求するため、そのアプローチは次の8章のとおりである。

第1章では、俊子のデビュー作『あきらめ』を中心にすえ、女学生の「同性愛」と「自立」問題の分析を通して、初期の俊子がいかなる問題意識を抱えていたのかを考える。

これに続き、第2章では、俊子と「青鞜」同人たちのレズビアン・パフォーマンスがいかなる意味を持ち、そして当時の社会にどのような影響を与えたかを考察する。

第3章では、公（＝社会）・私（＝家庭）において、いかに自分たちが抑圧されているかを理解し、つまりドメスティック・イデオロギーの存在を発見し、そこから逃れようとする「女学生上がり」を、俊子がいかに表象しているかを分析する。さらに、彼女たちの、そして俊子自身の、ドメスティックな領域（＝家庭＝日本国内）から脱出せんとする願望と海外渡航の関連について探究する。

第4章では、第3章でふれた「女学生上がり」の海外渡航願望と「写真結婚」の流行との関係、そして移民地の日系社会における「写婚妻」の位置づけについて考える。この考察を通して、バンクーバー時代の俊子が、日系紙『大陸日報』の「婦女欄」を創設し、「女学生上がり」の「写婚妻」を読者として想定し、啓蒙していた経緯の解明をする。

第5章では、日系社会を描く作品群を分析対象とし、彼女がカナダで人種や階級の問題に出会うことで、彼女自身が抱えていた女性問題の意識はどのように変化したかを中心に考える。

第6章では、日系二世を描く三部作「小さな歩み」に登場する社会主義者や当時の社会主義の思潮をふまえ、日系二世たちが、社会主義へ傾倒しつつ、同じく白人社会に疎外されている「移民労働者」との連帯関係をいかに構築していたかを考察し、俊子の社会主義的思想の形成の軌跡を辿る。

第7章では、俊子が晩年に上海で関わった中国女性雑誌『女聲』とそのアシスタント・関露との連帯関係を中心に論じる。社会主義に対する信奉をとおして、日本占領下の上海において、彼女が国境を越える反戦運動のシンパに転身していった過程を、彼女がカナダで体験した国際労働運動をふまえながら考察する。

第8章では、晩年の俊子が、中国女性問題に対してどのような思想を抱いていたかについて、彼女が主に担当していた『女聲』の「読者欄」と、同時期の中国人女性作家が描いていた女性問題とを照らし合わせることによって解明する。

注

1　俊子のカナダの渡航費用二百円は、日本女子大学校の講師阿部次郎が出した、と指摘されている。大正九月二十二日の阿部次郎の日記によると、「俊子に岩波から受け取る印税中二百円を貸してやる」とされている。この印税は、おそらく大正七年六月に岩波書店から刊行された『合本三太郎日記』から出たものと推測されている。青木生子、原田夏子、岩淵宏子『阿部次郎をめぐる手紙』（翰林書房、二〇一〇年九月）、一二〇頁。
2　田村紀雄『鈴木悦　日本とカナダを結んだジャーナリスト』（リブロポート、一九九二年一一月）、七三—一〇〇頁。
3　柳田泉、勝本清一郎等編『座談会　明治・大正文学史　3』（岩波書店、二〇〇〇年五月）、一八二—二五四頁。
4　関露「日本女性作家の印象（日本女作家印象）」『日本一瞥』（中日文化叢書第一種、中日文化協会上海分会、一九四四年三月）、三九頁。原文は：「武者小路実篤先生所代表的托爾斯泰主義影響了日本文壇、田村女士也受了許多影響、她的作品也傾向人道主義」。
5　鈴木悦「亡命の人　▲第一信（八）」（『大陸日報』一九一八年七月三一日）
6　鳥の子「自ら働ける婦人達に」（『大陸日報』一九一九年八月九日）
7　鳥の子「婦人よ」（『大陸日報』一九二四年一月一日）
8　「俊子書簡（日付不明、鈴木悦宛）」『田村俊子作品集 第3巻』（オリジン出版センター、一九八八年九月）
9　工藤美代子『晩香坡の愛』（ドメス出版、一九八二年七月）、一八四—九頁。
10　このなかでも、一九四一年五月二八日と一九四一年一〇月一七日の部分が散逸している。*Kanada Shinbun* (*The Canada Daily News*) *and Nikkan Minshu* (*The Daily People*) *for 1941 on Microfilm: A Preservation Microfilming Project at the University of British Columbia Library.* (http:// www.library ubc.ca/kanada95.html' 二〇〇〇年七月七日確認)
11　田村紀雄「梅月高市と『日刊民衆』—カナダ日系人「キャンプミル労組」の機関誌活動—」（『東京経大学会誌』151号、一九八七年）。一九三二年部分の『日刊民衆』は散逸しているため、この部分の言及は、鈴木悦とともに『日刊民衆』に関わっていた梅月高市の「労働組合十年史」からの引用である。

12 一九三六年三月三一日、帰国後発表した「イースト・イズ・イースト」(『改造』一九三八年八月)や、一九三八年一二月に『中央公論』社の特派員として中国に出発したあと、書いた、一連の中国女性に関するルポルタージュ、たとえば、「上海に於ける支那の働く婦人」(『婦人公論』一九三九年二月)、「知識層の婦人に望む日支婦人の真の親和」(『婦人公論』一九三九年三月)、「日本の婦人を嗤ふ支那の婦人」(『婦人公論』一九三九年九月)から見れば、俊子は、中国人や中国女性に親密な感情を抱いていたことがわかる。俊子のバンクーバー時代の体験をふまなければ、この時期における彼女の言動は、単なる大東亜共栄圏政策に迎合していたに過ぎないと解釈されてしまうおそれがある。

13 俊子は、北米より帰国した三年間、小説、文芸記事が一一本、評論や座談会など六二本発表した。山崎真紀子「田村俊子と『女声』」『日中戦時下の中国語雑誌『女声』——フェミニスト田村俊子を中心に』(春風社、二〇二三年一二月)、三〇—三一頁。

14 石川猶興「耐える強さと解放の強さ——丸岡秀子著『田村俊子とわたし』」(『農政調査時報』371号、一九八七年八月)

15 丸岡秀子『田村俊子とわたし』(中央公論社、一九七三年四月)、一八六頁。

16 同前、二二五頁。

17 南京政府が発足前の一九四〇年三月一五日日前後、それを見聞するため、俊子は、中国に来た市川房枝と竹中繁と合流し、日本の婦人団体とともに汪精衛の夫人陳璧君と会面できた。この時の田村俊子は、「中国婦人の間に新文化運動」を起すことをほのめかし、そのものは『女声』だと指摘されている。山崎真紀子「田村俊子と『女声』」(『日中戦時下の中国語雑誌『女聲』——フェミニスト田村俊子を中心に』春風社、二〇二三年一二月)、三六—三八頁。筆者はここでさらに注目したいのは、俊子が記録したこの際の陳璧君の発言である。「今度の日中平和運動は、革命運動の重要段階の一つであり、また、東亜文化復興運動の重要段階であるため、必ずこの運動を成功させたい(中略)男女平等は、女性が男性のようになるというではなく、女子の特徴を社会に活用し、完璧な社会をなすため、革命の存在があった。我々の革命は、清朝を打倒する一方、男女の平等権を獲得しようとするのである。男女平等の計を確立させるために、まず教育の基礎から平等させなければならない。教育の平等は、社会地位の平等でもある。婦人はここによって実力を獲得し、この基礎の上に、男女平等の形成が可能になる。」陳璧君の発言からすれば、南京政府を中国近代革命の一環に位置づけしただけでなく、革命の成功によって男女平等が可能になるもののほか、男女平等は、女性の教育の基礎の平等から出発し、そこから女性の実力がついてくるという。この考えは、啓蒙と教育を通して、女性の地位を向上させる俊子の主張に合致している。また、『女聲』の濃厚な啓蒙色彩にも共振していると思われる。佐藤俊子「陳璧君女士印象記」『華文大阪毎日』第四巻第八期（一九四五年四月一五日、不二出版、二〇二二年）原文は中文であり、日本語訳は筆者によるものである。

18 「北京時代の田村俊子」『田村俊子作品集　月報1』（オリジン出版センター、一九八七年一一月）。山崎真紀子によると、平等俊成は、正しい名前は平等文成である。かつて左翼経歴で投獄されたことがある。一九三七年に北京大学農学部の教授となった。山崎真紀子「田村俊子と『女声』」『日中戦時下の中国語雑誌『女声』——フェミニスト田村俊子を中心に』（春風社、二〇二三年一二月）、三六頁。

19 一九四〇年、改造社が経営不振に陥ったため、編集長であった水島治男は、中国に行く事を決めた。当時、漢口陸軍大将特務部長・森岡皐が、興亜院の在北京華北連絡部長官に転任し、水島は、興亜院華北連絡部政務局囑託という任務を与えられ、森岡に直属している上海駐在員となった。一九四〇年一〇月末、水島は、森岡に面会するため、北京に赴いた。その際、森岡長官から俊子が北京に滞在していたこと、そして「中国婦人連合会」の話を聞き、病中の俊子を訪ねた。水島治男『改造社の時代　戦中編』（図書出版社、一九七六年六月）、一七五—一九六頁。

20 上海で俊子との面会をもとに、戦後、佐多稲子が書いた「『女作者』」（『評論』一九四六年六月、のちに『佐多稲子全集　第4巻』に収録されている）は、上海時代の俊子を窺い知れる作品の一つである。

21 柯興『魂帰京都—関露伝』（群衆出版、一九九九年）、二七五—二九九頁。

22 「佐多稲子宛書簡」（一九四四年一二月二六日付）『作家の自伝87　田村俊子』（日本図書センター、一九九九年四月）

23 博士論文を例として挙げると、段毅琳『日本占領時期（1941–1945）上海における女性をめぐる言説——『女聲』を中心に』（横浜国立大学、二〇一九年）、張備『田村俊子研究：女性雑誌『女聲』を中心に』（広島大学、二〇二二年）、朱彩雲『戦時下の中国における田村（佐藤）俊子研究：女権拡張のための多面的連携』（一橋大学、二〇二三年）などがある。

24 江上幸子「関露の『女聲』への参加とその後」（『日中戦時下の中国語雑誌『女聲』——フェミニスト田村俊子を中心に』春風社、二〇二三年一二月）

25 草野心平によると、俊子は、一九四五年四月一三日の夜九時頃に倒れ、同年同月一六日午前九時頃亡くなったという。草野心平「佐藤俊子さんの死」『文芸春秋』一九四七年一一号、六頁。

Ⅰ　ドメスティック・イデオロギーへの挑戦——田村俊子にみるジェンダーの諸問題

『あきらめ』（金尾文淵堂刊）…明治44年7月28日

第1章　女学生世界＝ノ・マンズ・ランド
――田村俊子の『あきらめ』について

1　はじめに

明治四三年（一九一〇）年、田村俊子は、「町田とし子」という名で『大阪朝日新聞』（以下、『朝日』と略記）の懸賞募集に応募し、二等に入選した。応募作品は、「あきらめ」であった。作品の概要は下記のとおりである。

ヒロイン富枝は、脚本家であることが問題になり、女学校を辞めた。実家の岐阜に祖母と継母がいる。現在、東京で小説家の義兄緑紫の家にとどまっている。その実姉都満子は嫉妬心が強く、妹もそれを知っている。富江の妹貴枝は置屋の養女になり、芸者になるための修行をしている最中である。貴枝と緑紫との関係が怪しく、都満子がヒステリーを起して、富枝を悩ませる。一方、富枝の心を引きつけたのは、女学校を辞め、女優志望の三輪と自分を慕っている女学校の後輩染子である。三輪は、有力なパトロンの支援によって渡欧を決めたが、染子は、富枝を慕うために病気になってしまった。染子の母親が二人の関係を怪しく思い、染子にはすでにドイツに留学中の婚約者がいて、帰国すれば結婚させるつもりと富枝に教えた。小説家として尊敬できない義兄にこれ以上厄介になるつもりがなく、岐阜から迎えに来た継母に応じて東京を去った。

この「あきらめ」は、その後、一九一一年一月一日から三月二一日にかけて、『朝日』に連載される。フェミニストの先駆者と呼ばれる田村俊子が、作家として出発するのにはふさわしい年であった。有島武郎の『或る女』が『白樺』に連載されたのも、この年からである。さらに九月、平塚らいてうが雑誌『青鞜』を創刊し、文芸協会の松井須磨子が、イプセンの『人形の家』のノラ役を演じた。この時期、各分野の女性たちの一連の動きは、「婦人問題」として社会の注目を集めはじめていた。

『あきらめ』は、『朝日』の連載が終わると、七月に単行本として刊行された。『あきらめ』への同時代評は、その作品の特徴を以下のようにまとめている――「一方単純な女学生式の生活に対して複雑な下町式、または料理屋、女優、踊りの師匠といつた風な空気が場所にも人間にも可なり鮮やかに点出されてゐる。この二つの違つた現代女性の世界を一つに綯ひまぜた所が作者の強味である」（「新刊書一覧」『早稲田文学』一九一一年八月）。「同じ性と性との関係交渉、例えば女主人公の富枝と染子との同性の恋愛問題。（中略）性の関係を最も鮮やかに大胆に描き出した点から、しかも男といふものの到底思ひ及ばない機微に迄触れて居る点、主として花やかさとか媚かしいとか云ふ感じが生じて来る」「新しい教育を受け新しい思想を理解し得た女の弱さ果敢なさがある程度迄書けて居る現代にやや存在して居る斯う女の型《タイプ》を描いたといふ点に、此作の一面の強味が存する」（「新書批評　田村とし子氏の『あきらめ』」『早稲田文学』一九一一年九月）。

以上のように、同時代の書評は、『あきらめ』の新しさは、「男の描けない」女の世界を覗かせたところにあると指摘している。つまり、女性同性愛や、また「新しい教育を受け新しい思想を理解し得た女」、すなわち、自我に目覚めながらも、伝統と社会規範から脱け出せないでいる当時の女学生の一側面をリアルに描いていることが評価されたのである。

一部の同時代評にあるように、『あきらめ』の先行研究には、〈新／旧〉対立をめぐる論点が最も多く見られた。つまり、その初出時の背景に、〈新しい女〉現象があまりにも顕著であったため、〈新しい女／旧い女〉という二項対立の構図のなかで、ヒロイン富枝を捉える傾向が強く見られたのである。たとえば、彼女の挫折は「旧い倫理観と家制度に屈服し」た結果だとされたり、また、彼女の「あきらめ」というのは、自我に目覚めかけた不安定さによるものだと指摘されている。[1]

そうした文脈で、『あきらめ』の題意にからんで、女主人公富枝が東京を離れて、岐阜の田舎に戻ることが、実際の〈敗北〉か、あるいは〈戦略〉かという論争も展開されている。[2]

近年、フェミニズム研究が盛んになるにつれ、『あきらめ』に投射される視点も多様になってきた。平石典子は、[3]『あきらめ』が明治三〇年代に流行した〈女学生小説〉より、「遅れてきた女学生小説」であると指摘しながら、今までの女学生小説と異なる特質をいくつか取り上げ議論を展開している。平石が指摘した『あきらめ』の最大の特徴は、いままでの〈女学生小説〉のなかでは観察される側にいた〈女〉が、『あきらめ』では観察する側に移った点にあるという。また、小平麻衣子[4]は、従来、書く行為と演じる行為のジェンダーは、男性であったが、そこから女性へと移行すると指摘したうえで作家志望の富枝とその先輩で女優志望の三輪にみられるトランスジェンダーの問題を取り上げている。

以上、列挙した『あきらめ』に関する先行研究は、当時の〈新しい女〉やジェンダーにおける変化に注目したものといえる。だが、先行研究では、『あきらめ』が表現している〈女学生世界〉とその中の女学生たちの社会進出との関係については、ほとんど触れられていない。つまり、同時代評の「単純な女学生式の生活に対して複雑な下町式、または料理屋、女優、踊りの師匠といった風な空気が場所にも人間にも可なり鮮やかに点出されてゐる」という指摘のように、『あきらめ』の物語の世界は、まさに〈女学生／非女学生〉という二項対立によって分断されているのである。また、『あきらめ』が以上のように、二項対立という構図で読みとれるということは、実際にその女学生である女主人公富枝の目を通して女学生以外の人物を観察したり、描いたりする視点が存在する、ということである。

明治三〇（一九〇〇）年代、男性作家によって書かれた女学生小説『魔風恋風』や『青春』と『あきらめ』との一番の違いは、その女学生世界からヒロインたちと男性、特に男子学生との恋愛沙汰が一切排除されているという点である。[5]『あきらめ』に先行する新聞連載小説、一九〇三年の小杉天外の『魔風恋風』と一九〇五年の小栗風葉の『青春』では、女学生たちは独立の道を目指しながらも、男性主人公と恋愛関係におち、最後には身を滅ぼしてしまう。[6]これらの女学生小説の物語設定とは異なり、『あきらめ』では、男性との恋愛沙汰の代わりに、〈女性同性愛〉と〈女性の自立〉というテーマを女学生世界からとりあげ、女学生の視点からこの問題を浮き彫りにしようとする意図が見られる。しかし、先行研究では、〈女学生世界〉と〈女性同性愛〉、さらに〈女性の自立〉という問題との関係は看過されてきた。本章では、『あきらめ』における〈女学生世界〉という共同体の形成から崩壊への過程が、〈女性同性愛〉と〈女性の自立〉の問題の消長とパラレルに読みとれることを明らかにしたい。『あきらめ』の女学生たちが、女学校のなかで形成した独特な共同体、そしてその共同体の中で築き上げられた女学生同士の絆や恋愛関係は、彼女たちが女学生の世界から社会へ移動するにつれて、いかに崩壊していくのか。そして、このことから見えてくる当時の社会における女学生の位置づけとは、どのようなものであったのだろうか。

新聞に連載された『あきらめ』は、単行本（金尾文淵堂出版、一九一一年七月）として刊行されたとき、大幅な修正が施された。特に、富枝の敬慕する同級生の女優志望三輪に関する場面が、ほぼ完全に削除され、「新しい女の自立志向のイメージが残念ながら稀薄になってしまっている」[7]という指摘がなされている。したがって、本章は、『あきらめ』における三輪像をさらに明らかにするため、当時、新聞連載されたものと、『田村俊子作品集』に収録されているもの（オリジン出版センター、一九八七年）をテクストとして検討する。[8]

2　女学生世界《ノ・マンズ・ランド》の形成

冒頭部分でヒロイン・富枝は、新聞の脚本懸賞に応募し当選したことに対して学校から注意を受け、学校を離れて自立する道を歩もうと考え始める。『あきらめ』の物語の展開は、まさに富枝が学校を離れ、社会へ進出して自立しようとする所から始まるのである。富枝の学校での活躍の場面の描写から、富枝がそれまでに学校で活躍してきたことが読みとれる。「若し貴女が学校を廃めるようなことでもあると文芸会が寂しくなる。スターを失うのは惜しい」（傍線筆者）という同級生上田の富枝に対する別れ際の言葉から、富枝の文学的才能は文芸会という場を介してすでに学校の中で認められていることがわかる。その後、登校しなくなった富枝に宛てた上田の手紙から、さらに富枝が文芸会にとって、いかに不可欠な人物であったかがわかる。

> 天才の荻生野さんを失つては、文芸会が寂寞しくなると申して大騒ぎに候、秋期の文芸会ももう直のことに候、平生より校長も貴女の文才は限りなく、賞揚され居り候うことなれば、半途にて御退学など成され候ふときは、御不本意のことと存じられ候。（傍線筆者、六章五二頁）

この引用から、彼女が文芸会のスター的存在であり、新聞の懸賞に当選することで彼女の才能がさらに証明されたことがわかる。しかし同時に、それは「絶対に世に出るな。甘んじて犠牲になれ。隠れて奮闘せよ」（一章八頁）という校訓に背くことでもある。そのため、富枝は学監に「自分の虚名に心を腐らせた」（一章八頁）と戒められたため、学校をやめようと考え始めた。一度目覚めた才能は、もはや学校の枠内に収まらなかったのである。富枝が自分の世界からよその世界を覗いたことによって、実際に彼女が女学生の世界から離れるきっかけができたともいえよう。

では、〈文芸会〉が当時の女学校において果たしていた役割とは、いったい何であったのだろうか。一九〇一年、華族女学校出身の女学生たちは、下田歌子の実践女学校の建築費を募るという目的で、初めて〈活人画〉を催した。これが、女学校の文芸会の嚆矢だといわれる。のち、一九〇六年一一月、日本女子大学は、「不健全の文芸を一掃することを目ざし」て、秋季文芸会を開催した。この文芸会は、女性の皇族も参加するほど「明治の女子教育史上特筆大書すべき事柄」といわれていた[9]。当時の帝国劇場の女優劇が〈女学校の文芸会〉[10]と例えられたことや、女学校の文芸会が「その巧みなるものは、帝国劇場の本舞台に上せても敢えて恥ずかしからざる技倆を示すに至たりぬ」（「女学校の文芸会を排す」『婦女新聞』一九一二年六月二一日）という文芸会を抑制せよという論調から見れば、当時、女学生たちが盛んに文芸会で行っていた演劇は、当時の女優劇に匹敵するほどのものであったことがわかる。また、当時、女優志望の元女学生が多く出ていた状況からみれば、女学校の文芸会は、女優予備軍を作り出した場とも考えられる[11]。

学校をやめようと思案していた富枝が、真っ先に思いだし、「恍惚するほど恋し」いと思ったのは、「僅か半学期で退学」し「天才肌」といわれた三輪のことである。富枝と同じように、「学校生活をして、学校制度の型に嵌つて遣ると云ふやうな小さな器ぢやな」く（二章一〇頁）「よく女優になると云つてゐた」（五章四四頁）三輪は、おそらく富枝と同じように、学校の文芸会を介して自分の才能を発見し、そして自分の才能を抑制する学校を離れてしまったといえる。

『あきらめ』で文芸会の果たした役割は、一つには女学生たちの間にジェンダー秩序を形成したことである。以前から富枝に憧れていた下級生の染子は、「春の文芸会の時、富枝の作《か》いた『早子姫』」（六章五三頁）のヒロインに扮して好評を博し、校長からも「充分俳優になる資格がある」「天才」（六章五三頁）だと称賛された。これがきっかけで富枝は、「染子の自分への熱の猶猛烈に燃えてくる様なことを好んで書いて送つた」[12]（六章六五頁）こともあり、「染子を可愛がりだし」（六章五三頁）た。さらに富枝が学校に行くのをやめたあと、染子が訪ねてきたとき、二人の間で交わされた会話には、当時の女学生の間にはやっていた〈おめごっこ〉（筆者注：疑似恋愛関係の遊び）の雰囲気が窺える。


（染子）「ねえ。お姉様は妾の夢を御覧になつて」と取縋つた手を、まだ弛めずにゐる。

（富枝）「ええ、毎晩」。

「ほんとうに、え、お姉様」。

「嘘なんぞ。染子さんに嘘は申しませんわ」。（八章六二頁）

また、染子が腕輪の飾りに「TとS」のイニシャルを入れたり、富枝の写真をブローチに入れて飾ったりするなど、二人の言動は恋人同士のそれを彷彿とさせる。常に紫色で着飾るため、紫姫と呼ばれていた染子の来訪以降、富枝は「紫姫へと書き出して、自分は今夜紫の夢を見度いと思ふ、濃い紫に包まれて、紫の中を彷徨して紫に憧憬れる夢がみたい」[13]という女学生風のセンチメンタルな手紙を書くまでにいたった。これに対して義兄の緑紫から、ふたりの関係を「恋さ、恋でなくつて何だ」（八章六五頁）とからかわれたり、姉の都満子に「あの人の、お前さんは恋人」（八章六六頁）と笑われたりしたため、自分の世界に「毒々しい赤の色だの汚らしい泥色だのが流れてきて、美しい紫の色を塗り隠してしまつた」（八章六六頁）、と富枝はいらいらした。

富枝と染子との関係を異性愛の枠で捉えることは、〈異性愛者〉である富枝の姉、都満子にとって最も理解しやすい方途であるが、富枝にとって、二人の関係を異性愛の枠で規定してしまうことは、自分たちの女学生世界の美意識を破壊することに等しい。とはいえ、二人の関係では、富枝があきらかに憧憬の対象となり、男性性を帯びた能動的な役を演じているように思われる。二人のジェンダー秩序では、富枝と染子とは〈上級生／下級生〉の関係によるものだけでなく、さらに〈脚本家／役者〉という〈造型する者／造型される者〉という関係になっている。文芸会という場の、遊戯的雰囲気と女学生世界の美意識によって形成されたこのジェンダー秩序は、基本的には流動的なものである。それに対して、異性愛の範疇や女学校の良妻賢母教育によって規定される〈男／女〉のジェンダー・ロールは、厳然として区分されている。このジェンダー秩序の流動性による、異性愛の範疇や女学校の良妻賢母教育（富枝は反抗的に〈その主義〉と呼ぶ。一章八頁）によって規定されたジェンダー・ロールに対する撹乱行為は、女学校の中だからこそ可能となっている。文芸会の演劇と同じように、女学生間のジェンダー・パフォーマンスは、遊戯的感覚と見られ、また女学生たちの一時的な特権でもあった。

『あきらめ』における文芸会は、女学生たちの連帯関係を作りだし、さらに強化していく特別な空間だと思われる。この空間における三輪と富枝のように、自分の才能を発揮してさらなる社会進出をめざし、自立への道をもとめる女学生がいる一方、富枝と染子のように、〈上級生／下級生〉から〈脚本家／役者〉へ、さらには〈男役／女役〉のような恋人関係へ発展していく女学生もいる。この空間は、まさに、女学生たちが将来の夢を紡ぎだし、恋をし、自由な一時を過ごす女学生世界《ノ・マンズ・ランド》[14]を象徴していたといえる。

3　女学生世界から自立の道へ

「自分の萩生野富枝と云ふ名が明治の文芸史上の一端を染めかけてゐると云ふ事に就いて誇りの影が射さないでもなかつた」（二章九頁）と、自分の将来に抱負を抱いていた富枝は、学校を「廃めて覚束ないながらも名を得た文藝によつて身を立て様かとも考へ」た。（二章二〇頁）しかし、築き上げた自信を持って女学校を離れ、いざ社会で能力を発揮しようとすると、富枝は自分がもはや女学生としてみられていないことに気付く。

懸賞に入選した脚本『塵泥』が舞台化されたため、富枝は自覚の無いまま社会から新進作家として扱われていた。富枝がそれに初めて気付いたのは、同じ女子大の先輩で『婦女世界』の女記者・仲司八重子の訪問を受けたときである。仲司は「何所か儀式めいた場所へ出席るのだと見えて、褪めた様な空色の縮緬の紋付を着て、濃い栗梅に花の模様を織りだし繻珍の丸帯を高く締めてゐる」という職業婦人の風貌を帯びている。彼女に対して富枝は、「在学時代の慣わしを忘れずに先輩として敬意を払つてゐる。仲司の方では富枝を社会の人としてみてゐる。新時代に初めて現れた、最も望み多いところの女作家として尊敬する」（六章四六―四七頁）。

上述のように、社会人としての仲司と女学生としての富枝の間には、すでに意志の疎通が困難となっており、二人の会話は途絶えてしまう。だが、仲司は、プロ根性を発揮し、粘り強く再度の訪問を求めていた。仲司の社会人ぶりを見て、「多少社会に出て奮闘的の活動をしてゐる人と、箪笥町の兄の家に平静無事な生活してゐる人との懸隔が現れる」（六章五〇頁）と、富枝は思わず自分と仲司とを比較してみる。生活も文学に対する考え方も、文士である義兄の緑紫に頼っている富枝は、自分の社会人としての心構えが欠如していることを悟る。また、自分が〈自立〉していくことに対して、漠然とした不安もあった。

富枝より、一足先に学校を中退し女優をめざしている三輪は、女性が置かれる社会状況を自分なりに認識した上で、女の自立について持論を持つようになっていた。街角で女が男に伴われて時計屋に入ったのを見た三輪は、「買つて貰ふよりは、自分で買つた方が好さそうなのね」といい、さらに「人の恩を飾るよりは、自分に力が無ければ裸でゐる」（『朝日』35回）と、強烈な自立意識を見せ、富枝に自立するための心得を教える。富枝は同調しようと考えながらも、「自分は今兄の力で生存していく事を思って、言葉が出なくなつた」（『朝日』35回）と、自分の自立への道はまだ遠いと痛感した。

皮肉なことに、富枝の自立を望む気持ちに拍車をかけたのは、義兄緑紫の不品行であった。自分の妹貴枝を誘惑しながらも、嫉妬している姉都満子の前ではそれをごまかし、さらに自分が誘惑された方だと、貴枝に責任を転嫁する緑紫である。それを目のあたりにして、「今になつて兄を卑しむやうなものも、兄によつて自分は今日まで不足も感ぜずに、大学へも通はして貰つてゐたのだと、然う思つて富枝は甚く落胆する」（『朝日』35回）と、富枝は自立しない限り、いくら緑紫の品格が卑劣であっても、自分は彼を批判する資格を持ちえないと悟る。

「何うしても自活するわ。三輪さん」と富枝は改めて三輪に自立の決心を伝えたが、三輪は「然うなさい」（『朝日』36回）といっただけであった。学校を離れて女優をめざしながら、一家の生計を背負っている三輪は、女性が〈自立〉していくことの難しさを身をもって体験していたのである。当時、父権性イデオロギーのシステムで、男性にいかに対処すればいいかを、彼女は男談義をとおして富枝に教えた。富枝は自分につきまとう兄の友人の半田のことを、「実にいやな人ねえ」と三輪に語るが、彼女はこれに対して、「思ふ様、翻弄してやればいいのよ」という。さらに、

男に超然主義を取つても、一向利目はなさそうね。矢つ張り女よりは偉いつもりでゐるからなんせう。相人にしずにゐると自分を恐れてゐるからだと思ふんだから一寸始末が悪いのね。男には正面を切つて馬鹿にしてやるのが一番感じが早い。（中略）黙してゐると、半田と云ふ人みたいに、貴女を掌の内に入れてある様な顔色を見せるんですよ。（『朝日』36回）

と、三輪は、女を見下す男に堂々と対抗しなさい、とフェミニストぶりを見せた。それに対して、富枝は「翻弄できないんですもの」、「弱くつて駄目ね、妾は！」と答える（『朝日』36回）。富枝は三輪と違い、いままで義兄に頼って生活してきた。そのため、彼女は、現実社会に規定される男尊女卑の性差感覚から逃れられず、男と堂々と対抗することが出来ないのである。

三輪は男に対して対抗意識を強く持っているが、決して無分別に男を回避するわけではない。現実的な彼女は、利害関係次第では不埒な男でも共存できる、という複眼的な考え方の持ち主である。文士である緑紫から独立しようという富枝の考えに対して、三輪は自分の芸術観を含めてその損得について分析した。

染谷さん〔緑紫〕は自分は嫌ひだけれども、然し、文芸の人として必ず貴女の遙かに及ばない節は幾許もあるに違ひない。傍に居て、いい点を学ぶに差し支はなからうと思ふ。（中略）何程蛇が嫌いで、絵を見ても気絶する程の貴女でも、その蛇が何に捲きついた或る題材と成るべきものを目撃した時、捲きつかれたものの苦痛の状態、又捲きついたものの悪辣な状態を、見るに堪へぬと云つて顔を背けて了ふ様な事では、貴女は文の人とは云はれまい。芸術の為には自分が蛇になつて捲き附いても、捲き附かれたものの苦痛の状態を観察しなければならない時がある。（『朝日』40回）

かつて、緑紫につきまとわれたため、一時期、三輪は富枝と疎遠になってしまったが、その緑紫に嫌悪の感情を抱きながらも、三輪は緑紫を完全には否定しなかった。三輪の芸術観のなかでは、芸術家が蛇に喩えられていた。三輪の考えによれば、文学者にしろ女優にしろ、芸術家になるためには、嫌な対象に対しても、その嫌な気持ちを抑えながら嫌なものを観察し、さらにみずから進んでその嫌な者にならなければならない。これは、〈芸術家〉として修業していかなければならないと三輪は考える。この三輪の論調は、彼女の実利主義者の一面を物語っている。

それに対して、富枝は「到底其様惨い事は自分には出来ない。其様苦痛を忍んでまで、芸術の為に捧げるのは嫌だ」と、三輪の意見に反発した。「富枝の濃い男性的な眉毛と、三輪の淡く長い下がり尻の眉毛とが、相対して互いの性格を語つている様」（『朝日』32回）という二人の外見についての描写は、二人の処世態度に違いがあることを表すものといえよう。三輪が円滑で計算高い現実主義者ならば、富枝は現実の醜悪を忌避する理想主義者である。利害関係のためなら、男を利用してもかまわないとする三輪には、富枝の緑紫に対する態度が弱く見えてしまう。

確かに、女学校のなかで男性的なイメージを持っていた富枝には「弱くつて駄目ね、妾は！」、また「到底其様惨い事は自分には出来ない」のような発言はふさわしくないといえよう。とはいえ、富枝が「弱くなつた」原因は、やはり、自分が女性であるという現実に気付いたためであろう。女たらしの緑紫に対して、三輪のように「正面を切つて、馬鹿にする」ことも出来ないし、また彼に頼って文芸の道を進むこともできないというジレンマに陥ってしまう富枝は、女が世間で自立していく厳しさを認識しつつあったのである。

とくに女学校のなかでずっと男役を演じてきた富枝は、自分が望んでいるジェンダー・ロールと社会によって規定された自分のジェンダー・ロールとの間に、大きなギャップがあることに気付く。しかし、その現実を知りながら、富枝は、三輪のように当時の社会規範に挑戦していく勇気がなかった。そのため、無意識のうちに自立への道から後退してしまったのである。

4　女学生世界の崩壊

富枝は、女学校時代の文芸会と同じような、〈女性が書き〉〈女性が演じる〉共同体を現実社会に持ち込もうと考えていた。つまり、女性たちの連帯関係を介して、現実社会のジェンダー・システムを解体し、〈女性共同体〉として〈女だけ〉の職業社会を築きたいという理想を抱いていた。富枝のこのような社会における〈女学生世界《ノ・マンズ・ランド》〉についての考え方は、自分の脚本が舞台化された際に、三輪に宛てて出した手紙から読みとることができる。

大和座で「塵泥」を演ると、田里が小満名を演ること、貴女が演つてるような場合があつたら何様に嬉しいだろう。貴女が小満名を演つて名声が一時に上がつた、と云ふ様などだつたら、自分の命は祈つて捧げてもいい、自分は貴女の伎倆を信じているけれども、自分の筆は疑つている。それが両方平均して、自分の作は貴女によつて活き、貴女は自分の作に由つてその天才を発揮することが出来るようになつたら、実に理想だ。
（『朝日』42回）

『あきらめ』が発表された当時、新劇が勃興し、それに伴い女優起用の声が高まった。[15]〈女を演ずる男〉の女形より、むしろ〈女を女が演ずる〉女優の方が自然で好ましいという論調が、すでに広がりつつあった。しかし、女形と女優をめぐる優劣論より、富枝が考えているのは、むしろ〈男性が書き〉〈男性が演じる〉ことから、〈女性が書き〉〈女性が演じる〉ことへとパラダイム・シフトすることである。これは、女学校の外に、〈女学生世界《ノ・マンズ・ランド》〉の理想的状態を持ち込みたいとする富枝の考えを反映しているといえよう。

手紙の中に述べられたような富枝の夢は、のちに三輪のスキャンダルによって砕けた。三輪は、自分を贔屓していた千早梓の父、千早阿一郎の「寵妾」だと新聞に報道されたのである。だが、三輪は、このスキャンダルの報道を逆手にとって、洋行にかかる費用を千早から出させるのである。この出来事は、富枝にとって「自分と対ひ合つた敵陣のなかへ三輪が立つたやうに」（一六章一〇八頁）感じられた。富枝にとって、自分の性を武器にする三輪は、姉と同様に不品行な男性の共犯者であると見なされる。一方、女性が置かれる社会状況と、三輪の現実主義的な面を考えてみれば、「今度の記事を好い口実に位置もない名もない婦女の身で欧米へ飛ぶ幸福を作つた三輪を富枝は偉いと思つた」（一六章一〇八頁）というように、三輪が男性優位社会で生き残るためには、仕方のないことであったとも考えられる。

以上、論じてきたように、富枝と三輪との間には、二人が置かれている現実に対する認識のために、ズレが生じていた。このズレによって、二人の関係に大きな亀裂が入り、そのため、かつては「恋人を思ふが如く」（『朝日』18回）に憧れていた三輪から、富枝の気持ちが次第に離れていく。その代わり、富枝と染子との関係は、さらに深まりを見せる。富枝は、染子と二回床を共にしたことがある。最初は、体調がすぐれていないため大磯で休養している染子を見舞ったときで、「その晩は染子と同じ床の中に、沙翁のテンペストの話をした」（八章六三頁）だけだが、二回目は大磯の時とは明らかに状況が違ったようである。次に示す引用は、富枝が田端に養生している染子を訪ねたとき、「紫つぽい着物をお着なさい」と染子にいって、二人が一夜を過ごした翌朝の描写である。


「一生に御一所にいたい。」

染子は急に斯う云つて富枝を見上げた。眼の縁に残つた薄い白粉が可憐らしく見える。息が機んでゐるのか、赤い唇を半開けしてゐる。

「貴女さへ変わらなければ…。」

「え。きつと。お姉様。」

強く握つた富枝の手を、感覚を失くなるほど染子も力を入れて握つてゐた。染子の眼は、もう恋を知つた眼の様に、情の動く儘に閃いてゐる。（『朝日』45回）

ここに表されている染子の受動的で女性的な身体的特徴は、富枝の男性的視点から見たものだといえよう。二人の会話は、親密なスキン・シップに伴って、あたかも一晩の契りを交わした恋人同士を連想させる。田村俊子は、かつて同性の友情は「肉的の誘惑のない危険のない結構なおもちや」[16]と認識していたが、ここでは富枝と染子の間にそれ以上の何かが存在しているように読める。少なくとも、二人の関係は、明らかにいままでとは違うと感じざるをえない。

染子の「紫の着物」は、女学生世界へ導く夢の象徴ともいえる。直面しつつある社会の現実、そして三輪との関係のもつれからの逃げ道は、染子との関係以外にはない。つまり、富枝にとっては、染子との関係を介することで、社会に規定されている自分の〈ジェンダー・ロール＝女性〉から、今まで女学校で演じてきた〈ジェンダー・ロール＝男性〉へと切り換えることが可能なのである。いい換えれば、富枝は、社会に奪取された自分のジェンダー・ロールを染子との関係によって取り戻すことができるのである。

また、「一生に御一所にいたい」「貴女さへ変わらなければ…」「え。きつと。お姉様」という言葉は、二人の女性同士の恋愛の〈永久の契り〉の可能性を示していると同時に、富枝の異性愛関係に対する恐怖心を示しているとも思われる。富枝は、異性愛関係とは、常に不安定な状態の下に置かれているものだと思っている。身近な例である姉夫婦の染谷緑紫と都満子の関係を介して、同性愛者の富枝の目には、異性愛関係に置かれる女性が常に翻弄される者だと映っている。

緑紫宛ての貴枝の手紙を発見し、さらに緑紫の外泊にショックを受けた都満子は、嫉妬で「富枝の目には、口の裂けた相に姉の顔が映つた」という狂乱状態に陥っていた。都満子は、緑紫の弁解を信用して一応は満足したものの、これについて富枝は、「良人が他の女を思わずと知つた時、其の良人の愛は自分専有のものと感じる。

然しその感じは永久的ではない。事に触れると直ぐ愛が他にあるであろうと疑うのだが、自分が愛を受けていると感じたその一瞬の間を喜んで、都満子はもう何も彼も忘れている」（一一章八二頁）と考えた。男性の不品行を批判する一方で、男性に翻弄される女性も、不品行を犯す男性とは共犯関係である、と富枝には思えた。

富枝が執筆した脚本『塵泥』の話筋にも、右記の富枝の異性愛観が反映されている。ヒロインの小満名は元子爵令嬢で、美男の奇術師に惚れ、ついに家出をして男と一緒になる。女は美貌のため、常に他の男性から注目されていた。それに対して、男は、絶えず嫉妬心を起こし、とうとう女の顔に傷をつける。最初は、女は男が自分の顔を傷つけたのは自分を愛しているからだと思ったが、徐々に、自分に対する男の愛情が薄くなっていくのを感じ、それを自分が醜いためだと思ってしまう。最後は、男が他の女性に心変わりをしてしまったと思いこみ、嫉妬のあまりに発狂し、そして男を殺してしまう。

当時の女学校教育を支えていた「良妻賢母主義」のイデオロギーは、まさに女学生たちに絶対的な異性愛者になることを強制していたといえよう。当時、絶対的な存在であった異性愛関係においては、〈男＝支配者／女＝被支配者〉という関係が逆転することなど考えられないことであった。緑紫のように優性的な立場にいながら、自分の不品行を正当化するため、貴枝に責任転嫁をしたり、妻の都満子を欺いたりしたことに対して、富枝は「実に卑劣な兄」だと緑紫を断罪した。富枝と染子との恋愛関係は、基本的には、女学生同士の平等関係によって始まったものである。平等性に基づいて築き上げられた女学生の絆が、二人の関係の基盤となっているため、異性愛関係を支える〈支配／被支配〉という関係は、二人の間には存在しない。したがって、異性愛関係における一方的なジェンダー・ロールの強制的な規定により、二人の女性同性愛関係において、〈男／女〉の役割が形成されることは、自然な成り行きである。

しかし、富枝と染子との恋愛関係も、周囲からは厳しい眼で眺められるようになる。染子は富枝と田端で一夜を過ごしたあと、あまりの恋しさのため、「脳神経衰弱」[17]が一層ひどくなっていた。染子はそれをおして、養生先の大磯から麻布まで富枝に会いに行ったが、富枝は染子を大磯に連れていく。そのとき、二人の関係に気付いた染子の母親の態度は、次のように描写されている。

夫人は、何の為にこれ程にして染子が富枝を慕ふのかと、今夜は今までになく富枝へ対して注意の目が底光つた。富枝は其れを知つて不快であつた。染子には許嫁の良人があると云ふ事も、夫人の話で富枝は今夜初めて知つた。その人は今独逸へ行つてゐるとの事だつた。来年帰朝すると直ぐ結婚させる積りだと。（三〇章一八〇―一八一頁）

「貴女をお慕ひする餘りに健康が勝れずにゐる、是非半日でも好いから大磯へきてくれという懇ろな迎へ」（八章六三頁）富枝を大磯に招待したときと違い、染子の母親は、このときの二人の関係が尋常ではないと疑うようになった。そのため、彼女は、染子の縁談話を富枝に話したのである。富枝と染子の恋も、結局、家父長制秩序を支える異性愛に回収されてしまう。とうとう富枝は、故郷の岐阜に帰るため、染子に別れの手紙を書く。富枝にとって染子との恋は、〈女学生世界《ノ・マンズ・ランド》〉の象徴であり、その終わりは、〈女学生世界《ノ・マンズ・ランド》〉との決別に等しい。

書いて了ふと涙が封筒の上に落ちた。富枝はまた、学校時代から染子のよこした手紙を全部まとめた。紫、白、青、いろ〳〵の紙箋の上に、恋しいといふ字が一封毎にいろ〳〵の形の字で現れてゐた。富枝は少時それを読んでゐた。纏めた手紙を小さい寄木細工の箱に収めて、それに鍵をかけた。その箱の上に今の手紙を乗せて富枝は長い間思ひ耽つてゐた。（三〇章一八四頁）

富枝が田舎の岐阜に戻る決心をしたのは、「自分が東京に踏み留つて好きな事をやり度いと思ふ限り、それ等に就いての保護は矢つ張り兄に頼むより他はなかつた、自分は男ではない。若い女である。その晩富枝は非常〳〵悲しかつた」（二七章一六二頁）と、あらためて自分が女という事実を認識したからである。貴枝との騒動を起こした義兄の緑紫に対して、富枝は、「かかる兄に文藝の作に就いての意見を聞き、主義を倣はうとした自分までが卑しまれて」（一一章八三頁）と、不品行の男性との共生関係を拒否し、決して妥協しないという態度を示す。社会で自立しようと思えば、自分の性を利用してまで、女のジェンダーを越えてみせる三輪のようなしたたかさが必要である。しかし、富枝にはそれがなかった。また、女である以上は、女の道、つまり家庭に入って、よい妻、そしてよい母になるという社会規範の存在は無視できない。富枝は染子の縁談話によって、その現実を改めて思い知らされるのである。

富枝が東京を離れる朝、三輪から12月幾日に日本を離れるという知らせの葉書が届く。それは「月並らしく」感じられた。そして、いよいよ東京を離れるとき、「新橋の停車場で泣いて立つた姉の姿を富枝は眺めた。そしてこの汽車が大磯を通過ぎることを思つてゐるうちに汽車は出た」（三〇章一八六頁）。この場面で、この小説は終わっている。男性と取り引きしてまで洋行のパスポートを手に入れた三輪は、富枝にとって、もはや別世界の人間である。そして、これから汽車で通過する大磯にいる染子も、もうじき人妻になる。かつて、富枝が〈女学生世界《ノ・マンズ・ランド》〉で紡ぎだした自立する夢や、そして乙女の恋のイデアは、女学校を出た瞬間、すべてが幻に帰してしまうのである。別の世界に生きる三輪からの葉書と岐阜に向かう富枝を乗せる汽車とは、当時の女学生が学校を離れ、それぞれの道を進むことで起きる〈女学生世界《ノ・マンズ・ランド》〉の崩壊を象徴するものだといえよう。

5　おわりに

『あきらめ』は、先行する女学生小説とは異なり、真正面から「良妻賢母主義」のイデオロギーを槍玉にあげることはしなかった。「イプセンなどの女性にみるやうな全然コンベンショナル常套の表面に流れ去つた点がない為に、何所となく我等の胸の一隅にピッタリと触れて、一脈の生命の流れ会つて居るのを感ずる」[18]という同時代評からもわかるように、自我に目覚めた女性たちが、その自我や価値観の新旧交代に臨むとき、その過渡期を生き抜くにあたって直面する葛藤と矛盾が、とくにヒロイン・富枝の場合、よりリアルに表現されていることこそ、『あきらめ』が同時代の共感を得た理由だといえよう。

富枝と三輪のそれぞれ異なる処世態度を介して、田村俊子は、女性の社会進出問題を〈女性の自立〉への一つのステップとしてクローズ・アップした。脚本作家としてすでに世間に知られている富枝にとって、男女の性差問題は、一見、容易に克服できそうであるが、富枝は、みずから自立する道に挑戦することを「あきらめ」てしまう。それは、実際に性差問題に遭遇することによって、〈女性〉としての限界性を自分が自立するための道をふさぐ絶対的な障害だと見なし、また社会規範によるジェンダー性を超越することは不可能だと「あきらめ」てしまったためである。それに対して、当時の女優業につきまとう差別、そしてその差別によって生じたスキャンダルを最大限に利用した三輪は、自活の道を開いたが、彼女が洋行していくということも結局、当時の日本社会が、彼女のような〈新しい女〉を受け入れるにはほど遠い状態にあった、という厳しい現実を語るものであろう。

富枝と染子との同性愛関係については、同時代評によって、「男というものの到底思ひ及ばない機微に迄触れて居る」[19]ということで片づけられてしまった。しかし、『あきらめ』が刊行されたのちに、同年七月に女学生同士の心中事件[20]が実際に起こり、社会問題となったことを考慮すれば、『あきらめ』によって田村俊子は、異性愛という絶対的な存在から明らかに逸脱する女性同性愛の現象を、実に鮮やかに描いたといえよう。女学生同士の心中事件の引き金となった〈親決め結婚〉、そして登場することのなかった染子の婚約者の存在によって、富枝たちの恋愛が簡単に崩壊してしまったということから、当時、女学生のセクシュアリティが、実際に家父長制の厳しい目の下に置かれて監視されていた事実が見えてくる。

当時の女学生について、本田和子は、「人生や生活とは無縁の、軽く愛らしく、他愛なく一時を過ごす『特権の異物』にほかならなかった」と指摘した。[21]これを『あきらめ』の女学生たちの境遇にあてはめてみれば、その指摘も適切といえよう。ただし、後年、バンクーバーや中国で放浪する田村俊子自身の選択と照らし合わせて考えるとき、富枝や三輪が、社会進出に臨んでせまられた選択について、やはり再考する余地があると思われる。

注

1　陳蘇黔「田村俊子『あきらめ』私見」（『論樹』4号、一九九〇年九月）

2　片岡良一は、女主人公富枝の帰郷は「敗北」や「後退」というより、むしろ積極的な意義を持っていると指摘した。『あきらめ』などと表題していることの意味が、それですっかりボヤけてしまっているのである」（片岡良一「田村俊子の生涯」『現代日本文学全集　70』筑摩書房、一九五七年）という片岡氏の指摘に対して、和田謹吾は「あきらめ」というのは『あきらめ』の選者の一人、抱月の「序に代へて人生観上の自然主義を論ず」のなかにおける「あきらめ」の論理に通じていると指摘した。さらに片岡氏に反論し、和田氏は以下のように指摘している。「〈あきらめ〉という意味を、筋に捉われて、富枝が東京での生活の現実に敗北して、あきらめて田舎に帰って行くと解釈していたのは誤りであろう」。「木乃伊の口紅・あきらめ」（『国文学』一九六八年四月）

3　平石典子「「新しい女」からの発信――『あきらめ』再読」（『人文論叢』（三重大学）17号、二〇〇〇年）

4　小平麻衣子「再演する〈女〉――田村俊子「あきらめ」のジェンダー・パフォーマンス」（『国語と国文学』（東京大学国語・国文学会、二〇〇〇年五月）

5　この点について、先行研究の中で平石典子は、『あきらめ』の富枝は一切の恋愛沙汰に巻き込まれたことがないと指摘したが、この論点をふまえていえば、「あきらめ」における女学生のヒロインたちの間には恋愛関係に関わる男性が存在していないといえよう。

6　『魔風恋風』のヒロイン萩原初野は、親友夏本芳江を裏切ってそのフィアンセの東吾とひそかに婚約するが、今度は逆に東吾に裏切られて、生活に切羽つまって「脚気衝心」で亡くなってしまう。『青春』のヒロイン小野繁は親友の園枝と同じ男子学生・関欽哉に恋していた。のちに、小野繁は関欽哉の子供を身籠るが、堕胎し、のちに満州にある「支那人の女学校」の教師に赴任した。

7　長谷川啓「初出「あきらめ」を読む―三輪の存在をめぐって―」（『社会文学』一九八八年七月）

8　引用部分は基本的には『田村俊子作品集』のテキストを中心にする。初出の『大阪朝日新聞』の連載と異なる部分は初出に従う。初出の部分の引用は、（『朝日』～回）と記し、田村俊子作品集のテキストの引用は（～章～頁）と記す。

9　「女子大学の文芸会」（『婦女新聞』一九〇六年一二月三日）

10　当時、帝国劇場の『日の出』のなかでヒロイン役浜子に扮した女優嘉久子の好演に対して、「従来女優劇を女学校の文芸会に比したりし記者も今後は態度を改めざるべからざるにいたりぬ」という評がみられた。この劇評によって、当時、帝国劇場の女優劇の評価がいかに低かったことが分かるが、一方、当時の女学校における文芸会が盛んであった一側面を示唆した。「厭世的自覚―帝国劇場所演『日の出』の浜子」（『婦女新聞』一九一二年二月一六日）

11　一九一一年九月、川上貞奴が帝国女優養成所を創立した当時、『都新聞』（一九一一年九月四日）によって紹介された第一期生総勢一五名のなかで、田村俊子（当時、佐藤とし子）をはじめ、森律子（跡見女学校）など一二名は元女学生であった。

12　一九〇二年頃、日本女子大学が創立された当時、「天下の耳目はたちまち女学生に集注するに至ったが、彼らの中には同性の恋おめごっこというものさえも始まった。鶯堂流の文字で絵葉書を遣ったり取ったりすることが、彼らの学課外の学課となった」と、当時の女学生生活が窺える。生田敏郎『明治大正見聞史』（中央公論社、一九七八年一〇月）

13　当時、女学生の間に流行していた独特の文体、いわゆる〈オトメ文体〉の特徴は、富枝と染子との交換手紙にも現れている。川村邦光『オトメの祈り――近代女性のイメージの誕生』（紀伊国屋書店、一九九三年）

14　〈女学生世界〉のルビ〈ノ・マンズ・ランド〉は Sandra M. Gilbert と Susan Gubar の *No Man's Land: The Place of the Women Writer in the Twentieth Century* のシリーズ名からの援用である。だが、筆者が考えている『あきらめ』における〈ノ・マンズ・ランド〉のイメージは、上記のシリーズの中で論じられた作品でもある、アメリカ作家シャーロット・ギルマン（Charlotte Perkins Gilman）の Herland（1915）に現れている〈女性だけの理想国〉のそれに近い。

15　桑野桃華『女優論』（三芳屋、一九一三年）、二五〇―二五一頁。

16　田村俊子「同性の恋」（『中央公論』一九一三年一月）

17　染子の病名について、最初、「一種の精神病なのかもしれない」（『朝日』42回）、のちに43回、62回では「脳神経衰弱」となり、63回で「呼吸器病」だと記された。当時の医学的言説によると、女性同性愛者にちなむ病気は最も多く指摘されたのは〈ノイローゼ〉あるいは〈神経衰弱〉である。

18　「新書批評」「田村とし子氏の『あきらめ』」（『早稲田文学』一九一一年九月）

19　同前。

20　一九一一年七月三〇日、工学博士と専売局主事の令嬢たち、女学校卒業同士が心中事件を起こした。その原因は、親から結婚をせまられたためだった。この事件について、当時のマスメディアが盛んに報道した。また、同年の雑誌『婦女新聞』（一九一一年八月一一日）をはじめ、『新公論』（一九一一年九月）、『新婦人』（聚精堂、一九一一年八月）などは〈女性同性愛〉を特集にし、社会問題として注目した。古川誠の「同性愛考」（『Imago』一九九五年一一月）によると、日本の〈同性愛〉という語彙は、この事件がきっかけで女学生による同性愛関係が社会問題化とされて、初めて定着した。

21　本田和子『女学生の系譜』（青土社、一九九〇年一〇月）、一〇頁。

第2章　一九一〇年代の日本における「女性同性愛」言説
――「青鞜」同人を中心に

1　はじめに

一九一一年は、日本の女性解放運動史におけるターニング・ポイントであった。同年九月に、松井須磨子によってイプセンの『人形の家』が初演され、同月に日本における最初の女性解放運動組織「青鞜」が結成された。このめまぐるしい一連の女性問題のなかで、当時の日本社会に最も衝撃を与えたのは、あいつぐ女性同士の心中事件であった。同年七月三〇日に工学博士と専売局主事の令嬢たちが起こした心中事件[1]は、日本社会で女性同性愛現象への関心を大きく呼んだ契機にもなったのである。

古川誠は、この時期における〈同性愛〉認識の変遷について、以下のように指摘している――「一九一〇年代から二〇年代の女学生による同性愛関係の社会問題化と、日本語における『同性愛』という用語の定着とは切り離せない関係にあるということができる。『男色』から『同性愛』へ、というキーワードの変遷は、その後に男性中心の同性愛から女性中心の同性愛へという認識論的転換が隠されていたことは間違いない[2]」。この指摘は、一九一一年に起ったこの女性同士の心中事件が、当時の社会にいかに大きな衝撃を与えたかを物語っている。もし、日本の女性同性愛の存在をそれを表す言葉の有無で判断しようとすれば、日本の女性同性愛は、一九一〇年代以前には存在しなかったといえるのである。それ以前、〈同性愛〉は〈男色〉といわれた。つまり、男性限定のホモセクシュアリティとしてしか認められてはいなかったのである。

このような時代背景のなかで、女性のセクシュアリティへの監視は一層厳しくなっていった。一九一一年に創立された「青鞜社」の同人たちも、ただちにスキャンダルの種になり、セクシュアリティにかかわる醜聞に巻き込まれた。実際、この時期における「青鞜」同人のセクシュアリティに注目してみると、ホモセクシュアリティとヘテロセクシュアリティの境界線がぼやけ、各自のジェンダー・アイデンティティがゆらぐ傾向にあることがわかる。つまり、彼女たちは、同性とだけでなく、異性とも交渉していたのである。また、お互いの関係で占める性的役割が、彼女たちの身体的性〈セックス〉とは必ずしも一致するものではなかった。そのため、同人の間の同性愛スキャンダルは、一九一一年にあいついで起こった女性同性愛者の心中事件についで、当時の社会の女性同性愛現象にたいする意識を高めたともいえよう。

日本の女性解放史上はじめての女性解放運動組織といわれる「青鞜」の同人たちはそのほとんどが、皮肉にも、良妻賢母主義と家父長制度のなかで育てられた女学生であった。彼女たちのジェンダー／セクシュアリティーは、〈絶対的異性愛〉体制のイデオロギーに管理され、規定されるはずであった。だが、「青鞜」同人たちの曖昧なセクシュアリティとジェンダー・アイデンティティは、〈強制的異性愛〉に創出されたものではあったが、しかし〈女性同性愛〉を病理化する言説に対して挑戦し、良妻賢母主義に規定されるジェンダー秩序を撹乱した。このことは、「青鞜」が行っていた運動において、いかなる意味を持つのであろうか。また、「青鞜」同人のレズビアニズムは、一九一〇年初期の女性解放運動史においていかなる役割を果たしたのであろうか。以上の問題点をふまえて、本章は、「青鞜」における二つのレズビアン・カップル、すなわち、「青鞜」の創始者・平塚らいてうと尾竹紅吉、そして、田村俊子と長沼（高村）智恵子に焦点をあてる。

らいてうと俊子は、自分たちの〈女性同性愛〉体験について、随筆や小説の形で書き残している。これらの文献を再検討することによって、当時の〈女性同性愛〉言説が明らかになり、一九一〇年代初期の女性解放史にたいする新たな視点が得られよう。彼女たちが自分たちの身体的性〈セックス〉と社会的性役割とのあいだの秩序関係をいかに考えていたのか、また、「青鞜」が、当時の日本の家父長制度に拮抗する反対勢力としていかに形成されたのか。本章の目的は、「青鞜」同人たちのクシュアル・オリエンテーションやジェンダー・アイデンティティのあり方を究明することではない。むしろ、彼女たちの身体的性とジェンダー・アイデンティティやセクシュアリティの断絶や矛盾こそ、まさに、同時代の性科学言説や良妻賢母主義に支えられた〈強制的異性愛〉という制度――〈正常〉と〈異常〉、規範と逸脱、男性性と女性性、同性愛と異性愛とを二項対立的にとらえ固定化しようとする制度――に抵抗し異議申し立てを行うものであったことを、当時の文献の検討を通して明らかにすることにある。[3]

2　セックス・ジェンダー・セクシュアリティをめぐる「青鞜」同人周辺の言説

一九一一年の日本社会において、〈女性同性愛〉に関する言説は、いかなるものであったのだろうか。同年7月、女学生同士の心中事件が起こった直後、マス・メディアは、女性同性愛現象に注目しはじめ、この現象は、家父長社会にとって得体の知れない「恐るべし」存在であるとして警戒を強めた。再生産至上主義的な異性愛秩序をその構築原理とする家父長制は、女性同性愛をその「恐るべし」他者として創出し、〈不自然な〉ものとして病理化することを通じて、異性愛を〈健全なる〉ものとして構築した。女子学生のセクシュアリティへの監視を一層厳しく強化した女子教育に携わる教育者の姿勢は、当時のマス・メディアの報道から窺い知ることができる。

同年九月、『新公論』の「性慾論」特集号に収録された桑谷定逸の「戦慄す可き女性間の顛倒性慾」[4]のなかに、当時の女子教育者の発言が引用されている。そこには、女子学生のセクシュアリティ管理をめぐり、異性間交際から同性間交際へと着目点が変化している。

某女教育家曰く、近頃同性の恋愛は珍しいことではない、他の女学校の生徒間にも随分此の傾向があるらしい。現に府立女学校の女学生間にはオメといふを使用され、或る私立女学校ではデヤ（愛）におの敬語を冠してオデヤといひ、お茶の水の女学校にはお熱、学習院女学部にはハカライ、跡見女学校には御親友、その他各女学校が皆それゞ此の方面の言葉を使用されてゐる。此等の語は果たして不自然なる熱愛に捕らはれてたるに出たるものらしいが、何れにしても女子教育家は大いに注意を払ふべき問題として、互いに其の悪風を防ぐことに苦心している。[5]（傍線筆者、35）

〈女性同性愛〉が、女学校に多く見られるという以上の指摘は、すでに起こった女学生同士の心中事件を意識したもので、各女子校でよく見られる〈同性の恋〉ごっこに警告を発することを目的としていた。良妻賢母育成をその目的とする女学校は、女学生を異性愛者に教育するという使命をおびた〈制度〉であったが、自然発生的に生じた女性同士の親密な交際という実践を通じて、その制度は内部から崩される可能性があった。したがって、女学生同士の心中事件という極端な出来事が起こったため、女学生のあいだに行われていた親密な交際は、教育者側から「悪風」と見なされはじめた。このような「悪風」は、女学校という制度の規範を根底から揺さぶるものであったため、「不自然」な「悪風」としてことさら病理化されてしまったと思われる。桑谷の論から、当時の医学領域における〈同性愛言説〉、つまり、〈女性同性愛〉が病的なものという通説が、すでに社会に流布されつつあったことがわかる。

兎に角、顚倒衝動をリファインして、他人に之を感染せしめぬやうにするのが最上の策である。[6]（42）

ここから、〈女性同性愛〉は、女学校が推奨する良妻賢母主義からの攻撃を受けていただけでなく、当時の日本における性科学言説から、〈伝染病〉というレッテルが貼られていたことがわかる。当時の日本における性科学は、ヨーロッパのハヴロック・エリスやリヒャルト・フォン・クラフト＝エビングどの性科学言説から徐々に影響を受けはじめていた。[7]とはいえ、一九一一年以前、日本の同性愛言説は、あくまでも医学領域にとどまっていた。しかし、〈女性同性愛〉が社会問題になるにしたがって、性科学は、教育を含めたより広範な領域に適用されるようになったのである。同じく、『新公論』の「性欲論」特集号に掲載された内田魯庵の「性欲研究の必要を論ず」から、女性同性愛者の心中事件が契機となり、性科学が重要視されつつあったことが窺える。

近年独逸では性欲教育と言うことが教育社会の問題となつてる。（中略）日本の教育社会にもポツポツ此問題を生じて、殊に近年同性恋愛の弊風が到る処に生ずるに随つて益々此問題に必要が迫つて来たやうである。[8]

（3―4）

性科学言説を援用し、女子教育の一環としてのセクシュアリティ管理を一層強化すべきだという主張は、女学生間に多発していた〈女性同性愛〉への対応策と見られる。逆の見方をすれば、女学生間の〈同性愛〉を取り締まろうとする姿勢が、同時代の〈女性同性愛〉に関する言説を増殖・増幅させたのだともいえる。実際に、良妻賢母主義を擁護することで名高かった『婦女新聞』は、その典型と見てよい。心中事件が起こった直後、同紙は、女学校の校長や卒業生、および医者を招き、紙面で女性同性愛現象について盛んに議論をさせた。一九一一年八月一一日の「同性の愛」や「同性の恋と其実例」をはじめ、同月二五日の「同性の愛の研究」など一連の記事は、女学生たちのあいだに多発しているこの「病的友愛」、あるいは「病的肉欲」[9]という「同性の恋」は、「社会道徳の衰え」によって、「官能的刺戟が性欲の発作年齢が以前より早くなつて居るに拘わらず、結婚難てふ［ママ］社会的現象と極端なる男女隔離主義とに依つて、精神的にも肉体的にも適当に性欲を満足するの機会に遠つた結果[10]」だと指摘した。「結婚難てふ［ママ］社会的現象と極端なる男女隔あは、「打粉おしろいの『撫子』という女性の化粧小道具」によって、自分の身体的性＝女性性を露見させていたのである。だが、らいてうの身体的性＝女性性を露見させることは、らいてうの男性性のジェンダーを絶えず意識してきた俊子にとっては、一種の矛盾としてとらえざるをえなかったのである。

らいてうについての描写は、彼女の外部の身体的特徴から、さらに内部の感情構造へと移り、らいてうの能動的な男性性を強調しつづけている。

嬌飾のないその顔付には、恋情的のチャームはちつともないが、いつもの通り、直ぐにも物を掴み挫ぎさうな熱つぽい感情の揺ぎが、迸るやうにその眼の隈から頬へかけて表はれてゐる。（前掲文344）

俊子はらいてうの身体、そして彼女の内面感情に潜むマスキュリティを絶えず強調することで、らいてうと自分との同性愛関係が成立不可能であることを予告しているようである。のちに、俊子がお酒に酔って、「誰の心でも自分の唇を直ぐに吸い付けてやり度いやうな放恣な気分」と、らいてうに告白したら、らいてうはただちに「燕（筆者注：奥村博史）の代わりになれ」[11]と俊子を誘惑した。この誘いにたいして俊子は、らいてうにはどうしても「恋愛的な感情」が起きないことを率直に語る。

今の私の感覚は酔ひの中にほんのりと色ざしてゐる恋の中にばかりいつぱいに動いてゐるのである。私は浮れ心地になつてゐるけれども矢つ張りH（筆者注：らいてう）との感情とは何の交渉もないやうである。私は矢つ張りHの手を取る気もしないで歩いてゆく。（傍線筆者、前掲文347。とくに断りがない限りは以下同）

いかなる放恣な気分になっても、らいてうのことを〈恋愛〉相手とは、見なせないことは、俊子が絶えず強調したらいてうの〈男性性〉と関係している。つまり、俊子とらいてうとのあいだには、相方とも男性性を志向したという、ジェンダー・ロールをめぐる相克が存在していたのである。この問題は、俊子が、ひそかに智恵子とらいてうとを比較するところに顕著に表れている。

Hとからして一所にゐる間は、わたしの心はHのために石膏にされるような気がする。これがN（筆者注：智恵子）なら、もうちつと相手を享楽する事が出来るのである。Nと私の感情が、もうちつとさまゞな幻影のうちに芸術の匂ひを帯びて溶け合ふ事が出来るのである。私はNに対するあの一種の親しみもなつかしみも其処からくるのである。私は自分の傍に垂れてゐるHの柔らかな手先を見詰めてゐながら、中々その手を取る気になれない。あの手を取つても、Hの身体は容易く私の手にしなだれて来さうもない。（前掲文344―345）

以上の引用からも明らかなように、俊子は、同性愛関係において、支配的な〈男〉のジェンダー・ロールを担うことを願っていた。そのため、同じく〈男〉のジェンダー・ロールを担おうとするらいてうは、俊子にとって、自分が優位に物事をはこぶことができない相手であるだけでなく、〈恋愛〉対象となり得ない存在であった。らいてうの男性性を過剰なほど強調し、ときには批判的な眼で見ている俊子にとって、同性愛関係は、結局、異性愛関係の代替物にすぎない。男性／女性の役割を支配／被支配の関係として捉える異性愛の二分論は、俊子の同性愛関係のなかで、そのまま反復されている。

最後に、らいてうとのあいだには、とうとう何も起こらなかったことを残念に思っていた俊子は、「Nによく見るあのやぶられたる悲しみとでも云い度いやうなNの情緒をなつかしく」と、智恵子を思い出しながら帰路につく。俊子が、らいてうと別れ、急に思いだして懐かしく思えたのは、男性的ならいてうと相反する女性的な智恵子である。俊子の懐かしむ対象は、智恵子の女性性というより、智恵子との関係における自分の男役といった方が適切であろう。

3　少年同性愛のパロディ――平塚らいてうと尾竹紅吉

すでに検証したことからすれば、俊子とらいてうとの関係が未成立に終わったのは、一見、二人のジェンダー・ロールをめぐる葛藤が原因だと見られる。しかし、このような見方は、あくまでも俊子の立場からのものだと思われる。つまり、同性愛関係のなかで俊子は、かならず相手に〈女性役〉を強いる傾向にあったといえる。それに対して、らいてうにとって、異性愛関係の構図は、決して自分の同性愛関係の唯一の型ではないと思える。彼女と尾竹紅吉との〈少年同性愛〉に擬似した同性愛関係は、それを裏付けている。二人の〈男色〉もどきの同性愛関係は、やはり二人の関係のなかで、らいてうと紅吉がそれぞれ担っていたジェンダーから検証しなければならない。ジュディス・バトラーは、かつて、ジェンダーを以下のように定義した。

> ジェンダーがドラッグだとしたら、それが近付こうと試みる理想像を常に演出する模倣だとしたら、ジェンダーとは内面的な性、あるいは本質、あるいは心的ジェンダーの核という幻想を演出するパフォーマンスだということになる。ジェンダーは身振り、動作、歩き方など（ジェンダーの表象と解釈されている身体の演劇技法の配列）を通して、皮膚の表面に、深い内面性という幻想を演出する。[12]

ジェンダーを、男性が女性性を過剰に演じる異性装というドラッグにたとえることによって、バトラーは、ジェンダーは本質的な存在というより、むしろ模倣を通じて行為遂行的に構築されるものだといっている。つまり、本質的な性がまずあるのではなく、集合的に構築されたジェンダーの幻想があり、その幻想を模倣する形で現実のジェンダーが形成されるのである。

バトラーのこの論点は、まさに、平塚らいてうと尾竹紅吉のジェンダー・パフォーマンスにあてはまる。彼女たちのジェンダー・パフォーマンスは、〈模倣〉に基づいて築き上げられていたもので、現実の異性愛中心的なジェンダー・ロールをパロディ化して脱構築するような側面を持っている。らいてうと紅吉には、男装、そして、男性の特権と考えられる喫煙、飲酒の習慣があった。紅吉は、かつて自分の男装ぶりについてこう語った—「僕がソフトをかぶつてマントの襟をたてゝ紺足袋に男下駄をはいて煙草をふかしながら妹を連れて歩くとね、いろんなことを云つて冷やかされるの、本当の男に見えるんでせうね[13]」。

また、この紅吉が、らいてうにとって、いかなる存在であったかについては、らいてう自身の言及を通じて明らかになる——「私の少年よ。／らいてうの少年よ。私の為にあなたの身体の何処かに赤色を只一点つけることを忘れてはいけない[14]」。そのため、ふたりの同性愛関係は、〈男色〉そのものの模倣だと見られる。俊子はかつて、二人の関係を「逢つたあと」という題の詩のなかで、からかったことがある。

紅吉、
おまいのからだは大きいね。
R（筆者注：らいてう）と二人逢つたとき、
どつちがどつちを抱き締めるの。
Rがおまいを抱き締めるにしては、
おまいのからだは、

あんまり、かさばり過ぎてゐる。[15]

この詩は、紅吉の身体の男性的な特徴だけでなく、二人の関係におけるらいてうのジェンダー・ロールをも暗示している。らいてうの能動的、また男性性のジェンダー・ロールが、紅吉との関係のなかでも一貫して変わらないと、俊子の眼には映っている。そのため、二人の同性愛関係は、〈レズビアン〉的なものというより、むしろ、〈男色的〉に近いものとならざるをえない。[16]

「円窓より」は、らいてうと紅吉との交際関係の詳細が明記されている。これを見れば、二人の〈男色〉に擬態するホモセクシュアルな関係や、また、らいてう自身が、主動的なジェンダー・ロールを演じていたことが明らかになる。

①紅吉を自分の世界なるものにしやうとした私の抱擁と接吻がいかに激しかつたか、私は知らぬ。知らぬ。けれどあゝ、迄忽に紅吉の心のすべてか燃え上がらうとは、火にならうとは。(「円窓より」『青鞜』第2巻第4号83)

②夜、紅吉から来た手紙とハガキ総てを箱に入れ違へる。何と思つてか自分は知らない。昨年の十一月三十日(筆者注：この時点は一九一二年五月)を始めとして今日まで、手紙二九、ハガキ三八、あの忘れられない十三日の夜(筆者注：二人で初めて過ごした夜)、あの夜の後、始めてきた手紙と速達の朱印あるもの二つ三つとを選んで再び読んだ。手紙を見詰めて座つたまま其夜はとうとう明けた。同性の恋といふやうなことを頻り

に考へて見た。（傍線筆者、前掲書89）

①の引用部分で、らいてうと紅吉とのあいだの能動・受動関係は、らいてうの行動からすでに明らかになっている。また、この能動・受動関係の構図は、〈男役／女役〉というあり方より、むしろ〈成年男子／少年〉の型に近いといえる。半年間、数多くの手紙を送り、らいてう一途に夢中になっていた紅吉の面貌は、②の引用部分から窺える。「らいてうの少年」と自認する紅吉と、それにたいして紅吉のことを「私の少年」と受け取るらいてう二人の「同性の恋」は、〈少年同性愛〉のようなものである。このように、〈同性愛〉をただちに〈男色〉と同一視するそれまでの日本の神話は、二人の模倣行為を通じて解体された。

のちに、らいてうは、奥村博史と出会い、紅吉から離れていった。戸籍を入れないまま、奥村と二人で共同生活に入り、二人の子供をもうけた。この出来事が一因となり、「青鞜」内部に分裂が起こり、最終的に「青鞜社」は解散し、そのため雑誌『青鞜』は中断するに至った。湯浅芳子は、らいてうのこの決断について、自分の日記で彼女の行為を批判していた。

なぜ男なんかにつまずくのか。たとえ結婚という制度から外れたとしても、いったん男と暮らし、その子を産んでしまつたら、生活そのものに変わりはあるまい。女がまるごと手にできる自由、それは男と子供の他にあるはずだ。[17]

とはいえ、らいてうは、湯浅芳子の指摘どおり、家父長社会に妥協し、家制度に規定された〈女〉の役割を受け入れたのであろうか。彼女が奥村博史と共同生活に入る前、『青鞜』（第4巻第2号）に発表した両親宛の手紙「独立について両親へ」のなかには、二人の関係が、生物的レベルでの性差を逆転させたものであることをほのめかす部分がある。

御両親ももう御承知の昨年の初夏から始終私のところへ訪ねて参りました、そして私が若い燕だの、弟だのと呼んで居りましたH（筆者注：奥村博史）といふ妾より五つも年下のあの若い画をかく男とふたりで出来る丈自由なそして簡易な共同生活を始めやうとしてゐることなのでございます。（中略）私は五分の子供と三分の女と二分の男を有つてゐるHがだんだんたまらなく可愛いものになつて参りました。（110―111）

以上の引用から、らいてうの相手の奥村博史は、〈女性的〉な男であることがわかる。実際、奥村博史が〈女性的〉な男性であったという指摘は、「青鞜」同人とその周辺の人々の証言からも知ることができる[18]。らいてうにとって、年下の奥村博史の〈男性的〉な部分は僅か十分の二である。〈男性的〉より、むしろ〈女性的〉に近い奥村博史のイメージは、らいてうの文脈からにじみ出ている。したがって、らいてうは、自分の性指向を同性愛から異性愛に変えても、当時、日本の家父長社会に規定されていた〈女〉のジェンダー・ロールを演じてはいなかったのである。

4　おわりに

「青鞜」同人の同性愛現象では、ヘテロセクシュアルとホモセクシュアルとのあいだの境界線が曖昧になっていることが、ひとつの特徴になっている。とくに、らいてうと俊子は、ヘテロセクシュアリティの領域だけでなく、ホモセクシュアリティの領域でも〈男性〉のジェンダー・ロールを演じようとしていた。そのため、彼女たちのジェンダー・パフォーマンスは、彼女たちのセクシュアリティを異性愛か同性愛かというような二項対立的図式ではとらえられないものにしてしまった。俊子とらいてうにとって、それぞれのセクシュアリティにおける〈男〉のジェンダー・ロールへのこだわりは、家父長制度によって規定される〈女〉の役割を拒否する姿勢であった。また、彼女たちの曖昧なセクシュアリティは、当時、日本社会における〈女性同性愛〉言説〈＝セクシュアリティ〉に見られる偏見に対して挑戦しただけでなく、絶対的異性愛が推進する良妻賢母主義〈＝ジェンダー規範〉を転覆するものでもあった。つまり、〈男〉のジェンダー・ロールを選択することは、身体的性、ジェンダー、そしてセクシュアリティとのあいだには連続性がなくてはならないとする〈強制的異性愛〉の構造を崩壊させる行為に等しかったのである。

「青鞜」同人のレズビアニズムと女性解放を目指す運動との関係は、いかなるものであったのだろうか。アドリエンヌ・リッチは、かつて、「レズビアン連続体」(lesbian continuum) に対して、以下のような定義を下した。

> レズビアン連続体という用語には、女への自己同定の経験の大きなひろがり――一人一人の女の生活をつうじ、歴史全体をつらぬくひろがりをふくみこむ意味がこめてあって、たんに女性が他の女性との生殖器的性

経験をもち、もしくは意識的にそういう欲望をいだくという事実だけをさしているのではない。それをひろげて、女同士の最も多くのかたちの一時的な強い結びつきを包みこんで、ゆたかな内面生活の共有、男の専制に対抗する絆、実践的で政治的な指示を与えあいを包摂してみよう。[19]

リッチの「レズビアン連続体」の定義にしたがえば、「青鞜」は疑いもなく、日本女性史上はじめて存在するようになった「レズビアン連続体」を指向しようとした集団であった。もちろん、この「レズビアン連続体」の内部には、俊子とらいてうのように、それぞれの同性愛関係のあり方への異なる認識によって、ジェンダー・ロールを奪い合い、「レズビアン関係」が崩壊してしまう例も見られた。だが、「フェミニズムとレズビアニズムは女を愛の対象とするかどうかという一点を除いて、自己解放を願う動機も目的も方法も歴史的に似かよっている」[20]という大前提の下には、この日本における初めての女性解放運動組織は、疑いもなく「レズビアン連続体」の機能を十分に発揮していたとはいえないまでも、それを有してはいた。

彼女たちのジェンダー・パフォーマンスは、日本家父長社会を支える強制的異性愛のイデオロギー、つまり、良妻賢母主義の不安定さを暴露しただけでなく、既存の認識枠ではとらえきれないほど多様なセクシュアリティが、行為遂行的に創出することができることを見せてくれた。「青鞜」同人たちは、ジェンダー・パフォーマンスを介して、当時の家父長社会に対する新たな対抗勢力を形成するものであった。同時に、自分たちの身体的性、ジェンダー、そしてセクシュアリティの秩序を何者も規制することができないことを高らかに宣言したのである。

注

1 令嬢たちは元、女学校同級生同士であった。心中の原因は、その中の一人が親から結婚をせまられたといわれる。心中した二人とも、上流階級出身なので、この事件について、当時のマス・メディア関係が盛んに報道した。また、同年の雑誌『婦女新聞』(一九一一年八月一一日)をはじめ、『新公論』(一九一一年九月)、『新婦人』(聚精堂、一九一一年八月)などは「女性同性愛」問題を特集に組み、社会問題として注目していた。

2 古川誠「同性愛考」(『Imago』一九九五年一〇月)、二〇七頁。

3 同人たちの〈真正〉のセクシュアル・オリエンテーション/ジェンダー・アイデンティティを究明しようとすることは、真正/虚偽、本物/偽者を二項対立的にとらえる態度に通じるものである。本章ではむしろ、そのような二項対立的な思考方法そのものを脱構築するものとして、「青鞜」同人のジェンダー・アイデンティティやセクシュアリティのあり方を考察することをめざす。

4 一九一一年九月の『新公論』が掲載した「性欲論」特集で、桑谷定逸の「戦慄す可き女性間の顛倒性慾」一文は、一八九七年にロンドンで出版されたハヴロク・エリスの *Studies in the Psychology of Sex* Vol.1, "Sexual Inversion in Women" の内容と重なる部分が多い。桑谷はエリスのこの論文を抄訳した可能性が大きい。次は、桑谷の引用文と原文が重なる部分の一例である。「女同志の情交は男同志の情交より多いとはあつても決して少ないことはない吾々が比較的に之を知らないのは。(一)一般男子がこの現象に付ては頗る無頓着で男性間の顛倒性慾ほど之を重く見ない。(二)女の同性性交は男の同性性交より看破に困難である。女同志の間柄は、男同志と違ひ普通の場合ですら非常に親密で馴ゝしいから、女同志の間の異常な情熱を見ても、吾々男子は左程之を怪まない」、三六頁。

"Notwithstanding the severity with which homosexuality in women has been visited in a few cases, for the most part men seem to have been indifferent towards it; when it has been made a crime or a cause for divorce in men, it has usually been considered as no offence to at all in women. Another reason is that it is less easy to detect in women; we are accustomed to a much greater familiarity and intimacy between women than between men, and we are less apt to suspect the existence of any abnormal passion." ("Sexual Inversion in Women," *Studies in the Psychology of Sex* Vol.1, p.79)

5 桑谷定逸「戦慄す可き女性間の顛倒性慾」(『新公論』一九一一年九月)

6 同前。

7　古川誠の「同性愛考」（『Imago』一九九五年一〇月）を参照。
8　内田魯庵「性欲研究の必要を論ず」（『新公論』一九一一年九月）
9　「同性の愛」（『婦女新聞』一九一一年八月一一日）
10　「同性の恋と其実例」（『婦女新聞』一九一一年八月一一日）
11　この時期、らいてうのもとを離れていた奥村博史が、らいてうとの交遊をふたたび始めた。らいてうと奥村とのつきあいは、紅吉が嫉妬して、奥村に絶交状や脅迫状を送ったりしたため一時期中断した。ここでの「燕」は、奥村のことを指す。
12　ジュディス・バトラー「模倣とジェンダーへの抵抗」杉浦悦子訳、（『Imago』一九九六年五月）、一三一頁。
13　「雑音――『青鞜』の周囲の人々『新しい女』の内部生活」『定本　伊藤野枝全集 第1巻』（学芸書林、二〇〇〇年三月）、一四〇頁。
14　平塚らいてう「円窓より」（『青鞜』第2巻第4号）、八九頁。
15　「編集室より」（『青鞜』第二巻第一〇号）、一三五頁。
16　この時点における女性同性愛関係についての描写は、〈男色〉を意識したものがいくつか見られる。らいてうは、自分と紅吉との同性愛関係を〈少年愛〉として描いていた。また、田村俊子のデビュー作『あきらめ』のなかで、ヒロイン・富枝は下級生・染子と床をともに一夜を過ごしたのち、上田秋成の物語の一節、「可愛がり切つてゐた美しい小性が死んでから、その坊さんは狂乱になつて小性の死骸が腐るまでも、骨を甜めたり肉を食べたりして執着してゐた凄い話」を想起した事もその例である。
17　沢部仁美『百合子、ダスヴィダーニャ――湯浅芳子の青春』（文芸春秋、一九九〇年二月）、一三二頁。
18　「青鞜」の同人、伊藤野枝は、奥村に対する紅吉の嫉妬ぶりについて、こう述べている。「平塚さんを忘れることが出来ないと同時に、奥村さんを許すまじき憤怒の目で見た。物優しい、奥村さんの素直な、何処か女性的な態度が一々彼女の疳に障った」「雑音――『青鞜』の周囲の人々『新しい女』の内部生活」『定本　伊藤野枝全集　第1巻』（学芸書林、二〇〇〇年三月）、一五六頁。
19　アドリエンヌ・リッチ「強制的異性愛とレズビアン存在」大島かおり訳、『血、パン、詩』（晶文社、一九八九年）、八七頁。
20　竹村和子「資本主義社会とセクシュアリティ――〔ヘテロ〕セクシズムの解体へ向けて――」（『思想』岩波書店一九九七年九月号）、八九頁。

第3章　ドメスティック・イデオロギーからの脱出願望
――田村俊子の〈書く女〉と〈演じる女〉について

1　はじめに

田村俊子は、「作家・田村俊子」としてデビューする以前、つまり、一九一〇年以前、作家と女優とのあいだで、どのように自己を位置づければよいか揺れ動いていた。

彼女の演劇活動は、一九〇六年、毎日派の「文士劇」に加入し、文筆活動に使っていた、師・幸田露伴にちなむ筆名「佐藤露英」で舞台に登場した頃から始まる。一九〇八年、川上貞奴が帝国女優養成所を開設すると、そこに入所したが、二ヶ月あまりで退所した。一九一〇年八月、中村春雨（吉蔵）主宰「新社会劇団」が『波』を公演した際、「花房露子」の名で、洋行帰りの女性音楽家・花井豊子を演じた。これが最後の舞台であった。女優「花房露子」が好評であったにもかかわらず、その後、興業成績が不振であったため、「新社会劇団」は解散を余儀なくされた。したがって、女優「花房露子」が、舞台に登場することは二度となかった。その翌年、「作家・田村俊子」がデビューしたのである。『大阪朝日新聞』の懸賞小説募集で、一等に該当なしで二等に入選したことがきっかけであった。彼女の文筆活動は、ここから一九一八年にカナダのバンクーバーに渡るまで、八年間続くことになる。

一九一〇年以前、「佐藤露英」として作家活動をしていたとき、また「佐藤露英」「市川華紅」として演劇活動をしていたとき、彼女は、自分の境地を開くには至らなかったといえる。作家「佐藤露英」時代には、露伴の影響から、一葉のような文体で創作を行っていたが、ここでも自らの作風を確立するには至らなかった。また、「花房露子」の名で『波』に出演する以前、「文士劇」では、注目されることはなかったといえよう。ところが、「新しい女」の時代の到来に伴い、「新しい女」を標榜する女性作家志望や女優志望の女学生が出現した。これらの「新しい女」たちを描き、そして「若い女の心のひらめきで、到底男の思ひ及ばない微妙なシエーヅが所々に捉える」[1]ことが可能になった俊子は、一躍文壇の寵児となった。ここで、作家「田村俊子」が誕生した。

同じように、田村俊子が、初めて「女優・花房露子」として評価されたのも、「男が女の真似をしては到底出来ない役」[2]、つまり、「新しい女」である花井豊子を成功裡に演じたためであった。一九一〇年前後、俊子が、〈作家〉と〈女優〉の二つの領域で成功を収めることができたのは、「男が描き得ない女」を描き、「男が演じ得ない女」を演じることができたためである。

この時期に彼女が描いたり、演じたりした女性たちは、新旧交代の過渡期に生きた女性が多い。『あきらめ』の女主人公の富枝や三輪は、新しい思想に目覚め、「良妻賢母」主義に疑問を持ち、高い理想を抱いているが、校門を出ると同時に、社会の現実にうちのめされ挫折してしまう。ここから先、家父長社会によって規定される〈女〉の性役割を甘受し後退する女学生上がりの〈細君〉もいれば、理想を堅持し、独立しようと努力する「新しい女」もいる。後者は俊子の作品中では、つねに脇役的存在である。しかし、俊子の作品には、物議を醸し出す〈ドメスティック・イデオロギー〉[3]からの逸脱者として描かれる女性が多い。ここでの〈ドメスティック・イデオロギー〉とは、ポストコロリアリズムのなかで、「家庭の内と外をくっきりと二分する宗主国の中産階級の性道徳」を指す。このイデオロギーによって、「女は家庭のなかに閉じこめられ、一夫一婦制の生殖中心的なセクシュアリティを求められるが、男の場合は、家庭の家の規範的なセクシュアリティをと、家庭の外の非規範的なセクシュアリティの両方にアクセスできる二重基準《ダブルスタンダード》をも」つ。近代日本が、「国民国家」として出発し、女性を、「家庭」そして「国」の内部に囲む〈イデオロギー〉と、この〈ドメスティック・イデオロギー〉とは、相通じている。

俊子の初期作品の中に現れている、「家庭」ないし「国」の内部から逸脱する女性は次のようになっている。『あきらめ』において、女優を目指し洋行する三輪、「静岡の友」で（『新小説』一九一一年二月）には、雑誌社の編集長をつとめなら、「日本が厭になつて殖民地生活がし度い」のKさん、そして、音楽修業に洋行し、オールド・ミスになった『波』の女性音楽家・花井豊子はその好例である。ここで注目したいのは、彼女たちが「新しい女」の新興職業に携わっていたという設定である。彼女たちは、いわゆる〈書く女〉と〈演じる女〉であった。

本章は、一九一〇年代、「新しい女」の職業と考えられる〈女流作家〉と〈女優〉をめぐる同時代言説をふまえながら、前述した、俊子が描いて見せた〈書く女〉と〈演じる女〉が、どのように時代に位置づけられるかを検討する。さらに、彼女たちが、ドメスティック（＝家庭＝日本国内）から脱出する願望をどのように抱いていたかを、〈書く女〉と〈演じる女〉の同時代言説に照らし合わせて考える。

2　ドメスティック・イデオロギーからの逸脱者たち

『あきらめ』（初出『大阪朝日新聞』一九一一年一―三月）のヒロイン・富枝は、作家志望であり、その同級生・三輪は、女優を志していた。この設定は、女性が新しい教育の啓蒙を受け、社会へ進出する願望が強くなり、作家業と女優業も女学生の輩出によって女性の新興職業としてもてはやされた時代の反映を見なすことができる。

一八九九年、「高等女学校令」発布後、樺山資紀文部大臣は、これからの高等女学校教育の方針について、次のように示していた。

第四高等女学校に関する件
高等女学校の教育は其生徒をして他日中人以上の家に嫁し賢母良妻たらしむるの素養を為すに在り故に優美高尚の気風温良貞淑を涵養すると倶に中人以上の生活に必須なる学術技芸を知得せしめんことを要す[4]…

「高等女学校令」発布の同年に行われたこの訓辞からは、高等女学校を普及させる目的が、国民国家を支える「良妻賢母」を養成することにあるとされていたことがわかる。しかし、高等女学校、とくに一九〇一年に日本女子大学が創立されると、同時に女学生に関するスキャンダルがマスメディアを賑わし、「堕落女学生[5]」言説が徐々に形成されていた。いままで〈家庭＝私的領域〉に囲まれていた若い女性が、女学校の普及につれて、公的領域に参入し、注目を集めるという現実もあった。女学生は、「遊歩者[6]」として自由に街頭を漫歩することができたが、彼女たちの制服が袴に改良されると、「ひときわの挑発力をもって人々の耳目を刺激したに相違ない[7]」とされる。『あきらめ』で富枝が街頭を漫歩する一節から、公的領域を〈遊歩〉する女学生の姿を窺うことができる。

二人（筆者注：富枝とその同級生上田）はいつか町へ出てゐた。派出所の前を通つて電車の線路の方へ向きを取る。場末の寄席の淋し気なのが、例ながら富枝の胸を滅入らせるので、今日も其れを振返つて不愉快な思ひで眺めた。真赤な毒々しい色で縁を取つた看板に、真黒く浪花亭何々と認められてある。その看板を後にして、汚れた白い法被を着て、毛脛を出した男が、息潰だ声で、「いらつしあい」と叫んでゐる。

（『朝日』2回）

初出のとき、雑踏の街頭を背景にして袴姿の女学生二人が前面にクローズ・アップされるという挿し絵は、彼女たちが当時、大衆の注目の的であったことの一例であろう。そして、下町の「場末の寄席」に対して「胸を滅入らせる」「不愉快な思ひ」という富枝の感情表現は、まさに「美しい」、「虚栄心の高い[8]」明治女学生のあり方を反映している。とはいえ、「たわいなく一時を過ごす『特権的異物』にほかならなかった[9]」女学生が享受しうる自由な時間は、あくまでも女学生時代に限られていた。一旦、女学校を出ると女学生たちは、〈家庭＝私的領域〉に入るべきだ、とされていた。当時、女学生へ向けられた攻撃の多くは、女学生たちが「良妻賢母」の役割にふさわしくない言動をしていたことに対してであった。内田魯庵は、女学生たちの行動について代弁したが、その一節からは、当時女学生に向けられたバッシングの状況が窺える。

「あきらめ」（『大阪朝日新聞』1911年1月2日）第二回の挿絵

今始まつたわけでは無いが兎角女学生を眼の仇にして罵るものが

ある。曰く虚栄のかたまりなり、曰く女らしくなくて生意気なり、曰く其大半は堕落したりと（中略）丁髷式道学先生或は教育家が女は内を守る役と教ふるまゝを信奉して茄子や胡瓜を直切つて廉く買ふのを女の大功勲としてをる。此の如くんば女が男の侮蔑を免れるのは百年河清を待つと同様であらう。[10]（傍線筆者）

女学生たちに向けられた「虚栄のかたまり」「女らしくない」「生意気」「堕落」という批判の言辞は、明らかに、「良妻賢母」の規範にてらして判断されたものである。前述した魯庵の挙げた批判も、女子教育の目標として規定された〈ドメスティック・イデオロギー〉の観点から出発したものである。同時代言説における、女流作家や女優など、いわゆる「新しい女」に対するバッシングは、「堕落女学生」言説の延長線の上にあるものでもある。それは、女流作家や女優のほか、音楽家や女教師など、当時の女性新興職業に進出した者たちは、いうまでもなく女学生あがりの人々であったからである。『あきらめ』が連載された翌年、『現代女性観』（黒公子、聚精堂、一九一二年五月）が刊行されたが、これには女流作家に関する見解があって、当時の女学生言説と重なる部分の多いことがわかる。

今日女流作家なる者は沢山居る、親がゝりや、学校の卒業仕立で、まだ卵の殻が大きな帯の下に附著いて居る連中は別として、兎に角何の何某女史と、多小（ママ）名の聞えて居る人は、大抵三十前後で、多くは独身で有る。（中略）どうせ文学者にでもならうと言ふ者で有るから、尋常家庭の細君となつて、家を取り締つて行ける者があらう筈がない。[11]

この言説から窺えるように、女学生上がりの女性作家は、結婚適齢期を過ぎる〈オールド・ミス〉であるか、あるいは「良妻賢母」のスタンダードを満たせない〈はずれ者〉と見られている。女流作家の作品の優劣を云々する前に、女流作家である者は、「三十前後」の独身者や「尋常家庭の細君」のなり損ない者だと決めつけられた。彼女たちは、私的領域（＝家庭）からの逸脱者や「良妻賢母」の不合格者であることを理由に、槍玉に挙げられたのである。実際、女優に関する言説にも、それに通じる論調が見られる。一九〇八年九月、日本で初めての〈女優〉といわれる川上貞奴《かわかみさだやっこ》は、帝国女優養成所を設立した際、田村俊子（注：佐藤とし子と記される）を含めた十五名の生徒を受け入れた。十五名のなかの十三名が、高等女学校かそれ以上の出身者である。[12] 多くの女優志望者が女学生上がりという現象は、「良妻賢母」の養成を目的とする女学校の教育者の一大関心事であった。『東京朝日新聞』（一九〇八年九月一二―一四日）には、「女優と女学生」という記事が掲載されている。女優という女性の新興職業が、いかに「良妻賢母」主義の敵として目されていたかが、次の女性教育家たちの談話からわかる。

> 今度の様に女学生上りの女が俳優になつたとすると一般女学生の頭には彼等は至つて自分等と縁の近い者であるとの思想が浮ぶ之は寔に余儀ない結果だ恁なれば従来の截然たる区劃は破られて両者の間には自然に連絡が付く事となる。（中略）此現象を芸術の向上と目する半面には家庭の堕落、道義の頽廃といふ恐ろしい暗影がある。[13]（傍線筆者）

また、帝国女優養成所生徒の一人である森律子の出身校・跡見女学校校長の花蹊女史は、〈女優〉願望という現象は、「女子の職業とか精神慾」から出た問題であると見て、その解決策まで提案していた。

現今の婦人はまだゝ為ねばならぬ事が沢山あります一例を挙げても家内万般の「整頓」といふ事に関し多方面に工夫して此の実蹟（ママ）を収めるのを女子の誇りとする様な風習をつけ何でも無駄な餘裕の生きぬ程度に働いたならば精神慾の不満抔をいふ折りはあるまいと存じます。[14]

女優という女性の新興職業をめぐる同時代の言説を見ると、女学校教育関係者たちにとって、女優という職業は、女学生上がりの女優志望者を生み出し、女学生を堕落させる原因となり、女学校の教育目標である「良妻賢母主義」を崩壊に導く恐れがあるとされている。また、教育者たちは、家事万端をマスターすることこそ「女子の誇り」だとし、〈家庭＝私的領域〉を固守することこそ女子の領分であるという「女子職業無用論」を唱えたが、その論調からすれば、〈女優〉という女性の新興職業が、女性たちの社会進出とどのような関係にあるのかについては、全くこれらの女子教育家の関心の外にあった。

女学生上がりたちは、〈家庭＝私的領域〉か〈職業＝公的領域〉かの選択を迫られ、さらにどちらかの領域を選択することによって、女性同士の間柄に亀裂が生じるという事態は十分に考えられた。これは、『あきらめ』から『静岡の友』にかけての一貫したテーマであった。『あきらめ』の結末では、ヒロインの富枝は東京を離れ、職業作家の夢を「あきらめ」、そして岐阜の実家に戻ることに決めた。また、彼女が同性愛的な感情を抱く後輩の染子は、ドイツに留学している婚約者が帰朝次第、結婚することになっていた。それに対して、富枝が憧れる同級生・三輪は、女優の修業をするために日本を離れることになった。それを知らせる一枚のはがきが富枝の元に届いたとき、富枝にはそれが「月並みらしく感じられ」た。これは、まさしく「女学生世界《ノ・マンズ・ランド》」の崩壊を象徴する結末といえるであろう。また、女学生同士でも、それぞれの選択によって互いの関係にズレが生じてしまう。

このように、〈家庭＝私的領域〉／〈社会＝公的領域〉という両者択一をめぐって、女性同士の友情に亀裂が生じるというステレオタイプ化された設定は、明治三〇年代から四〇年代にかけて女性同士の感情を主題にする小説の中にしばしば出てくる。[15]

学校を離れると、直ちに家父長社会が規定するジェンダー・ロールを甘受する女学生上がりを、内田魯庵は、次のように批判している。

丁度教会女学校出身の女が嫁に行くと唯の丸髷の世話女房になつて了つて亜米利加人に養はれた色彩を失つて了うと同じく、大抵の醒めたる女は指輪や時計や着物の贅沢さへ満足に出来れば亭主の待合ぐらゐは仕方が無いと観念して了う。（中略）今の所謂醒めたる女は虚栄の満足が出来ると大抵醒めない女に逆戻りをして了う。[16]

魯庵が指摘したように、女学生は、家父長社会のドメスティック・イデオロギーに規定されたジェンダー・ロールの不合理性に気づいたにもかかわらず、学校を離れると、同時にそれを受け入る「醒めない女」に逆戻りしてしまう。このように、ジェンダー・ロールによって公的／私的領域が区分されてしまうことは、実際、女性の新興職業、つまり、女性作家や女優という元々男性の領域に、女性が参入するとき、男性側からバッシングを受けるという問題と密接に関係している。次に、女性作家と女優という職業領域で、ジェンダー性がどのように変化するかを検討する。

3　「女しか書けない女」と「女しか演じられない女」の戦略――女性作家と女優の登場

田村俊子は『あきらめ』で、作家志望の富枝と女優志望の三輪を通して、女性が、いままで男性中心の領域であったところ、〈書く領域〉と〈演じる領域〉に参入する願望を持つようになったことを描いている。この事態は、単に、女性が男性中心の領域に入るというだけのことではなかった。この時期、女性作家や女優が現れたのは、実際には、時代の要請でもあった。女性作家と女優の進出によって、〈書く領域〉や〈演じる領域〉のジェンダー秩序に揺らぎが生じた。いままでの男性には描写不能であり、また演出不能であった〈自然な女〉を世に見せることによって、女性は初めてその存在価値を認めさせたのである。とはいえ、〈書く領域〉と〈演じる領域〉は、どちらも男性の厳しい監督下におかれていたため、女性は、男性に規定されたものを書き、演じるしかなかった。一九〇八年五月の『新潮』で、同時代の男性作家、小栗風葉、柳川春葉、徳田秋江、生田長江と真山青果たちが、「女流作家論」を戦わせている。ここからは、男性作家が女性作家に何を望んでいたかが窺える。

己を忘れたる女流作家　…女らしく強く、鋭く、烈しく、皮肉で、意地悪くあれば好いのだ。所が、近来の女流作家といふものを見るのに、どうも女らしい作家が無くて困る。うまい、まづいは措いて、其女ならしくない所が気にくはないから、僕なども、今の女流作家の作品は餘読まない。（傍線筆者、6）

其大成せざる所以　…充り女流作家に、文学の一般に向つて要求するのは、餘り酷である。只、文学の一部を要求する外はない。其一部と云ふのは穏健なる作物、――女らしいところを要求するより外はない。（傍線筆者、8）

女流作家を罵る　…日本の女流作家には一葉女史一人あればたくさんだ。女は小説を書くひまで、亭主に少しでもうまいものを食はせる事を心掛けたほうが好い。曰く、気取るな　…私どもは女性から男子の假声を聞くを要せんや。女性は女性らしして痛切な声を上げたらどうだらう。（傍線筆者、9）

明治四〇年代、男性ジェンダーによって構成されていた「文壇」では、女流作家は、女性性のジェンダーを「演じて」見せなければ、なかなか受け入れられなかったことはおそらく事実であろう。前述したように、男性作家の「覗き趣味」の欲望は、女性作家に「女らしさ」、「女でなければ描けないもの」を求めるというところに見てとれる。

この時期の女流作家の作品集には、必ず作家写真が掲載されていた。このことから、この覗き趣味の一端が窺い知れる。例えば、田村俊子の『あきらめ』が、一九一一年一月から三月まで『大阪朝日新聞』で連載されたのち、金尾文淵堂から単行本として出版されたとき、島村抱月と森田草平が書いた序のつぎに、田村俊子の肖像が入っている。また、一九一二年三月に岡田八千代が、女流作家の作品集『閨秀小説十二篇』（東京博文館）を編纂して出版した際、水野仙子、岩田百合子と木内錠子を除き、執筆者の写真が巻頭に掲げられている。このように、女性作家が男性が牛耳る文壇という公的領域に受け入れられるためには、〈女性ジェンダー〉を演じ、〈女性セクシュアリティ〉

『あきらめ』単行本が出版された当時、巻頭を飾った田村俊子の写真

をさらさなければならないという現実に直面していたのである。

ジュディス・バトラーの「ジェンダー・パフォーマンス」の見解によって、「ジェンダー」が、「持続する一連の行為を通してうみだされ、身体のジェンダー化された様式をとおして定義されることを示そう[17]」とした。そのため、規定される「ジェンダー」を過剰的にパフォーマンスすることは、かえって「性の抑圧」という本質的な問題を暴き出すと見てとれる。バトラーのこの理論をふまえて、女性作家が、自らの〈女性性〉をさらすという演出行為について、村山敏勝は次のように述べている――「自らをポルノグラフィーの客体にする小説的な視線に抗って、べつな、ただしさらに抑圧的な女性性をたちあげるかのように」、また「自分のプライヴァシーを売り物にする作家＝娼婦の自己は、こうして男性に対してのみならず同性に対しても、パフォーマティヴに、演劇的に作られる[18]」。俊子の「女作者」が、『中央公論』（一九一三年一月）に掲載されたとき、そのタイトルは、「遊女」であったし、そして「この女作者はいつも白粉をつけてゐる」、「この女の書くものは大概おしろいの中からうまれてくるのである」という表現は、まさしく女性作家が、過剰なまでに〈女性性〉をパフォーマンスしていたことを裏付けるものであるといえよう。俊子が、女性作家を「遊女」としていたことは、女性作家には過剰な女性性を演じることが強要されていただけでなく、その視線に抵抗するために、自ら遊女と同じようなポルノグラフィーの客体になりすますという、自虐的な意向も感じ取れる。さらに、男性中心の文壇のその「覗き趣味」を承知した上で、これを逆手に取って演じてみせるという俊子の抗議的姿勢も読みとれる。

Ayako Kano によると、実際、女優に対する同時代の要請は、西洋演劇の「女が女を演じる」、つまり、「自然らしさ」に基づくものであった。それは、当時の文壇が、女性作家を迎えた姿勢と通じている。「女形が散髪[19]である限り、女優は必要である、しかし技芸は少なくとも今の女形のせめて半分まで進ませた上の事である[20]」という考えは、

「女が女を演じる」ことこそ「自然」だと強調する女優論の一つといえる。また、「日本の所謂女形と称して男優が女に扮することは、技芸の多くの点から不自然たるを免がれない[21]」という発言もあり、女だからこそ「自然な女」を演じることができるという認識が形成されつつあったことの証左である。[22] だが、この「自然な女」を舞台に演出させるのは、多くの場合、男性であった。一九一一年九月、『人形の家』が上演されたとき、ノラを演じた松井須磨子は、役作りについて苦心談を次のように語った。

今度演じましたノラも随分苦心いたしました、イヽエ苦心と申せば苦心ですが、土肥〔春曙〕先生や中村〔春雨〕先生の御苦心遊ばしたのをそつくり教へていたゞいたのですから、私の苦心いたしましたところは極僅少である。[23]（傍線筆者）

つまり、松井須磨子が演じた「ノラ」は、彼女が築き上げた「ノラ」というより、男性側がもとめる「ノラ像」といった方が適切であろう。「人形の家」が初演された前年、新社会劇団の『波』に出演した俊子が、花井豊子を演じたのは「中村〔春雨〕さんがこれは男が女の真似をしては到底出来ない役で、是非とも女でなければ出来ぬ役だからと仰しやつて…[24]」ということがきっかけであった。つまり、この時期、女優は、「技芸」よりその「自然な女」という身体性がもとめられていたのである。また、その「自然である女の身体」のありようを、舞台にどう表現すべきかということは、近代日本の演劇改良運動の課題の一つになっていただけでなく、女優の〈セクシュアリティ〉が過剰なほど注目される要因の一つともなっていた。

女性の新興職業としてもてはやされた〈女性作家〉と〈女優〉の場合、男性がもとめている〈女性性〉が、そのセールス・ポイントとなっている。〈女優〉と〈作家〉の両領域を行き来していた田村俊子は、女性作家と女優が絶えず男性側の「ポルノグラフィー的な視線」にさらされ、検視される厳しい現実を、『あきらめ』を通して暴いた。『あきらめ』のなかで、作家志望である富枝は「自分が東京に踏み留つて好きな事をやり度いと思ふ限り、それ等に就いての保護は矢つ張り兄に頼むより他はなかつた、自分は男ではない。若い女である」（朝日、70回）と、義兄の緑紫から助力を借りなければ文壇に出ることが到底不可能であることを悟り、文筆で身を立てることを「あきらめ」て岐阜の田舎に帰り、年老い祖母の面倒を見ることに決める。富枝は、文壇が男性中心に回るという仕組みを知り、また「絶対に世に出るな。甘んじて犠牲になれ」という「良妻賢母」主義に疑問を抱いていたにもかかわらず、その「主義」から完全に脱出できなかった。彼女は、女性の〈セクシュアリティ〉を売り物にするも同然の女性作家としての生き方に打ちのめされたのである。それに対して、女優志望の三輪は、男性原理の文壇と劇壇を逆手に取って操るべき、という考え方の持ち主である。彼女は、憧れる女優オルガ・ネザソール（Olga Netherole）が「サフオーやカーメンを演じると、餘り妖艶人を魅し過ぎる為、政府から没道徳《インモーラル》だと云つて興業を差し止められた程」（朝日、39回）と語っていた。英国女優オルガ・ネザソールは、一九〇〇年三月、ニューヨークでアルフォンス・ドーデ（Alphonse Daudet）原作の『サフォー』（*Sapho*）を演じて、一大センセーションを巻き起こした。彼女が扮したファニー（Fanny Le Grande）は、多くの愛人を持つだけでなく、「性の喜び」に耽溺する女性でもある。ファニーが、男性に抱えられながら螺旋状の梯子を登るという『サフォー』第一幕最後のシーンは、物議を醸し裁判沙汰さえ引きおこした。[25] 三輪は、〈セクシュアリティ〉の権化と見なされる女優を崇拝し目指したことから、当時の演劇界が女優にもとめていたものが〈女性性〉であることを見抜く目を持つように造型されていた。さらに、自分の性的スキャンダルを利用して洋行を達成したことから、それを逆手に取って、過剰なほ

1900年ニューヨークで上演された「サフォー」の最後の螺旋階段のシーン。写真の女優はオルガ・ネザソール本人。

ど〈女性性〉を演じてみせるしたたかさを持つ女にもされている。

女性作家俊子自身が、過剰的に〈セクシュアリティ〉をさらし〈女〉を演じてみせたことは、『あきらめ』以後のいくつかの動向からわかる。『読売新聞』に連載された「新しい女（その二）」（一九一二年五月六日付）のために、記者から「よくその性格を現はした」ポーズと写真の撮影を要求されたとき、「え、、そうですね、あたしの心もちが…それは裸体です」と答えた。また、『女の世界』に掲載された「田村俊子女史との会見記」（五尺に足らぬ男、一九一五年四月）で記者から「アナタはいつか中央公論の人物評で拝見した写真よりズット別嬪ですね」とひやかされていた。自然主義隆盛期の影響とはいえ、当時の文壇の女性作家に対する覗き趣味は、女性作家の作品よりも、むしろ彼女たちの〈容姿〉や〈セクシュアリティ〉に注目していたことがわかる。俊子が『あきらめ』の三輪と同じように、自らのセールス・ポイントを熟知した上で、過剰なほど〈女〉を演じていたともいえる。当時、公的領域に進出する女性でも、〈女〉を演じる以外に活路がないという現状をほのめかし、このドメスティック（＝家庭＝日本国内）・イデオロギーから逃れるために「自分の生活を打ち壊して日本に暫くお別れをした」[26]原因を、後年次のように吐露した——「男性の持たぬ境地、彼等の知らぬ世界を書くことにばかり一生懸命になつてゐたし（中略）自然頽廃的な女の官能、女の感覚、女の悩み、女の恋愛と云ふやうなものばかりを書いたものである。やがて私の芸術は行詰まつて了つた」[27]。

4　植民地と海外へ脱出する願望の探求――『あきらめ』の三輪から『波』の花井豊子まで

一九一〇年代における田村俊子が演じた〈女〉、そして描いた〈女〉の多くは、〈家庭＝私的領域と社会＝公的領域〉とのはざまで揺らぎ、自分の居場所を絶えず探し求めている。一九一〇年一〇月、中村春雨主宰の「新社会劇団」が上演した『波』で、俊子が演じた女音楽家・花井豊子もその中のひとりである。豊子は、自分の音楽会の会場で、かつての音楽学校のライバル、松平伯爵夫人の百合子に嫉妬・侮辱された。のちに、松平伯爵は、謝罪するために豊子を訪ねた。彼は、かつて天才的な音楽家だった百合子が、すでに平凡な女性になってしまったと不満を訴え、豊子に求愛した。百合子は、その場で、伯爵から「平凡な女」になってしまった自分と別れ、天才音楽家の豊子と一緒になることを告げられた。このときの伯爵と百合子夫人との間で交わされた対話は、新しい教育を受けた女性たちが、「良妻賢母」という女性の唯一の役割によってその才能を埋没させ、「平凡」になってしまったという現実の一端を窺わせるものである。


百合子、口惜しさうに「貴方は、私の天才を崇拝すると仰つて、私の足下に接吻せん許りになつた昔をお忘れでございましたか？」

松平伯「そりやア昔は汝も天才だつたか知らん、併し今は平凡な女ぢやアないか？」

百合子、激して「…その…私の天才を奪つて、平凡な女にしたのは誰でございますか？」[28]

百合子は、自分の才能を奪って「平凡な女」にしてしまったのは、夫の松平伯爵と家庭＝〈私的領域〉にとどまる「良妻賢母」の役割であったという。しかし、かつて、この「伯爵夫人」の座についた時、百合子は音楽学校時代のライバル・豊子を破り、自分こそが「勝利者」だと誇っていた。同時に、音楽学校を卒業したのち、地方の女学校へ奉職した豊子は、百合子が伯爵家へ嫁入りしたニュースを見て、自分が「敗北者」であり、百合子が「勝利者」だと思っていたのである。ふたりの考えから分かるように、同時代の〈ドメスティック・イデオロギー〉が、女学生教育のなかに既に深く根付き、「良妻賢母」が女性の天職であるというイデオロギーは、女学校教育を介して女学生の間に浸透していた。これを裏付けるように、豊子は、その後、音楽を修業するため、海外へ留学した。キャリアにおいて、彼女は、「勝利者」になったにもかかわらず、伯爵の求愛を受けたことによって、「伯爵夫人」も夢ではないと思ってしまう。これを眼にした百合子はこういった。

百合子「中略）花井さん、貴方が松平伯爵夫人になりましたら、三年と経たぬ中に今の私のやうな平凡の婦人になりませう。私は其復仇の日の来るのを楽んで、長い目で見てゐますよ[29]」（傍線筆者）

百合子の言葉で目覚めた豊子は、自分が伯爵夫人になったなら、もう一人の「天才」が扼殺されてしまうということに思い至る。自分も危うく「良妻賢母」のわなにかかるところであったと考えながら、次のように述懐する。

ア、波の音がかすかになつた然う云へば私も一寸波に浚はれかゝつたんだね、危険だつた事ホヽヽ、併しもう私は音楽の奴隷にはならない、誰の奴隷にもならない、一切自分が主人なのだ、自分はこれから活きた世界へ出て、人間になるのだ。[30]

ここで豊子は、「良妻賢母」になることを「波に浚われる」ことと喩え、当時の家父長的社会が、女性の才能を扼殺していることを暗に批判している。自我に目覚めた豊子が、観念的なせりふを口にして、イプセンのノラを彷彿とさせるところから、作者の中村春雨（吉蔵）がイプセンを崇拝し、彼の影響を受けていたことがわかる。また、ノラが目覚め、夫と子供を捨てて家を出ていくというようなことが、現実にあり得るか否かということをめぐる論争と同じように、豊子のせりふの「誰の奴隷にもならない」という状況は、当時、到底不可能に近かった。しかし、これは、当時、自我意識に目覚めた女性たちのディレンマを如実に物語る言葉ともいえよう。

前出した「静岡の友」では、女学校時代の「私」、「静岡の友」と「Kさん」が、仲良しの三人組で、なかでも「静岡の友」と「Kさん」は、学校中の評判の才媛であるという設定である。この三人は、嫁入りをしないという約束を交わし、女子大学卒業後のKさんは、雑誌の編集長を勤め、独身を保っていたが、「私」と「静岡の友」は結婚した。そのため、Kさんは、「静岡の友」を責め、「天才を惜しいことをした」と「静岡の友」を惜しむ。しかし、Kさんが、自分を責める理由を十分承知した上で、「静岡の友」は、「私」宛の手紙でこう述べた。

…Kさんとあなたが逢つた度に、憮哀へた女哀れな女として私の事が話題に上るであらう。私は三年間目白で培はれたある物の為に、始終苦痛と悲哀を今の境涯から醸しつつあると云ふような意味のものであつた。[31]

（傍線筆者）

「静岡の友」は、三年間、女子大学で学び、「新しい思想」によって自我を目覚めさせたにもかかわらず、「良妻賢母」という役割に抑制され、家庭の人になり、私的領域に囲まれる生活を選択した。「静岡の友」自身は、誰よりもその苦痛とディレンマを承知しているのに、何も行動を起こさないことに対してKさんは不満を抱き、「逃げてくればいゝのに」、また「今、あの人が独りになつたら私は手をひろげて迎へるのに」という。「私」は、Kさんと「静岡の友」との間の関係についてこう述懐している。

立派に自己と云ふものを独立さしたKさんは、無暗と家庭の人が身惨めに感じられてゐた。仝じ趣味に活き仝じ主張に働かうとした唯一の友が、この間視てきた朝鮮の婦人たちと仝じような運命に服従してゐるのがKさんには何うにも歯痒ゆくてならないのである。静岡の友がミゼラブルだと云ふのはKさんの目から見ただけのミゼラブルであるかも知れない。私も家庭の人であつた。Kさんは私にそれ以上を説きもしなかつた。[32]

一見、「私」は冷静にKさんと「静岡の友」の関係を観察しているようであるが、「静岡の友」と同様、自分も「家庭の人」であるため、Kさんが自分を「静岡の友」と同じように「ミゼラブル」と見なしているのではないかとほのめかしている。かつての「三人ながら嫁入りしない」という〈乙女共同体〉は、女学校を境界として、女学生が家庭（＝私的領域）と社会（＝公的領域）という二者択一の選択に迫られることによって、崩壊してしまった。

明治維新以後、いままで重きを置かれていなかった存在の女性も、国民として教育せねばならないということから、女子教育の需要が生じた。とはいえ、この教育は「良妻賢母」を育成するという目標を持ち、女性には「良妻賢母」以外の性的役割は一切必要とされなかった。このような家父長社会の現状は、新しい教育を受けて、進んだ思想を持つに至った女学生たちにとっては、まさにディレンマである。また、この現象は「高等女学校令」が発布された一八九九年以後、さらに端的に現れるようになった。そして女性たち、とくに女学生上がりが日本社会に自分たちの居場所をなかなか見いだせずにいたとき、その中から、まなざしを海外へ向ける者が現れ出した。女性作家のなかで、いち早くその洋行願望を示したのは木村曙[33]である。その代表作『婦女の鑑』（『読売新聞』一八八九年一月三日―二月二八日）では、主人公の秀子が、英国に渡ってケンブリッジ大学の女子部に入学し、卒業後、さらにアメリカに渡り、工場で技術修得を果たして帰国し、のちに「貧民を救助する為」の朝夕の給食、労働者の子どもの保育・教育などの福祉的な施設を構えた工場を経営していたという物語である。「筋が作為に充ち空想に過ぎ、会話も地の文章も生硬[34]」と評されていたが、木村曙は、『婦女の鑑』を著すことによって、女の立身出世願望を表し、当時の日本社会で女性の立身出世の道が閉ざされていることを明らかにした。この作品は、「女性が家父長制の中で反目し、対立するプロットを越えて、友愛連帯によって夢を実現していく少女群像を描いた彼女たちの物語となっている。（中略）近代の女の夢を高く掲げた近代出発期の代表作の一つといえるだろう[35]」と評されている。木村曙のように、一八九〇年代、近代日本以外の外国を「女の自分たちの夢」を実現するための場として考える女性がいたのである。

一八九〇年代に高まりを見せた渡米熱に応じるように、渡米奨励団体・力行会の渡米クラブが設立された。これらは、もともと渡米者のために、渡航手続きの紹介と便利の提供を目的として創立されたが、「今は反つて女性の手によりて成立[36]」されるほど、海外へ渡航する女性の増加が目立っていた。一九一〇年代、中国の政治情勢の変化にしたがい、「一生不嫁の決心を以て献身的に支那の女子教育に尽くす[37]」という女学生が続出していたのである。以上の時代の流れを見れば、女子学生（女学生上がり）は、つまり〈女性性〉のジェンダー・ロールを強要されず、「女自分の夢」を叶えることのできる〈土地〉を海外に求めようとしており、その〈ドメスティック・イデオロギー〉からの脱出を願う動きは、既に近代日本の早い時期に萌芽していたことがわかる。田村俊子が女性作家として出発して間もない一九一〇年代頃に書いた作品では、ヒロインより脇役の女性たちに海外願望は見られたが、こうした動きは、前述したような流れに位置づければよいだろう。

『あきらめ』においては、富江対三輪、『静岡の友』においては、「静岡の友」対Kさん、そして『波』において伯爵夫人の百合子対女音楽家の花井豊子という二項対立が、ドメスティック・イデオロギーが規定する「女性」というジェンダー・ロールを受け入れるか否かによって構築されている。〈家庭＝私的領域〉を選択するヒロインたちは、自分の選択を〈敗北〉として受け止めているが、女学校時代の理想を堅持し、自分のキャリアを築き上げ、つまり〈社会＝公的領域〉に参入することを選択するヒロインたちは、結婚して〈家庭の女〉になる女友達を「同化された」[38]として斥ける。この女性たちはみな、「良妻賢母」のなり損ない、いわゆるドメスティック・イデオロギーからの逸脱者でもある。彼女たちは、俊子の作品のなかでは脇役でありながら、常にヒロインからの羨望を受けている。『あきらめ』の主人公の富枝は、自分の性的スキャンダルを逆手に取って洋行の費用を獲得した三輪が、「遠く離れて了」い、「自分と対ひ合つた敵陣の中へ」立つことで、自分が裏切られたような気がする一方、「今度の記事を好い口実に位置も名もない婦女の身で欧米へ飛ぶ幸福を作つた三輪」に羨望のまなざしを向ける。さらに、「何か西洋で名声を人気的に掴んだ三輪が、大評判で日本から迎へられる時の有様まで」を想像し、エールを送っている。

『静岡の友』のなかで、女学生時代の理想を貫き、独立生活を保っていたKさんからすれば、女学校の「才媛たち」

の結婚以後の姿は〈惨め〉きわまりないとしかいえない。かつて女学校を首席で卒業した「飯田さん」が、夫に死なれて立ち直れずにいる姿を目の当たりして、Kさんは彼女のことを「古るい女」と呼ぶ。また、所帯持ちの親友の「静岡の友」を「ミゼラブル」と感じている。語り手の「私」からすれば、「静岡の友がミゼラブルだと云ふのはKさんの眼から見ただけのミゼラブルであるかも知れない」と、Kさんを批判するような感想をもらす一方、「仝じ趣味に活き仝じ主張に働かうとした唯一の友」というKさんは、「何か日本が厭になつて殖民地生活がし度い、南米へ行くと云つて騒いでゐる人」でもある。〈公的領域〉に進出しているKさんが相変わらず女性のジェンダー・ロールの束縛から逃れなかったことを暗示している。一見、Kさんが、公的領域に参与していたように見えても、その「何か日本が厭になつて殖民地生活がし度い、南米へ行く」という海外へ脱出する願望は、彼女が「女性性のジェンダー」を絶えず強要されつづけていたことを示している。

『波』の音楽家・花井豊子は、学校時代のライバル・百合子が伯爵家に嫁ぐのを見たときに、百合子を「勝利者」とさえ思ったが、豊子は、その後、外国へ留学してキャリア上の「勝利者」となり得た。ここで注目すべきことは、「玉の輿」に乗った百合子を見て、豊子がみずからの敗北を悟ってしまったことである。しかし、のちに豊子は、独身を貫くことを決意し、洋行することによって自分の劣性を挽回することになる。これ自体が、「良妻賢母」という役を脱しようとするなら、つまり、「女性性のジェンダー」の重圧から解放されようとするなら、海外へ脱出しなければならないという、女性の置かれた苦境を表している。

5　おわりに

日本が、近代的な国民国家として構築されていく過程において、ドメスティック・イデオロギーの下で、女性に許されていたのは、絶対的な〈女性性〉のジェンダー・ロールであった。当時は、〈家庭＝私的領域〉だけでなく、〈社会＝公的領域〉においても、〈女〉以外の役割が存在し得なかったのである。これは、女性の新興職業であった〈作家〉と〈女優〉が、前述した〈女性性〉を求められたことから明らかである。女性作家としての俊子は、「良妻賢母」という役割を拒否していたが、そのことは、その作品世界に色濃く反映されている。事実、彼女は、「私の生活は自由である、然しそれと同時に私の生活は無秩序である。（中略）妻らしい女性が家庭を整理して行くのでない以上、秩序或る生活は到底営めないに定つてゐる」[39]という「悪妻的」な女性作家を演じ、男性に支配される当時の文壇に自らの姿を見せつけてきた。彼女のこの行動は、女性が〈家庭＝私的領域〉から逸脱すると、必ず「良妻賢母」失格というレッテルが貼られてしまう当時の現実に、反旗を翻すようなものである。当時の女性たちは、〈私的領域＝家庭〉と〈公的領域＝社会〉のどちらの領域においても、〈女性性〉というジェンダーから逃れることができずにいた。これは、当時の女性たちにとっては、閉塞状況ともいえるものであり、俊子の作品にも、これが端的に映し出されている。この状況に対して、俊子は、「男性でも女性でもない一種怪偉なものがこの世中に飛びだしてきて、さうして男性と女性との間を永遠に割いてしまつたらどんなに面白かろう」[40]と、男／女ジェンダーの絶対的な境界に疑問を投げかけた。このジェンダーから逃れるためにはどうすればよいか。俊子の作品に登場する〈書く女〉と〈演じる女〉は、海外へまなざしを向けるが、その姿こそ、俊子自身が求めていたものだったのではないだろうか。バンクーバー時代の俊子は、女性解放運動により積極的に関与していた。そのため、俊子の〈ドメスティック・イデオロギー〉との格闘は、依然として続いていた。

注

1　「新刊書一覧」『早稲田文学』（一九一一年八月）
2　花房露子「私の扮した女音楽師」（『歌舞伎』一九一〇年一一月）、八六―八七頁。
3　竹村和子「フェミニズムとポストコロニアリズム」『ポストコロニアリズム』姜尚中編（作品社、二〇〇一年一一月）、四七頁。
4　文部省大臣官房総務課編『歴代文部大臣式辞集』一九六九年、一一七頁。
5　「堕落女学生」言説の形成について、その一例は次のようである。一九〇一年七月、『萬朝報』、『京華日報』、『日出国新聞』『人民』四紙による「日本女子大学校附属女学生艶書事件」報道である。さらに『平民新聞』は2号（一九〇七年一月二〇日）から23号（同年二月一三日）まで、「目白の花柳郷」を連載していた。いずれも女子大生の性的スキャンダルの報道なのである。また、同紙は、32号（二月二三日）から74号（四月一三日）まで「妖婦下田歌子」という下田歌子をモデルとするスキャンダラスな実録小説を連載していた。米田佐代子『平塚らいてう―近代日本のデモクラシーとジェンダー―』（吉川弘文館、二〇〇二年二月）、二八―四五頁を参照。
6　女学生をベンヤミンが規定する「遊歩者」（flâneure）として見るのは、近年来、ジェンダー論における「ニュー・ウーマン」をflâneureに位置づける試みと関係している。平石典子「「新しい女」からの発信―『あきらめ』再読」（『人文論叢』（三重大学）17号、二〇〇二年）を参照。
7　服が袴に改良されることによって女学生の身体が人々の目線に暴露し、「性的な象徴」と目されることについて、本田和子『女学生の系譜』（青土社、一九九〇年）、八八―九七頁。
8　田山花袋「蒲團」『定本　花袋全集』（臨川書店、一九九三年四月）、五二頁。
9　本田和子『女学生の系譜　増補版――彩色される明治』（青弓社、二〇一二年）、一二頁。
10　内田魯庵「自覚せよ若き女！」『婦女界』（一九一一年六―七月）『内田魯庵全集　第6巻』（ゆまに書房、一九八四年）、三七四、三八六頁。
11　黒公子『現代女性観』（聚精堂、一九一二年五月）、二八―二九頁。

12 『都新聞』一九〇八年九月四日付。それぞれの出身校までを含めて十五名の生徒の経歴が紹介されている。

13 「女優と女学生」（『東京朝日新聞』〔6面〕一九〇八年九月一二日）

14 「女優と女学生（三）」（『東京朝日新聞』〔6面〕一九〇八年九月一四日）

15 『青鞜』が創刊する前、ほぼ唯一の女子の文学投稿雑誌『女子文壇』（一九〇五年一月創刊）に現れれる投稿小説には、結婚問題によって女性同士間の感情が亀裂が入るモチーフが多く散見している。小平麻衣子「『けれど貴女！　文学を捨ては為ないでせうね。』――『女子文壇』愛読諸嬢と欲望するその姉たち――」（『文学』（岩波書店）第3巻第1号、二〇〇二年一―二月）を参照。

16 「醒めたる女」（『東京朝日新聞』一九一二年一月三日）

17 ジュディス・バトラー「『ジェンダー・トラブル』序文」高橋愛訳（『現代思想』二〇〇〇年一二月）、七二頁。

18 村山敏勝「わたしは作文を引き裂いた――『ヴィレット』と語る女性の私的領域――」（『現代思想』28巻3号、二〇〇〇年二月）。

19 ここで、女形の存続問題について、食満南北が重要な点を言及している。過去の女形が、「女性らしさ」を演出することが可能であった。その原因は、過去の女形は「長袖の着物」と「長髪」という格好をしていられていたため、「女らしさ」を演出することが比較的に容易であった。それに対して、現代以後の女形は、髪を短く切り、洋服を身に付けるように、洋服姿になったのである。そのため、身体の「マスキューリン」的な部分が多く露出するようになって、人々から女形に対する想像力を奪い取った。したがって、現代の女形の「フェミニン的」な「色気」が無くなったとされている。そのため、近代における西洋演劇の輸入によって「本物の女性」である女優が必要とされるようになった。食満南北「女優と女形の価値」（『演芸画報』一九一二年三月）。また、Ayako Kano, *Acting Like a Woman in Modern Japan—Theater, Gender, and Nationalism*, New York: Palgrave, 2001, 24-27.

20 食満南北「女優と女形の価値」（『演芸画報』一九一二年三月）

21 桑野桃華『女優論』（三芳屋書店、一九一二年六月）、六―七頁。

22 「女だから女を演じる、また演じることができる」という言説は、明治時代に入ってから西洋の医学、生科学などの輸入によって男／女という二元的な認識の形成と深く関わっていると指摘されている。Ayako Kano, *Acting Like a Woman in Modern Japan—Theater, Gender, and Nationalism*, New York: Palgrave, 2001, 30.

23 松井須磨子「新しき女優の覚悟」（『女子文壇』7巻15号、一九一一年一二月）。

24 花房露子「私の扮した女音楽師」（『歌舞伎』第125号、一九一〇年一一月）。

25　『サフォー』の制作者であり、自らヒロインのファニーを演じていたオルガ・ネザソールは、ニューヨークの婦女団体に訴えられた。その原因は、ヒロイン・ファニーの衣装が「暴露しすぎ」、そして内容が「インモーラル」とされていた。そのため、『サフォー』は打ち切りの運命に直面していた。結局、証拠不足と裁判所が判断し、オルガ・ネザソールは無罪だけでなく、『サフォー』の上演も再開したのである。裁判経過の詳細は The New York Times（April 4-7, 1900）を参照。また、Judy Crichton, America 1900-The Sweeping Story of a Pivotal Year in the Life of the Nation, New York: Owel Books, 2000. 78-85 を参照。また、「ファニー」像と「New woman」の流行との相関関係について、John Houchin. "Bad Girls, Tough Guys and the Changing of the Guard," Censorship of the American Theatre in the Twentieth Century, UK: Cambridge University Press, 2003. を参照。一九〇〇年九月『サフォー』が日本に輸入され歌舞伎座で上演されたとき、螺旋状の階段のシーンが同じように大きく話題を呼んでいた。松本伸子『日本の演劇史』演劇出版社、一九八〇年、四七〇—四七二頁。

26　佐藤俊子「一とつの夢—或る若きプロレタリア婦人作家におくる—」（『文芸春秋』第14巻第6巻、一九三六年六月）、二六五頁。

27　同前。

28　脚本『波』（新社会劇団第二回試演用）（『早稲田文学』第59号、一九一〇年一〇月）、八三頁。

29　同前、九七頁。

30　同前、一〇三頁。

31　田村俊子「静岡の友」（『新小説』一九一一年二月）、一一八頁。

32　同前、一二五頁。

33　木村曙（一八七三年〔一説に一八七四年〕三月三日—一八九〇年一〇月二三日）の十六才の作品である。彼女が東京高等女学校に在学したとき、「織物や刺繍をに改良を加えて輸出すれば国益ともなり、女子江の内職ともなるのではないか」とこの夢を実現するため、留学を望んでいたが、父親はこれを許さなかった。また、帝大法科学生から求婚されたが、父親が決められた相手に結婚させられ、夫の不品行のため、早々と離婚した。のちに父親が経営する牛鍋屋「いろは」の帳場に座りながら、自分の夢想を託した『婦女の鑑』を創作した。のちに流行性感冒で結核性腹膜炎によって十八才という短い生涯を閉じた。木村曙「婦女の鑑」『女性作家集　新日本古典文学大系第23巻　明治編』高田知波、中川成美等編、（岩波書店、二〇〇二年）。また、渡邊澄子「木村曙『婦女の鑑』を読む」（『日本文学』47巻1号、一九九八年一月）を参照。

34 塩田良平「解題」『明治文学全集　明治女流文学集（一）』（筑摩書房、一九六六年八月）、四二五頁。

35 北田幸恵「明治女性作家の書く行為とその意味」『新日本古典文学大系　明治編　23巻 月報6』（岩波書店、二〇〇二年三月）

36 「時事」（『女学雑誌』520号、一九〇三年八月二五日）

37 渋川玄耳（柳次郎）「支那行き女教師」『閑耳目』（春陽堂、一九〇八年五月）

38 「静岡の友」でKさんは、「静岡の友」が「芸者のような風」になっていて、「エッチ（筆者注：夫）に同化された」と批判している。

39 田村俊子「簾の蔭から」（『女学世界』一九一二年八月）、二二頁。

40 同前、二五頁。

Ⅱ　カナダのバンクーバーにおける思想的変遷——日系社会を描く作品群をめぐって

民衆社創立当時（1924 年　俊子 41 歳、悦 39 歳）

第4章　〈渡米熱〉〈堕落女学生〉と〈写婚妻〉
――一八九〇年代後半の〈渡米熱〉と『大陸日報』にみる〈写婚妻〉像

1　はじめに

日露戦争以後、渡米熱が高まりを見せた。それにつれて、移民も盛んになってきた。当時、欧米の日系一世の間では、男女比が不均衡であり、また同一人種間の結婚が困難であった。そのため、「写真結婚」が考え出された。つまり、太平洋を隔てた男女が、お互いに一葉の写真を送りあう結婚様式であった。一九〇五年以後、写真結婚は、日系移民間に結婚様式として定着し始め、一九一二年にそのピークに達した。この写真結婚によって、しばしば問題が起きたため、当時のマス・メディアでは、マイナスのイメージで表象されることが多かった。そして、この負のイメージを引き受けさせられていたのは、〈写婚妻〉といわれていた女性たちである。そこでは〈写婚妻〉たちの表象は、ほとんどが〈性的堕落〉という一方的なものだった。

写真結婚は、一九一九年、排日問題の一環として取り上げられることになる。一九一九年、アメリカ側よりなされた写真結婚廃止の要請は、駐米大使幣原氏および在米日本人会の合意をふまえて、日本政府側に受け入れられた。とはいえ、写真結婚に異議申し立てをしたアメリカの理由と、日本側が写真結婚を廃止するとした主張との間には、微妙な食い違いが見られた。アメリカ側は、あくまでも一八九九年で締結していた「紳士条約」を前提として、労働者の入国禁止ばかりを維持したかったのである。つまり、写真結婚が最も問題になったのは、写婚妻たちが、一旦、上陸すると、直ちに新たな労働力として、働きだしていたからである。[1]

それに対して、日本側が、写真結婚を禁止すべきとした理由は、次のようなものだった。「元来結婚ヲ重ンスル一般道徳上ノ観念ト両立セス特に太平洋沿岸着港の際ニ於ケル現場ヲ目撃スルトキハ何人モ顰蹙セサルヲ得サルヘシ」、「同制度ハ一方ニ於テ絶エス排日運動ノ有力ナル口実ノ一ヲ為シ他ノ一方ニ於テ親日論者ヲシテ困難ナル地位ニ立タシメタリ蓋シ婦人ノ勢力偉大ナル米国ニ在リテハ婦人ニ対スル侮辱ヲ構成スルモノト見做サルル写真結婚制度ハ到底一般ノ認識ヲ得難キヲ覚悟セサルヘカラス」。[2]

結局、日本政府側が行った写真結婚の廃止は、写真結婚という結婚制度を否定するというよりも、アメリカ側の排日運動を鎮める手段の一つにすぎなかったといえる。また、日本の移民政策の一環として、奨励されてきた写真結婚を、このように簡単に中止してしまったため、米加の日系移民たちは大いに憤慨した。写真結婚をめぐる賛否両論は、当時の米加における日系紙で、連日、繰り返し展開されていた。

カナダのバンクーバーにおける日系紙『大陸日報』によれば、この写真結婚や写婚妻に対する関心は、一九一九年以前から高いものであった。写真結婚が外交問題に発展したのは、一九一八年にカナダのバンクーバーに渡った鈴木悦と田村俊子が『大陸日報』に執筆活動をはじめたあとのことである。鈴木悦は、『大陸日報』の社主山崎寧の要請に応じて、『大陸日報』の編集長（一九一八―一九二四年）をしていた。当時、「写真結婚」問題に対する関心の高かったことは、この問題を取り扱う数多い記事から窺える。また、彼の後を追いかけてきた俊子は、この日系紙で初めて婦人欄を設け、婦人評論を盛んに執筆していた。女性移民人口の大半を占めていた〈写婚妻〉が、その婦人欄の読者層だと想定されている。この〈写婚妻〉たちをターゲットにする評論、写真結婚に関する社説、そして小説など、『大陸日報』における写真結婚言説は、当時の〈写婚妻〉層の一側面を浮き彫りするものの一つといえよう。

外交問題までに発展してしまった「写真結婚」は、アメリカ側にとって、その外交文書が提起したとおりに「きわめて珍しい慣習」であったが、果たして日本国内では、どのような言説が流通していたのであろうか。また、この写真結婚を生み出す時代背景は、いかなるものであったのか。写婚妻は、写真結婚を介して異国の天地で何を求めようとしたのであろうか。なぜ、「写婚妻」が、「性的堕落」というレッテルを貼られがちであったのか。そして、俊子が描いた女性たちの「ドメスティック・イデオロギー」から脱出する願望とどのような関係性を持っていたのか。

本章の目的は、以上の課題をふまえながら、写真結婚と明治三〇年代後半からの渡米熱との関連性、同時代言説における「アメリカ」表象、そして、俊子が描く「海外渡航願望」の女性像と写婚妻の表象問題を明らかにするものである。

2　一八九〇年後半の〈渡米熱〉と女性同伴の殖民政策

明治三〇年代から四〇年代にかけて、アメリカ国内の様々な流行と結びつけられ、アメリカは、苦学生の天国であるとか、金のなる木の国としてイメージされたが、これにより、この時期の日本の渡米熱は、大いに煽り立てられた。しかしながら、この渡米熱による渡航目的は、日露戦争を境として変化した。日露戦争以前、立身出世主義が底流にあった日本社会では､苦学生には、立身出世の門戸がほとんど開放されていなかったのである。「北米は苦学生の天国なり、苦学生は学者資本家及政治家の同情を得るなり。然し彼等の多くは皆苦学生より起こり者なり」[3]。つまり、北米は、逆境者にとっては、天国のような存在となった。また、この時期における大量の渡米案内書の発行によって、この渡米ブームは一層加熱された。とくに二大渡米奨励団体、片山潜の渡米協会[4]と、キリスト教の牧師、島貫兵太夫が創立した力行会[5]は、この時期に大量の苦学生を送り出した。

この渡米論の背後には、当時の日本の国富策や国土膨張論のイデオロギーが深く関わっており、アメリカは、「新日本の建設」の地として最適だと見られていたのである。当時の典型的な渡米論をあげてみる。「日本国民は、今や海外の楽土に移住すべき運命に遭遇せり逡巡躊躇せば将に其生命をも失なわざるべからず…海外移住殊に米国の移住こそ我国を救う所以である。米国移住は我が国運の発展と知るべし」[6]。だが、この時期における「稼いで学べて帰る」[7]という渡米目的は、日露戦争以後、アメリカで日増しに熾烈になる排日運動によって変わってきた。また、アメリカで黄禍論が流行したり、排日運動が白熱化することによって、この時期の移民論や殖民論は、同化・二世誕生と貿易という「新渡米法」に転向しだしたのである。

出稼ぎ目的での労働力のアメリカへ輸出が、一九〇九年、日米間に紳士協約[8]が成立することで禁止されたため、「新渡米法」はさらに具体化したともいえる。つまり、「出稼」や「勉強」という一時的な渡航目的から、「定住」をめざす「移民」へと、渡米目的の変化が顕著になりつつあった。つまり、この移民政策の変化は、「写真結婚」という日本人移民間で行われた結婚様式の確立に、深く関わっていたのである。

実際に、海外移住への奨励に関わる団体や当時の渡米手引書を見れば、女子の渡米や、海外移住における女子の重要性が、この時期すでに主張されていたことがわかる。吉村大次郎の『渡米成業の手引』（一九〇三年）には、

「婦人の渡米」の章が設けられている。

在米日本人社会的眼光から之を言ふならば、正当なる日本婦人の渡航は、政府も民間も共に大に奨励せねばならぬ大理由がある、数年前迄の如く、渡米の日本人が皆な二三年滞在の出稼ぎ時代ならばまだしもだが現今の如く已彼等が着々と土に着いて、永久の図を為し、漸次に、一社会を形成するまでに進歩して来た時に方て、其社会の半部面たり、結構力たり又た調和者たる可き婦人を、之に向て供給するの政策を取らぬならば、憐れ在米の日本人は何時までも身と心が定まらず、家を成さんと欲するも之を成すに由なくして、所詮永久の発達は期せられず、折角に勃興せんとする在米日本人の勢力も、十数年の後には、再び萎靡退縮して、僅かに得かけた此の富饒なる新天地も、再び之を喪失し了するとは、鏡に掛けて見るが如しである。（傍線筆者）

上記の引用からわかるように、婦人の渡米を奨励するのは、単に在米日本人男子との結婚だけでなく、二世を誕生させ、在米日本人勢力を拡張させることにもある。また、ここで「正当なる日本婦人」ということが強調されていることに、注目すべきである。それ以前、婦女の海外渡航は、売春業者に悪用され、そこには誘拐や人身売買という問題が常につきまとっていたのである。[9] 一八九一年の「外国ニ於ケル日本婦女保護法案」と一八九三年の「醜業婦の渡航を禁止する外務省訓令」が発布されたのち、婦人の海外渡航は厳重に制限された。実際、多くの在米日本人男子も、米国に渡航した本来の目的を達成することができず、堕落的な生活を送るようになることは、しばしばあった。つまり、女子の渡米が奨励されたのは、海外の日本人男性のために〈内助の功〉を発揮し、〈完全な家庭〉を築き上げることを期待されてのことだったのである。櫻井鴎村が、一八九九年に女子教育の視察を目的に渡米し、この問題を以下のように言及していた。

在桑港《サンフランシスコ》日本人の腐敗せるは、其原因の不潔なる婦人多しと雖も、善良なる婦人の其間に甚だしく欠けたるに在ると多し。また彼等の礼譲を欠きて、粗野なるも、婦人といふ和ぐる分子の無きが故に、何事をなすにも無責任なるに起因するものと知らる。女子を伴はざる殖民は必ず失敗を以て了るとの事は、桑港《サンフランシスコ》に於て其実証を見るべし。[10]

つまり、在米日本人男性の堕落は、「不潔なる」売春婦に起因したものであり、一八九九年に、米国への日本の移民政策を成功とさせるためには、「善良なる」婦人の渡航を奨励することは、是非とも必要であった。当時の渡米奨励団体である渡米協会の創始者片山潜は、海外における日本醜業婦を根絶するため、いかなる条件の婦人が必要であるかについて、さらに詳しく言及している。

海外で醜業婦をなす日本婦人は、皆んな無学文盲の者計りで、苟くも身に教育あり醜業、淫売の字義を解し得る女子は決して醜業婦にならぬ。我々の希望は無学の婦人を出して、醜業婦にしろとは云はない、相当の――少なくとも小学校卒業とか、然らずんば高等女学校卒業以上とか――教育ある婦人を米国へ送り出し、そして在米の我同胞幾万の青年の為めに、満足を与へ希望を充たして、立派なる成功を北米の天地を得せしめよと云ふのである。[11]（傍線筆者）

ここで述べられているのは、「国家の体面を汚す」醜業婦に代わって、女学生に、北米男子の「慰籍安楽」の道具になれ、または移民政策に応じるようにというプロパガンダ的な呼びかけである。同時に、渡米奨励団体の力行会創始者島貫兵太夫は、一九〇八年に「輸出花嫁」を養成するため、「力行女学校」を創立した。彼は、創立の経緯について、次のように述べている。

同じ在米同胞に嫁いで渡航するとしても相当の教育を受けたものでなくては真実の意味に於いてその殖民的活動に力となり助けとなつて行く事は困難である。（中略）之れを思ふ時余は、特に在米同胞に嫁ぐ可き婦人の教育を度外視して置く可きものではないことを知つた。（中略）今日の状態を持続して行けば確かに有力なる大和民族の家庭は力行女学校の卒業生によつて造らるゝこととなるのを信ずる、之れは実に大和民族を彼の地に植え付けるところの大事業であつて、且又戦争無しに日米問題を平和に解決する唯一の方法であると思ふ[12]（傍線筆者）

この「力行女学校」は、当時、「輸出女房の養成所」という批判を受けていた[13]。島貫兵太夫は、同化こそ熾烈な排日運動を緩和する手段と考え、同化を早める道としての「写真結婚」を大いに鼓吹していた[14]。彼は、「写真結婚」を奨励すべきという談話を、一九一一年六月二六日付の『朝日新聞』に発表している。

▲写真結婚の奨励　私は国際親交の為にも、在米邦人間の矯風策としても、其他の意味から見ても、写真結婚は将来大に奨励すべきものと思ふ目下少し減じたかも知れぬが米国には十万の日本男子が居る、（中略）是

1910–1920 年に渡米した日本人の人数（『日米交渉史　第 5 巻　移住編』127 頁より）

年次	入国者総数（人）	移民（人）	非移民（人）	出国者総数	差引増減（△）
1910（明治 43）	2589（1039）	589	1,909	5024	△ 2426
1911（明治 44）	4285（1905）	726	3,556	5869	△ 1584
1912（大正 1）	5358（2428）	894	4,464	5437	△ 79
1913（大正 2）	6771（2759）	1371	5,400	5647	1124
1914（大正 3）	8462（3428）	1762	6,700	6300	2162
1915（大正 4）	9029（3487）	2214	6,815	5967	3062
1916（大正 5）	9100（3231）	2958	6,142	6922	2178
1917（大正 6）	9150（3326）	2838	6,321	6581	2569
1918（大正 7）	11143（4043）	2604	8,539	7691	3452
1919（大正 8）	11404（4370）	2278	9,126	8326	3076
1920（大正 9）	12868（5233）	3682	9,186	11662	1206

1912–1920 年に渡米した写真花嫁の人数（『日米交渉史　第 5 巻　移住編』128 頁より）

年次	サンフランシスコ	シアトル	計
1912（大正 1）	879	-	879
1913（大正 2）	625	-	625
1914（大正 3）	768	-	768
1915（大正 4）	823	150	973
1916（大正 5）	486	144	630
1917（大正 6）	504	206	710
1918（大正 7）	520	281	801
1919（大正 8）	668	267	935
1920（大正 9）	697	-	697
合計	5970	1048	7018

に対して目下日本の女は六七千人位しか居ない、若し日本の女が供給されなかつたら、男は四千三百哩の海外で何して慰籍を得るか。（中略）幸ひに此頃毎年二三千人の女が写真結婚で渡米して行く。

こうした「教育程度の高い」女性の渡米奨励、「写真結婚[15]」の流行は、女学生間の渡米ブームと同じ連動現象だと思われる。実際に、女学生間の渡米ブームについては、当時の『女学雑誌』の記事によって裏付けられる。

渡米倶楽部　渡米者の為に総ての紹介と便利とを与えんとする有益なる設計は、今は反つて女性の手によりて成立せられんとするなり[16]。

力行会の渡米部によって毎月行われていた「渡米倶楽部」[17]に、盛んに参加する女性たちからは、男性をしのぐほどのブームが見てとれる。女子の渡米奨励、写真結婚の流行、そして女学生間の渡米ブームという、この時期の移民政策に連動していた現象が、当時の渡米奨励団体の動きと女性向けの雑誌メディアを見れば明らかになる。しかしながら、女性たち、特に女学生間の渡米ブームは、いかに起こったのであろうか。また、女性たちは、北米における生活にいかなる期待を抱いていたのであろうか。そして、女学生たちは、「写真結婚」とどのように関わっていたのであろうか。次に、これらの問題をふまえ、アメリカの表象、そして女性雑誌における「写真結婚」言説を検証する。

3　もう一つの〈堕落女学生〉像――「女学生上がり」の写婚妻の表象

一九一〇年三月一一日の『婦女新聞』に米国在住の〈S.F. 女〉の投書、「渡米して結婚せんとする姉妹〈虚栄心に憧れたる私の懺悔〉」が掲載されている。その内容は、渡米するため「写真結婚」に踏み切ったが、渡米以後、想像と現実との落差に落胆し後悔していると告白するものである。

私はまだ日本に居ました時に、米国に参つたならば如何なにか勉強も出来やう米国に居る人々は如何に偉い人達であらうかと思ひまして、頻りに米国の空に憧れまして、人々に反対されるのにも構はずに渡米致して見ますると、事実と想像とは全く反対致しまし〔た〕。（中略）渡米して結婚なさらうとする方々は、最も深き注意と調べが必要であらうと存じます。品性高く、意志固く、独立独行して将来の成功を期せらるゝ男子を我が姉妹達がお助けなることは、私の望む所で御座いますけど。（中略）その日暮らしの何の理想も希望もない日本人男子が沢山ある事を申し上げまして、私の様な浮いた空想に耽けつて、あたら（ママ）婦人の一生を誤らるゝ様なことの無いやうにと老婆心から御注意申し上ぐる次第で御座います。[18]

当時、女学生たちの憧れの的とされていたアメリカの一側面が、この投書内容から窺える。「米国に参ったならば如何なにか勉強も出来やう米国に居る人々は如何に偉い人達であらうかと思ひまして」というアメリカ表象は、如何に作られたのであろうか。実際に、当時の女性雑誌や渡米案内書の検証を通して、マス・メディアが、「女権至上の国」というアメリカ像の形成に加担していたことが明らかになっている。前掲の吉村大次郎の『渡米成業の手引』（一九〇三年）にある「婦人の渡米」の最後は、「女権至上」というアメリカ表象を借りて、女性たちを「写真結婚」に誘い込む文句で綴られている。

若しくは先方に於て正当なる業に従事する者に嫁せんとし、若くは其保護に托せんとして渡航を望む婦人には、政府は力めて便宜を与へて、其旅行を容易ならしむるの方針を取らねばならぬ、又た行く所の本人に於ても、前申す如く決して先方で困るとは無きものならず、世界第一の女尊国たるアメリカに入て、日本内地とは反対に、大いに威張り乍ら、立派に独立の生涯を送り、乃至は相当の日本人に嫁するをができるのである。（傍線筆者）

この渡米案内書で提示されている〈女性の理想国〉としてのアメリカ像は、すでに引用した〈S.F. 女〉が抱いていたそれと、重なっている、ともいえよう。最も顕著な例は、一九〇四年に初めて日本で出版された、野口米次郎の *The American Diary of a Japanese Girl* である。のちに、本人自身によって『邦文　日本少女の米国日記』というタイトルで日本語訳された。この小説は、野口米次郎がアメリカ滞在中の一九〇一年に *Leslie's Monthly* に掲載されたもので、彼が帰朝後、富山書店から翻刻された。[19] ヒロイン、Miss Morning Glory（朝顔嬢）を語り手とし、日本から太平洋を渡りアメリカに行き、見聞した内容を記すという内容である。米国で出版されたとき、朝顔嬢が実在日本人女性だと思われ、アメリカ出版社を通じて求婚者さえ現れた。[20] 婦人の渡米を奨励する政策によって作り上げられた〈女の理想国〉言説は、『日本少女の米国日記』の朝顔嬢が抱いていたアメリカ像に反映しているともいえよう。

米利堅は女の国なのですから絵が重に女の絵ばかりよ――如何して長いスカート君げてよいか教へるのよ、其の君げ工合が街で意気に見える手段なのです、私は米国の御婦人の様子の好いのは狭い腰で身体が蛇の様に曲がつて居る所にあると思ひます。（傍線筆者、『邦文 日本少女の米国日記』5）

アメリカ女性の自信にあふれる姿は、実際にその身なりとは関係していると朝顔嬢は発見した。そのため、アメリカ女性の「誇り高い」イメージは、「米利堅は女の国」を作り上げたともいえよう。朝顔嬢のこのアメリカ女性の格好を礼賛している反面は、日本の「着物」が日本女性の「独立心の欠如」や「依頼心の強い」というイメージを持たせたのではないかと暗に批判しているようである。これは、朝顔嬢が、アメリカから日本にいる友人の松葉嬢に寄せる手紙から窺い知れるのである。

普通の日本の娘をいふのよ。／勿論さうよ。／まるで停車場で次の列車の来るのを待つて居る様だわ、唯うつとりとして仲人が若い男を連れて来るのを待つているのよ。／私女子の教育を奨励する日本政府を謝しますのよ。／だかね私有らゆる仲人を入獄さしてもらひたいの、さうすると女供は父の死後百事双肩に落つといふ如くで直に醒ますであらうと思ふのである。／其が日本の女を利口にする唯一の手段だと思ひます。（前掲書164）

アメリカから発する朝顔嬢の批判、つまり、従来の結婚に甘んじ独立心に欠けている「普通の日本の娘」への批判は、アメリカにいる彼女が、「普通の日本の娘」とは一線を画しているということだけでなく、アメリカこそそのような日本女性に新たな可能性を与えてくれるのだと暗示してもいる。朝顔嬢が述べていることは、当時、高等教育を受け、新旧時代の交代という過渡期に生きていた、従来の結婚観や女性の生き方に対して疑問を抱き始めた一部の女学生たちの思いに重なっている。『邦文　日本少女の米国日記』に内包されている〈新たな可能性と社会的地位が米国にある〉というメッセージは、高等教育を受けながら、日本社会の中で独立した生活をする方途を見出せない当時の日本女性にとって、魅力的な選択肢を提供したのである。同時に、同時代の女性、特に女学校教育を受けた女性の渡米を奨励する、移民政策の推進を巧みに促すものでもあったといえよう。

『日本少女の米国日記』以後、類書が続々と出版された[21]。英語版の『日本少女の米国日記』の後記にもふれられているように、朝顔嬢が小間使い（parlor-maid）としてアメリカ人家庭に入って、アメリカ富豪の生活の様式を日本にいる友人、松葉嬢に手紙で報告する内容の *The American Letters of a Japanese Parlor-Maid*[22] が、一九〇五年に出版された。翌年の一月から三月かけて『英語青年』で、*A Japanese Girl's One Week in London* が五回にわたって連載された。女権至上の国というアメリカのイメージは、随所で強調されている。例えば、アメリカを発ってイギリスのロンドンに到着した朝顔嬢は、同行の叔父から、イギリス男性は奥さんを殴ると教えられる。すると彼女は、以下のような反応を示す。

奥さん殴り？ほんとう？恥じるべきだわ。私が発ったばかりの国（筆者注：アメリカ）では、女は最も尊重されているのに。[23]

アメリカに留学し、三人のアメリカ人女性ジャーナリスト[24]と交渉を持っていた野口米次郎が、女性を装ってアメリカ滞在記を綴ったことは、アメリカが「女の理想国」という言説を構築するのに一役買ったことは確かである。のちに、同じくアメリカ留学体験をもつ有島武郎が、一九一〇年より創作し始めた『或る女』のなかで、一九〇五年前後という時代背景の設定で、ヒロイン葉子が「女の国」として憧れ、結婚を介してアメリカに赴くことは、当時の婦人の渡米奨励政策とアメリカ表象がともに構築した時代風潮を適切に反映している。

このようにマス・メディアをにぎわせた「女権至上」のアメリカという言説は、女子渡米のニュースや渡米を希望する女性読者の投書からもわかることだが、移民政策を推進させるものであった。

渡米の動機が何であったかはここに申しあげませんが、とにかく勉強の目的にて参ったので御座います。いよく渡米いたしてみますと、容易く勉強の出来得べき筈もなく、少し働きも大変つらく思はれ、（中略）私はどれほど泣きましたでせう。／記者曰く／無名女と名のらるゝは、〇〇〇〇女子大学に在学せらるる女史であらうと察せられます。堅い志を抱いて異郷に苦学せらるるひまを以て、しばゝ故国の婦人に参考なる文を寄せらるる好意を深く感謝し、尚撓まず奮闘初志を貫徹せるるやうに希望いたします。尚又、渡米希望の人が本紙の読者の中にも少なくない様子ですから、女史が御渡米以来今日までの経路を委しく御記して下されたら、どんなにか参考にならうと存じます。（傍線筆者、在米国無名女「（自己告白）異郷に神を信ずる私」『婦女新聞』一九一四年一一月二七日）

「女子の人格を認め、女尊思想を有せし米国は、その教育に於て、男子より女子に力を注ぎしが如き傾きあり」[25]というような言説が、大量に流布されたあと、さらに高等な女子教育を受けるため渡米を希望する女学生が増加したことは、上記の引用からわかる。しかしながら、女性の渡米希望者が大勢いながらも、「無名女」のように、上流階級に属し、教育目的で渡米する幸運にめぐまれたのはごく一部の女性であった。経済問題がある一方で、呼び寄せ渡航以外は、独身女性の渡米はきわめて困難だったからである。当時、『婦女新聞』の紙面には、「渡米の手続きについて諸方よりしばゝ質問ある故」、渡米奨励団体である「渡米協会」の会員による「女子渡米案内」が掲載されたのである。

△渡米者と財産　貧乏人は今の処到底渡米の途なかる可し…（中略）渡米希望者の財産及身許に就て厳しき調査をなす可し。

△旅行券下附願　…地方庁によりては出資者の保証書を要する処もあり又夫が米国に在りて其妻が跡より渡米せんとする際などは、夫の許より其地駐劄の日本領事館の証明書到来する筈ゆゑ是をも願書と共に差出す可し若し到来し居らざれば在米夫の許に請求して件の証明書を手に入れた方何れにしても捷径なる可し。（傍線筆者、渡米協会員談「女子渡米案内」『婦女新聞』一九〇六年八月一三日）

上記の「女子渡米案内」からわかるように、「呼び寄せ」渡航の場合、渡米しようとする女性にとって、旅券取得は「捷径」である。実際、当時、「女の理想国―アメリカ」に渡るため、「写真結婚」を選択した女学生上がりの女性の存在は、想像に難くない。同時代における「写真結婚」の現状を紹介した記事をみると、「写真結婚」を渡米の媒介としたエリート女性が、確かに多くいたことがわかる。

①移住民（筆者注：北アメリカに移住）で内地の婦人と結婚しようと思ふ人は、幾らかの掲載料を出して、この新聞（筆者注：北米で発行されている日本語新聞）に自分の経歴を掲載して貰ひます。（中略）当人はその邦人新聞を二三十部も買つて、自分の故郷へ送つて、お嫁さんの選択を依頼します。すると、地方の徳望家の愛嬢や、立派な教育を受けた才媛が、先方の生活状態や周囲の境遇をよく探りもせずに、理想的な家庭を夢見ながら、汐路はるけきアメリカまでも出掛けて行く気になるのです。（傍線筆者、小此木武子「写真結婚の喜劇と悲劇」『婦人世界』一九一五年一月）

②カリフオルニアの小都会の近くて、葡萄畑を沢山もつて耕作をする傍ら、市内にも店をもつてゐる人があ

りました。（中略）新聞に二三日続けて自分の人物評を掲げて貰つて、それを故郷へ送りました。花嫁の候補者は沢山ありましたが、そのうちから女子高等師範学校の卒業生を選んで手続きを済まし、めでたく花嫁として迎へました。この人は労働者から築き上げた人で（中略）、教育といつては、日本で漸く高等小学校を卒業したばかりでした。（傍線筆者、前掲文）

③ニユウヨオクの亀の甲せんべい焼職工の妻君が某学院女学部出身だと聞いて不思議に思ひましたが、これは媒介人口［ママ］に載せられたのださうです。（傍線筆者、前掲文）

①②③にある「写真結婚」においては、在米日本人男子との結婚話に、日本国内のエリート女性たちが殺到し、殆どの男性は、自分より教育程度の高い女性と結ばれたのである。つまり、社会的階級で優位な地位にあったエリート女性たちは、女性のジェンダーによってその地位を失ったのである。

女学生上がりの女性達が写真結婚にとびついたのは、女子の渡米奨励の言説によって作り上げられたアメリカ像に動かされただけでなく、教育程度の向上によって、結婚に対する要求も増えてきた結果でもある。写真結婚が次第に広がりつつあった明治四〇年代後半、結婚難は、既に社会現象として現れ始めた。原因は、「女子の教育が進むに従ひ、彼等をして自覚せしめ、所謂『新しい女』が増加し来らば、従来の如く、不条理なる圧迫の下に余義なく結婚をせしむる如き事は能はざるべく、又男子に対する女子の希望注文も多くなりて、従ひて理想の男子を発見する事は、一層困難に至るべければ結婚難は更に一段の度を加ふべき事、自然の順序なり[26]」と、指摘されていた。エリート女性の結婚への望みが高まるに従い、「結婚難」が発生したとされるなら、アメリカなら実現できる「男女同権」、さらに「女尊男卑」という〈先進的な〉男女関係を求め、「写真結婚」に踏み切った「女学生上がり」の「新しい女」たちの決断を裏付けることができる。

ここで、注目すべき点は、〈女学生〉、〈新しい女〉そして〈写婚妻〉の、それぞれのグループがオーバーラップしていること、そしてそれぞれが「性的堕落」と表象されていることである。実際、この二つの問題は、同一線上で論じられるべきことではないか。次に、これらの問題をふまえ、〈女学生〉、〈新しい女〉そして〈写婚妻〉の表象問題とその相関性を検証する。

4　〈女学生〉、〈新しい女〉そして〈写婚妻〉言説の形成とその相関性

一八九九年の高等女学校令の発布によって、家庭に閉じこめられてきた女性たちが、教育を受けて外界にふれる機会も増えてきた。と同時に、女学生が家庭外で自由を享受するにつれ、従来、ドメスティック・イデオロギー[27]によって管理されてきた女性のセクシュアリティは、容易に堕落すると見られていたのである。小説や新聞の三面記事で「性的堕落」というレッテルが貼れるヒロインや女性たちが多数登場することによって、明治三〇年代後半における「堕落女学生」言説が構築されたのである。明治四〇年代後半、「新しい女」という時代言説が、平塚らいてうをはじめとした「青鞜社」メンバーたちの言行は、異端視されたが、「良妻賢母」の規範から逸脱することによってそう呼ばれたことはいうまでもない。ただし、そのメンバーたちが女学生上がりであったという背景が、その「性的堕落」のイメージ定着に力を貸したことを見落としてはいけない。さらに、渡米熱によって促された女学生上がりの「写婚妻」たちの表象も、実際に、この延長線上に位置づけられていたのである。そ

れは、移民地における女学生上がりの「写婚妻」たちに対する批判をみれば明白である。

①式部連の無限なる理想偉大なる空想を背負ひて渡米する者多きに至りては誠に歎かしく存候、婦人の中等教育を享有するものの最も耳目に触れ、感染し易きは米国が万事物質的社会なる事に候、黄金なるが故に徒に理想や空想に耽々たる女流は多くは恥を愧とせず、自己の学才、己れの嬋娟たる美貌を運用して、同胞社会の発展を阻害し秩序を破壊すること決して寡少には無是候、同胞社会の発展を阻害し秩序を破壊すること決して寡少には無是候。（傍線筆者、北米ワシントン州スポーケン時事主幹　中村久吾「北米新音」『婦女新聞』一九〇八年九月一八日）

②自然主義的放埒なる風潮の感化を蒙りし女学生膚の新婦が、女尊男卑の米国に来り忽然として自由の大気に触れ、感興に乗じて不倫悖徳の行為を敢てするに至りては実に悌（ママ）泣禁じ難き恨事に候／移民地に実力を扶植する上に於ては男性に続いで女性の移住を奨励せざる可からざるは今日の大勢動かすべからざる輿論に御座候も、徒らに時代の要求と云ひて、放蕩娘の捨て所の如く考へ、又は旗亭の酌婦流の如き群をなして渡航せしめらる々には殆ど困却、開いた口が閉がらざる次第に候。（傍線筆者、前掲文）

以上の引用から明らかになるのは、「写婚妻」の予備軍たち、つまり「女学生」や「新しい女」に貼られている「性的堕落」のレッテルが、そのまま「写婚妻」に継承されていることである。もちろん、「写婚妻」を装って渡航する醜業婦の存在は否めないと思うが、実際、当時、「女学生」の表象が、「玄人」のそれとオーバーラッ

ヘンリー木山義喬「写真結婚 四三」『漫画　四人書生』（サンフランシスコ、一九三一年）。英文版 The Four Immigrants (Stone Bridge Press, 1999), 114–115 頁。

プしていたことは、周知の通りだと思われる。[28]そのため、「写真結婚」に踏み切る女性のイメージは、あらかじめ色眼鏡を通して映し出されているのである。つまり、ドメスティク・イデオロギーから逸脱している者こそ、「写婚妻」になるのである。そのため、移民先で「写真結婚」に問題が生じる場合に、つねに「写婚妻」たちの性道徳が低下しているということが理由とされる傾向にある。与謝野晶子が、カナダのバンクーバーにおける日系紙、『大陸日報』に寄稿した一文からその一側面を窺える。

写真結婚の問題は主として女の方よりは男の方が注意す可き性質のものでありますが、唯写真一枚で海上数千里を渡航して見も知らぬ男の方と結婚しやう等とする無謀な女の方々も亦一半の責を負はねばならぬであろうと考へます。この写真結婚のためには種々の不幸な問題が盛んに起こつて来て居る様です、（中略）果ては男は家庭を破壊してしまふ様になり、女は又異国の空で漂浪の不幸な生活をして遂には操を売り物にしてまで生活をせねばならぬ羽目に落ち「外国にいる日本の女は凡て醜業婦見た様な女ばかりだ」等云ふつまらぬ恥辱を受け、国民全体の恥となる様な事を仕出来すやうな事であるのみならず、国家から申しましても実に困つた事ですから。[29]（傍線筆者）

上記の引用からも明らかなように、写真結婚がうまくいかなかった場合、そのセクシュアリティがすでに問題視されていた女性は、「娼婦」になる運命にあるという決めつけは、ごく自然な成り行きのように思われていたのである。のちの一九一九年に、外交問題に発展してしまった「ピクチャ・ブライド（写婚妻）」問題で、アメリカ側が提示した「紳士協約違反」という理由が重視されず、「写真結婚ヲ許スノ結果未タ生活ノ基礎確実ナラサル若年者ノ妻帯ヲ奨励シ又醜業ニ関シ非議セラルヘキ方法ニ利用セラルル傾向モ幾分存在シ之ヲ禁止スルニヨリ生ズル風紀上ノ弊害ハ殆ト相殺ニ足ルヘシ[30]」と、〈写婚妻〉たちのセクシュアリティと結びつけられたのは、そうした先入観があったためである。つまり、〈写婚妻〉と〈醜業婦〉がオーバー・ラップしている構図は、まさに前掲の〈女学生〉、〈新しい女〉そして〈醜業婦〉という流れの延長線上にあったと思われる。

5　『大陸日報』における俊子の婦女欄——〈写婚妻〉言説を中心に

一九一九年に日米の外交問題となった「写真結婚」の問題は、日本政府が、日増しに熾烈になった排日運動を緩和させるため、一九二一年二月以降、写婚妻の渡航旅券を発行停止することによって一段落した。しかしながら、在米日本人が、その廃止に対して、「其内容に於て、従来行はれた日本の結婚方法と少しも異りたることなく」[31]と、猛反対した。つまり、写真結婚が、日本国内における従来の結婚と、それほど違いがなかったのである。実際、この〈従来の結婚との変わりがない〉という見方は、当時、「写真結婚」の奨励の宣伝にもなっていた。すでに言及していた渡米奨励団体「力行会」の創立者・島貫兵太夫の妻・島貫しか子は、写真結婚が廃止された年に、その点を指摘している。

日本の今日の状態では、青年男女交際の道が開かれてゐませんから、結婚すると致しましても、在外邦人の写真結婚と別に変わりがないのであります。よし其の形式を異にしてゐましても事実がさうです。そしてまた此の写真結婚なるものは、私の経験から見まして、必ずしも危険なものとは思はれないのであります。（「写真結婚の媒介をして」『婦女新聞』（結婚問題号）一九一九年七月一八日）

こうした主張は、当時の結婚事情を考えれば、おそらく実情であったといえよう。なぜなら、写真結婚という様式は、必ずしも日本の伝統的な結婚様式には起こらないとは限らないからである。この論調を裏付けるものとして、移民先における日系紙の「写真結婚」に関する論説をあげることができる。カナダのバンクーバーに渡る船内で、鈴木悦は、同乗している写婚妻たちを目撃し、のちにこの体験に基づき、『大陸日報』に入社後最初の記事を書いた。

写真結婚をする婦人と云ふものを初めて見ることが出来た。（中略）この様な人たちの結婚が――写真結婚が、屡々問題となるのは何故であるか？（中略）併し之れは少なくとも日本在来の結婚様式から云へば、殆んど全く謂はれのない驚きである、ただ単に隣村へ嫁くか、隣国へ行くかの相異である、距離の相異であって、根本的な結婚様式その物の相異ではない。（中略）そして人々は此の如き不幸の原因と罪とを何んの用捨もなく女の虚栄心が強いからだと云ふのである。（中略）更に結婚問題は、様式の問題ではなくして愛の問題であることを考へないことが夫れである。要するに写真結婚者を見ての驚きは、直ちに日本在来の結婚その物に対する驚きとならなくてはならぬ（鈴木悦「船の内で　此の断想を入社の辞に代へる」『大陸日報』一九〇八年六月一五日）

結婚がその基礎とすべきは、〈愛〉でなければならないという鈴木悦の論調は、基本的には大正デモクラシーの思潮の一環、つまり、〈恋愛至上主義〉に影響されたものであるが、ここで注目すべきことは、「写真結婚」と「日本在来の結婚」に変わりはないという主張である。結局、日本における従来の結婚様式こそ、「写真結婚」が起こる問題の核心ではないかと指摘しているのである。また、結婚制度の欠陥に対する同時代の批判に照らし合わせてみれば、その欠陥と「写真結婚」にしばしば生じる問題とは、さほど違いはないということがわかる。

現代の結婚は、女に在ては全く愛情の問題でなくてパンの問題であります。（中略）女に独立の経済力がなく、随つて嫌な男、愛しも愛されもせぬ男にいつまでも随つて居らねばならぬ限り、家庭の波瀾やそれ故の自殺などといふ忌まはしい事件は、容易に跡を断つことは出来ますまい。（傍線筆者、山川菊栄「現代結婚制度の根本的缺陥」『婦女新聞』（結婚問題号）一九一九年七月一八日）

「家庭の波瀾やそれ故の自殺などといふ忌まはしい事件は、容易に跡を断つことは出来ますまい」というように、従来の結婚に生じやすい問題は、「写真結婚」にかかわる問題と変わることがないにもかかわらず、「写真結婚」の問題は、つねに〈写婚妻〉の「性的堕落」に起因すると強調され、特殊化されていた。前述した日本社会における〈写婚妻〉表象は、実際、移民先のマス・メディアに、そのまま浸透した。つまり、ドメスティク・イデオロギーからの逸脱者こそ、移民地に流れてくるという言説が、〈みだら〉な写婚妻像を構築したのである。そのよい例として、『大陸日報』の実録短編小説「恋を恋する女」（一九二〇年一〇月八―九日）や「恋を弄ぶ女」（一九二〇年六月七日、一四日）がある。

「恋を恋する女」のヒロインは、女学生上がり（「和歌山高女」出身）で「恋は尊い独立です」と主張する。〈親決め結婚〉に失敗したあげく、在米日本人と結婚するために渡米した。この小説は、彼女の男性遍歴を強調することを通して、〈写婚妻〉の〈みだら〉な女性像が浮き彫りにされている。「恋を弄ぶ女」のヒロインも、同じく女学生上がり（「和歌山実科女学校」出身）で、渡米途中にある男性と恋に陥ちる。夫に発見され、日本に送り返された時、また船内で他の男性と恋に陥ちたという〈性的奔放〉な女性である。また彼女の日記によると、渡米前に、日本国内ですでに何人かの〈情夫〉を作っていたとも紹介されたている。

このような女性が〈写婚妻〉の候補者になることが多いというのは、当時、日本国内のマス・メディアにも散見される。一九〇九年四月の『婦人世界』の「写真結婚をして不幸に陥りし小説的実例」には、三度出戻りした女性が、「写真結婚」によってハワイに行ったが、元の夫と連絡をとったりして、また離縁沙汰になってしまったという話である。一九一一年五月から六月にかけて『読売新聞』で連載された「新しい女」シリーズのなかで六月六日付の「危険な写真結婚」では、取り上げられた女性が親に許されない自由恋愛をしたあげく、親によって在米日本人に嫁がせられたという話が報道されている。

〈写婚妻〉のセクシュアリティを過剰に強調することによって、「写真結婚」の問題の責任の所在が、ますます女性の側に位置づけられてしまうおそれがある。それによって、「女の理想国」や「男女同権」に憧れ太平洋を渡り、さらなる可能性を求める〈写婚妻〉像が、完全に抹消されてしまったといえよう。移民先における〈写婚妻〉像の再構築をねらって、ドメスティック・イデオロギーの逸脱者を再評価するのは、のちに『大陸日報』に「婦人欄」を設けた田村俊子である。

一九一一年に公刊された日本文壇でのデビュー作『あきらめ』を介して、田村俊子は、女学生上がりが直面した日本社会における自立の困難さを指摘した。また、「新しい女」世代に属する俊子自身は、ドメスティック・イデオロギーの逸脱者として、海外へ活路を見出そうとする女性たちに深い理解を示していた。そのため、一九一八年にカナダのバンクーバーに渡り、『大陸日報』の「婦人欄」を設けた田村俊子は、読者層として想定される〈写婚妻〉が、日本国内の女性たちと比べて、はるかに意識と独立性が高いと評価した。

此所に選び出した婦人達はどちらも「働く」又は「働かなければならぬ」といふ意識と覚悟が、他に勝つて、もつとも強く其の精神と生活を支配してゐる殊に其の意志において、通常日本の国内に居て、或る職業を持ち、又は其の婦人たちに見るよりも、もう一層強い自意識的或るものが認められる。（中略）／何人自分の道を開拓しつつ、其人自身のものだけを発見しながら進んで行くのである。（中略）そして其処に初めて新しい婦人の叫びが生まれるのである。そして其の叫びが日本国内の眠れる婦人を叫び覚まし、陳腐な思想に遮られて家庭内に埋まつてゐる婦人たちの思想を転換させる覚醒とならなければならない。（鳥の子「自から働ける婦人達に」『大陸日報』一九一九年八月九日）

移民先で労働生活を選び、自我に目覚めた道を歩む〈写婚妻〉たちが、ドメスティク・イデオロギーが課す役割を受け入れている日本国内の婦人たちより思想面で進んでいる。だから日本国内の婦人たちを解放する先覚者でなければならないと、田村俊子は考えていた。ここにおいて俊子は、〈性的堕落〉の〈写婚妻〉像を、自ら働き、独立性の高い進歩的な女性像に書き換える意図をほのめかしている。とはいえ移民地では、〈男女同権〉が〈男女共働き〉にすり替えられ、実質的には女性たちが余儀なく働かなければならないという落とし穴があったことも事実なのである。[32]

のちに俊子もこのことに気付く。移民先での結婚関係において、〈男女同権〉という名を借り、実際には女性に対して二重搾取が行われている現実に気づいたのである。「社会的活動の半面を男子の手から徐々に完全に奪ひつつあるのであるが、同時に彼女らの生活に於ける第一義務としてその肩に載せられてゐた家庭内の仕事を彼女等自身の手を持つてその肩から全く払ひ退ける事ができない為に自ら求めて二重生活のデレンマに落ちゐているのである」[33]といっている。そして、俊子は、「二重生活のヂレンマを婦人自身の内心から打破する為に、最う一層勇敢に、革命的に戦はなければならない」と、励ましたのである。

ドメスティク・イデオロギーからの逸脱者として見られる〈写婚妻〉が、日本国内および移民先で〈性的堕落〉のイメージを負い、さらに〈男女同権〉の名の下に二重搾取を受けられてしまったという事態は、結局、解決策が見いだせぬまま、「社会組織が根本から革変されなければならない」とされてしまった。このように「写真結婚」

は、「女の理想国」、新たな可能性と社会的地位を提供してくれる国アメリカと同じように、ユートピア的な幻想に過ぎなかったのである。

アメリカで〈新日本の建設〉をせんとする国家的戦略によって、多くのエリート女性は、ジェンダー的劣性が挽回されると信じながら、自分たちより社会階級が下位のアメリカ日系人男性との結婚に踏み切った。しかしながら、ジェンダーにおける劣性（勢）が挽回されるどころか、外地におけるドメスティック・イデオロギーの補強、そして社会的階級と人種的優位の喪失によって、写婚妻たちのジェンダー、階級、人種は、完全に最下位に置かれてしまった。これがおそらく当時、米加の移民先における現実だったのであろう。

注

1　「付属書第八十六號　写真結婚ニ対スル非難ヲ摘要セル国務省書面」『日本外交文書』（外務省、一九七二年）

2　この〈写真結婚廃止〉法案は、当時の駐米大使幣原喜重郎が在米日本人会の合意を得て日本政府に提議したものである。その詳細は『日本外交文書〈対米移民問題経過概要〉』（外務省、一九七二年）、六〇五―六頁を参照。

3　片山潜『続渡米案内』（渡米協会、一九〇二年）、六六頁。「明治後半期の渡米熱―アメリカの流行」（『史林』第69巻第3号、一九八六年五月）

4　一九〇一年八月に片山潜の『渡米案内』は、発売後、直ちにベストセラーとなった。一九〇二年、「渡米協会」が設立され、そして一九〇五年一月、その機関誌『渡米雑誌』（一九〇七年一月に『亜米利加』に改める）が刊行されはじめたのである。

5　力行会は、一九〇〇年九月に島貫兵太夫によって設立され、その機関誌『力行』（一九〇八年一月に『渡米新報』と合併）は一九〇三年二月から刊行されはじめた。

6　「海外移住と日本国民」（『力行』第2巻第7号、一九〇四年五月二五日）

7　立川健治「明治後半期の渡米熱――アメリカの流行」（『史林』第69巻第3号、一九八六年五月）、七六頁。

8　「紳士協約」（Gentlemen's Agreement）は、一九〇八年二月に日本からアメリカに向かう移民を制限するため、定められたものである。

その内容は、アメリカ移住を目的としない一般旅行者、実業家、官吏、学生（十分の学資を有するもの）を除いては、アメリカ行きの旅券を発給しないことのである。例外なのは、次の三つの場合である。1、在米日本領事館発給の在留証明書を有する再渡航者。2、在米領事館発給の証明書を有するアメリカ在留者の父母、妻及び二十才以下の子女。3、日本外務省において、特に承認を与えた定住農夫。永井松三『日米文化交渉史　移住編　第5巻』洋々社、一九五五年三月。

9　婦人の渡航奨励は、売春業の海外輸出を助長するおそれがあるのではないかという懸念は、当時、外務省官僚の談話から窺える。「僕等モ正当の業務ニ就くナラ、成ルヘク、多数ノ婦人ヲ移住サセタイデスガ、領事ノ側カラハ、ソウソウ、隅カラ隅マデ細カイトコロニ、目ガ届カヌモノテスカラ、ツイ、詐欺師ノ悪手段ニ掛カルノデス」「婦人ノ海外渡航ニ就テ杉村通商局長ノ談話」（『殖民時報』第69号、一八九九年六月一二日）、七八頁。

10　櫻井鴎村「亜米利加だより　北米紀行（第二回）」（『女学雑誌』一八九九年一二月二五日）

11　片山潜「青年女子の渡米」（『社会主義』一九〇四年一月）、一九頁。この文章は、片山潜が渡米協会発起の渡米奨励演説会における演説をもとにしたものである。

12　島貫兵太夫『力行会とは何ぞや』警醒社、一九一一年七月。

13　同前。

14　立川健治「島貫兵太夫と力行会―信仰・成功・アメリカ―」（『史林』第72巻第1号、一九八九年一月）

15　一九一〇年代より、アメリカにおける日本人女性移民が多くなる一方である。『日米交渉史　第5巻　移住編』洋々社、一九五五年三月。〔アメリカ入国人口表、写真花嫁渡米数を参照〕。

16　「時事　渡米倶楽部」（『女学雑誌』一九〇三年八月二五日）。

17　明治三〇年に創立した力行会の「渡米紹介部主意及び規定」の第六条に「会員は毎月数回の質問並に倶楽部に随意に出席する事を得べし」という事項から、渡米倶楽部の定期開催していたことがわかる。島貫兵太夫『最近渡米策』力行会、一九〇四年。

18　〈S.F. 女〉「渡米して結婚せんとする姉妹へ」（『婦女新聞』一九一〇年三月一一日）

19　筆者が所見したのは、富山房が一九〇四年に出版した。日本以外出版された版本は、一九〇二年にニューヨークの Federick A. Strokes とロンドンの E. Mathews（出版年不明）によって出版されたものがある。

20　一九〇五年六月一日の『英語青年』に掲載された The American Diary of a Japanese Girl 書評――「作者を真の日本少女だと思へ

る彼の地の人は此の日記の出版者Storker〔ママ〕氏に托して作者に交際を求むる者あり甚だしきは作者に申し込む者さへありしといふ」という一節がある。また、『邦文　日本少女の米国日記』の後記には、野口米次郎の旧友、米国文学者ジレット・バージス氏が朝顔嬢の正体を知らないまま、交際を求める書簡がつけられてある。以上のことからみれば、この日記体の小説は、当時、日米両地に大きな反響を起こしたことが窺える。

21　朝顔嬢は、アメリカ富豪の家庭を見識するため、保護者の叔父から承諾を得て二週間限定の小間使い生活を経験した。面接するとき、自分の身分を隠蔽するため、朝顔嬢は、ダイヤモンドの指輪をハンカチで隠していたことは、彼女が上流階級に属していることを語っている。また、Stuart-Dodge家における様々な人種のメードの中で朝顔嬢が最も美しく最も人気があるという描写は、アメリカにおける日本人女性が歓迎されている神話を構築しただけでなく、日本人種の優越さを誇示していることも読みとれる。The American Letters of a Japanese Parlor-Maid. 一二―三頁、そして三五―六頁を参照。

22　一九〇五年に東京の富山房によって出版されたのである。The American Letters of a Japanese Parlor-Maid は英語版のみであり、日本語版が見あたらない。

23　原文："Wife-beater? Really? What a disgrace! Why, in the country I just left, woman always holds the first place." A Japanese Girl's One Week in London I（『英語青年』第14巻第10―11号、一九〇六年一月）、一六五頁。日本語訳は筆者によるものである。

24　三人の女は、レオニイ・ギモ（野口の最初の妻、ブリタニ社に勤務していた）、ブランチ・パーティント（カリフォルニア州におけるコール紙の記者）とエセル・アームスである。渥美育子「世紀末のボヘミアン　ヨネ・ノグチの素顔」（『読売新聞』一九七一年三月一一日）

25　西山哲治「米国女尊の思想（米国だよりの十九）」（『婦女新聞』、一九〇七年一〇月二一日）。米国の女子教育の先進性は、積極的に紹介していたのは、当時、日本のマス・メディアにおける特徴である。その最も顕著な例としては、女性雑誌、たとえば、『女学雑誌』と渡米案内書などである。ただし、アメリカの教育費用が高いため、当時、一般の日本人には負担できないほどということとも明記されているのである。

26　「結婚難（下）」（『婦女新聞』、一九一一年七月一一日）

27　ポストコロニアリズムの中で、「ドメスティク・イデオロギー」の定義については、「家庭の内と外をくっきりと二分する宗主国の中産階級の性道徳」を指すのであるが、このイデオロギーは、「女は家庭のなかに閉じこめられて、一夫一婦制の生殖中心的なセクシュアリティを求められるが、男の場合は、家庭の内の規範的なセクシュアリティと、家庭の外の非規範的なセクシュアリティの両方にアクセスできる二重基準をもつ」とされている。（竹村和子「フェミニズムとポストコロニアリズム」『ポストコロニアリズム』作品社、二〇〇一年、四七頁）。移民先における女性達に対して、日本国内（＝ドメスティク）の良妻賢母主義の基準を意識しながら、規制することは、「ドメスティック・イデオロギー」の働きによるものとも言えよう。

28　一九〇三年に『読売新聞』で連載されていた小杉天外の『魔風恋風』のなかに、そのヒロイン・女学生である初野の登場にしたがって、今までの文学作品における恋愛対象は、「芸妓」や「娼妓」から新時代の女性、女学生に移り変わったと指摘された。本田和子『女学生の系譜』青土社、六八頁。だが、新しい「恋愛対象」のヒロイン、女学生像は、そのセクシュアリティが過剰的に表現されることは、それまで「恋愛対象」であった「玄人」のヒロインのイメージをそのまま継承したのではないかとも言えよう。

29　与謝野晶子「異国に在留さるる婦人の方々へ」（『大陸日報』一九一八年一月一日）

30　『日本外交文書〈対米移民問題経過概要〉』外務省、一九七二年、六〇三頁。また、当時の日系人男性の投書内容をみると、「写婚妻」の娼婦化される言説がいかに根深いものかがわかる。「呼び寄せで渡航して来た婦人の中に白人の家へ洗濯に行き、その帰途には醜業を営んでゐる者があると云ふ事が領事の耳に入り、斯う云ふ事でないやうにする為に容易に呼寄証明を下附しなくなったのである、と或る方面では申して居ります。領事としては無理もない処置だと思いますが、総ての呼寄渡航婦人が醜業を営むわけではないと思ひます」（「一青年の手紙、浮田領事の説明を求む」（『大陸日報』一九一〇年一月九日）

31　羅府（筆者注：ロサンゼルス）南加日会による写真結婚廃止反対の決議文。（『大陸日報』一九一九年一一月一二日）

32　ヘンリー木山義喬『漫画　四人書生』。このなかには、一九二〇年代、移民先における「男女同権」が「共働き」に同義することという「写真結婚」を風刺する描写が見られる。ヘンリー木山義喬「写真結婚　四三」『漫画　四人書生』（木山義喬画室（サンフランシスコ）、一九三一年）。この資料の存在は、吉原ゆかり氏の教示によるものである。

33　佐藤俊子「二重生活のヂレンマ」（『新世界新聞』（サンフランシスコ）一九二四年四月一六日）

第5章　ナショナル・アイデンティティとジェンダーの揺らぎ
――佐藤俊子の日系二世を描く小説群にみる二重差別構造

1　はじめに

佐藤（田村）俊子は、カナダとアメリカで合計十八年間を過ごし、一九三六年三月に帰国した。その後まもなく、「小さき歩み」（『改造』一九三六年一〇月）、「薄光の影に寄る――小さき歩み（続）――」（『改造』一九三六年一二月）と「愛は導く――小さき歩み（完）――」（『改造』一九三七年三月）という、カナダの日系二世に題材を求めた一連の小説を発表した。さらに、一九三八年一二月、中国に赴く前、「カリホルニア物語」（『中央公論』一九三八年七月）、「侮蔑」（『文芸春秋』一九三八年一二月）という同じく日系二世を描く作品を書いた。これらは、彼女の晩年の代表作ともいえよう。

カナダから帰国したばかりの俊子が、移民地の諸問題を小説の題材にしても何ら不思議ではない。それは、全く自然な発露であったかもしれない。しかし、ことはそう単純ではなかった。日本の文壇では、移民地を題材にする小説がすでに注目され始めていたからである。たとえば、一九三五年四月に第一回芥川賞を受賞した石川達三の『蒼氓』がある。これは、作家自らのブラジル移民生活体験に基づくもので、一九三三年に『改造』懸賞小説の選外佳作となったものである。それを書き直し、第一回芥川賞を受賞するに至ったのである。無名作家に近い石川達三が受賞した理由は、こうであった。「この頃の新進作家の題材が、結局自分自身の生活から得たような千篇一律のものであるに反して、一団の無智な移住民を描いて、しかもそこに時代の影響を見せ」ているという[1]。石川は、「『蒼氓』は私の悲しみであり、憤りである」と、のちに回顧している。『蒼氓』は、日本政府の移民（=棄民）政策に対する痛烈な批判が読みとれる作品であった。さらに石川は、受賞後の翌年六月、『改造』に日系二世の結婚問題を扱った「あめりか」を発表した。そして今度は、同年の七月、朝鮮の日本人を描いた「移民」を、湯浅克衛が『改造』に発表した。こうした情況下で俊子は、カナダ日系二世を描いた三部作を同年一〇月に『改造』に書く。

この一連の流れからすれば、一九三〇年前後の文壇、とくに『改造』というメディアにみられた「移民」への関心は、大陸と南洋への進出が国策基準として規定し始めたことと、決して無関係ではなかった。石川達三は『蒼氓』の中で、「日系移民」が日本政府の国策移民（=棄民）政策によって、「口減らし」のため大量に海外に運ばれたとし、さらにこの「国策移民」たちによって彼らの持つ階層性や排外性がそのまま移民先に持ち込まれたといっている。同じように俊子は、日系二世を描く作品群をとおして、明治期から始まった日本政府の移民政策が、日本社会内部に巣くっていた階層性や排外性を移民地の日系社会に移植し、さらにそれは、移民地における日系移民の排斥問題を起こす遠因となったと指摘した。俊子は、このことを二世のまなざしを通して描き、日系社会の内部を凝視したのである。だが、この一連の作品に対して、当時の日本の文壇は、必ずしも適切な評価を下したわけではない[2]。ところが、のちに上海で俊子とともに中国語女性雑誌『女聲』を編集した中国人女性作家・関露は、注目に値する評価をしていた。彼女は、「最後の作品は若い日系二世の左翼活動の影響を受けていた」[3]と指摘し、この日系二世作品群こそ俊子の晩年の思想的立場を探る手がかりとなると示唆した。

「小さき歩み」三部作は、一世と二世との確執が、それぞれ白人社会で遭遇した人種差別問題をめぐる認識のズレから生じたものであることを指摘したうえで、その解決策をいかに女主人公・ジュンが社会主義に求めるに至ったか、ひいては、日系二世が解決策として、社会主義を信奉するに至る経緯を物語っている。「カリホルニア物語」は、結婚問題として、日系二世女性が〈女性的役割〉を強要されているさまを描き、日系社会における家父長権威の残存勢力がここでも猛威を振るっていた現実を暴いている。さらに「侮蔑」は、日系二世のジミとマリイがアメリカで人種差別を受け、そのため〈祖国日本〉にあこがれ帰国するが、結局、「アメリカ」からも「日本」からも排除され、自分たちの〈アイデンティティ〉、つまり「アメリカ人」でも「日本人」でもない者として、「新世界」を建設するというあらすじとなっている。

そして、この一連の二世を描く作品群では、〈人種差別〉、〈性差〉と〈アイデンティティ〉などの問題に対峙する日系二世たちが、一世が築き上げ、さらに一世の価値観が底流としてある日本社会に、みずからの問題の根源を探ろうとしている。この探究の姿勢は、帰国したのちの俊子が、日本社会における差別のメンタリティがいかに形成されたかについて、米加二世たちの視点を借り行おうとした姿勢と重なるものである。本章は、日系二世、とくに女性たちが生きていた内部社会（＝日系社会と日本国内）と外部社会（＝白人社会）という二重差別構造のなかで、生きていく過程で生じた〈人種差別〉〈性差〉そして〈アイデンティティ〉のメカニズム、さらに、同時期の日本の文壇における移民文学の中で、俊子のこの日系二世を描く小説群をいかに位置づければよいかについて考察する。

2　日系社会内部の「差別構造」の発見――日系二世のまなざしを通して

アメリカやカナダで排日運動がピークに達したのは、一九二〇年、カリフォルニア州で日系移民の土地の貸借・取得禁止法案が採択されたときのことであった。このとき、白人社会における黄色人種を排斥する風潮は、ピークに達したのである。さらに、三〇年代に入って、〈人種差別〉問題が再燃してくる。それは、一世と違い二世が高等教育を受けても、白人社会では「ホワイト・カラー」階級に入れないという問題であった。小説「小さき歩み」（『改造』一九三六年一一―一二月、一九三七年三月）三部作は、この従来の白色人種対黄色人種という枠組みを捉え直すだけでなく、二世たちの目を通して、出身による差別やジェンダー差別と混血児差別など、日系人社会（＝日本内部）の複層的な差別問題をも描いている。

この小説の時代背景は、一九三三―三四年に設定されている。この時期におけるカナダの日系移民の労働形態は、転々と生活の場を移さざるをえない製材業や漁業から、すでに定住しうる農業に移っていた。原因は主として二つあった。一つは、一世が、結婚して所帯持ちになり、定住せざるをえなくなったこと。もう一つは、一次大戦末期からその直後にかけて農産物が非常に騰貴したため、日本人の間にも農業熱がはやっていたことである。農産物のなかでも、苺栽培はとくに盛んであった。一九三〇年五月に加奈陀新聞社より発行された『加奈陀新聞』付録の『加奈陀日本人農業発展號』のなかにある苺栽培の関係記事、例えば、「日本人の農業種類」「ビーシー州の苺栽培反別（ママ）、日本人は白人を凌ぐ」などの記事から、この時期、苺栽培が日系移民の主な農業手段の一つだったとわかる。苺栽培は、現金収入の手段として適しているといわれており、また日本移民が集結していたビーシー（British Columbia）州が苺栽培に適切だと言われていた。「フレザー、バーレーの苺栽培と称するも各地によつて多少趣を異にし、ハモンド、ヘンーはストロベリー即ち草苺に最も適当し、ウオーノック地方は収穫期の最も長いエバー、ベヤリング種に適し、又ミッション地方はハッチックと共にラスベリー、ベラクベリー等の木苺に適し全ビーシー州に於けるこの種生産額の七割を」[4]というような詳しい栽培事情の紹介からみれば、日本人の間でその苺栽培の盛況がわかる。「小さき歩み」の女主人公・ジュンの父・正蔵が苺栽培を始めた経緯も、まさに前述した時代状況を背景としていた。とはいえ、資本家から搾取されていた状況は、農業を経営する以前、つまり、漁業やソーミルで就労していたときとは変わってはいないといえよう。

正蔵は（中略）種々の栽培に失敗して、漸く苺の栽培で、彼の農業が成功の緒についた頃から、彼の利益の多い苺耕作を真似て、短かな時間の間に日本人の農者が続々と同じ村に殖えた。（「小さき歩み」、123）

キャナリイを経営する白人の資本家たちは、打つたぎるやうに日本人農者の苺を安価に契約した。契約すれば安心して作物が売れると云ふ喜びから、農者はキヤナリイの云ふが儘であつた。又、資金難でキヤナリイから前借するものは、この情実に絡まれて、キヤナリイとの安価な取引を余儀なくされる。（前掲文）

二世たちの誕生に伴い、彼らの教育問題も起こってきた。そのため一世たちは、定住できる労働形態の農業に転業しつつあった。しかし、二世が世に出はじめると、日系移民たちが白人社会から受けていた排斥と差別は改善されるどころか、かえって白人社会とより頻繁に接触していた二世たちを直撃した。ジュンの兄・ジョーヂが白人娘に失恋し、「自分たちは人種の異なつた卑しい移民だから侮蔑されるのだ」、「日本人の下等なこと、人間らしい生活を為てゐるものは一人もない」（「小さき歩み」、106―107）と言い残し、家出したのは、まさに二世たちが直面した厳しい現実を物語っている。このジョージの家出がきっかけで、ジュンは、「海や山に白い人種の友達同士が誘ひ合はして夏の休みを楽しむ友達とは、混ることの出来ない」（同前掲文、103）自分を見いだし、学校の夏休みを「自分と同じやうな不幸な運命を持つ『白人種でない』娘たちと一所に」（同前掲文、103）過ごすことを余儀なくされることの意味を考え始めた。

“Discriminate”の暗流を、いつとなく意識するやうになつてから、ジュンの胸には終始、何かの侮蔑を受けたあとの波立ちが潜んでゐた。（「小さき歩み」、106）

「白人種でない」と云ふ限りない寂しさが、兄から残された謎のやうに、ジュンの心に神経的な暗さをもつてだん〱に浸みひろがつて行く。（「薄光の影に寄る―小さき歩み（続）―」、108）

ジョージは、二世が白人社会で受けた人種差別と〈侮蔑〉は、自分の親たち一世がまいた種によるものだと思い、日本人嫌いに陥った。それに対して、ジュンは、自分たちが受けた差別の根源をつきとめようと必死に考えはじめる。結局、田舎の両親のところに戻り苺畑の仕事を手伝うことになるが、自分たちが白人社会で受けていた人種差別が、日系人一世たちの社会内部にもあることを再発見し、この問題を見直していく。

当時の苺農業には、耕作と摘採をすべて自らの手で行う形態と、「耕作丈けは自家であつて摘採は大部分雇人に依つて収穫するほど手広くやつてる」[5]形態とがあった。無論後者の方は規模が大きい。また、苺摘み労働者は殆ど日雇いで、その多くは、苺の収穫期に各農家を転々としていた。この種の労働者は、日系社会のなかで、最も「周縁的な存在」であり、差別を受けていることにジュンは気付いた。ジュンの母親が、苺摘み人の中には「×××人間」[6]がいるが、彼らが用いる食器は厳重に区別して置くように、とジュンに言いつけるときのことである。ジュンがそのわけを問いただすと、母はこういう。


「汚いから別にしておくんだよ。」

「どうして汚い？」

「いいから別にしておけばいい。あれは別な階級の人たちだから。人間の交りの出来ない階級の人たちだから別にしておくんだよ」（傍線筆者、同前掲文、79）

ここにおいてジュンの母親に〈汚い「×××人間」〉とされる者は、日本国内の被差別部落出身の移民だと推測できる。被差別部落民たちが長い間受けてきた差別は、明治以後の「解放令」が発布されても解消されることがなかったのである。さらに「部落民」が、一八八〇年代後半から一八九〇年代にかけて、新聞の差別記事によって張られた〈汚い〉のレッテルは、「被差別部落」の「人種起源説」の形成にも深くかかわり、貧困、そしてそこから生じた不潔、病気、さらにはそれらの認識の集積のうちにしだいに「異種」という認識が成立していった」[7]。だが、被差別部落の「異種」、つまり「人種起源説」[8]という差別的言説が、一九二〇年代に入って変化した。一九二〇年代後半から三〇年代にかけて、被差別部落解放運動は社会主義と連動し、「プロレタリアート」と連携するようになった。一九三一年、「特種部落労働者農民を階級的基本組織に組織することこそ部落民会法の根本的条件となる」と叫ばれ、反対に「部落労働者農民の階級的進出を身分的組織の下に縛りつけて阻止している全国水平社を解消しなければならない」[9]という全国水平社解消論が起こった。このように、一九三〇年代前半、大半の「被差別部落民」は、身分（＝人種）というより、むしろ「プロレタリアート」として認識されていた。したがって、俊子があえて「別な階級」、「人間の交りの出来ない階級」と描写するのは、一九三〇年代の被差別部落解放運動と社会主義とが連携していた状況を背景とするだけでなく、「被差別部落民」を「階級」と認識する俊子の社会主義の思想的立場をほのめかしてもいる。

自分たち二世が白人社会で受けていた差別は、実は、日系社会で実際に自分の親によって社会的地位の低い「××人間」に向けてなされていることを知り、ジュンは衝撃を受ける。そして、以下のように反論した。

「そんな階級があるの?·日本人の中に。あの人ちつとも汚くないぢやないか」
「ママこそ気狂ひよ。可哀想だ。遠慮なんかして。厭がるのはママみたいな一世です。二世は決してそんなフーリツシユな事を考へない」（同前掲文、79―80）

「人を区別する母を憎んだ」ジュンは、自分たち二世に対する白人の差別と変わらぬ差別をする一世に、「差別を受ける」自分たちの苦しさはわからないと悟る。

この〈階級差別〉の描写は、同じく二世の加野と春子とジュンとの出会いにも見られ、そこには差別の重層性を見ることができる。苺摘み労働者としてジュンの家に来た加野は、「母親が白人の家庭に働きに行つてゐた時にその主人の子を生んだ」といわれる混血児である。春子といえば、「母は支那人を」、「娘の春子は外国人を」

相手に淫売を行っていたという噂が囁かれる。この二人の境遇を示すことで、日系社会の〈人種差別（混血児差別）〉と〈性差別〉が、実は互いに関わり合うことが浮き彫りにされる。白人社会と日系社会という二重の差別構造のはざまにあった周縁者、つまり、加野のような〈混血児〉や春子のような〈娼婦〉の二世を描くことを通して、日系社会の差別構造と二世の差別問題の深刻さがより明らかにされている。加野と春子について、労働者の徳兵衛がジュンの父・正蔵におこなった告げ口は、まさにその顕著な例である。

　親の因果が子に報つた奴でさ。仕様のない悪いボーイでね。何所へ行つても苛められるもんだから共産党になりやがつてね。つまらない事をしでかしちや、騒がせて歩いてゐるんでさ。一所に連れて歩いてゐる娘つて云ふのが、白人相手の淫売だと云ふ噂でさ。二人ながら碌なもんぢやない。（同前掲文、89）

「親の因果が子に報つた奴」といわれる加野、そして「白人相手の淫売」を行う春子が、「二人ながら碌なもんぢやない」とさげすまれるのは、「白人」との性的関わりにその原因がある。二人の境遇は、日系社会における女性が置かれた、過酷な環境の一側面を物語るものである。日系女性が移民地で従事する労働はつねに〈娼婦業〉と連想されがちであった。それは、日系女性移民のなかで多く占めていた「写婚妻」が持っていたイメージとは深くかかわっている。「写婚妻」たちは基本的には〈性的堕落〉というレッテルが貼られることが多かった。とはいえ、実際にその一部は「写婚妻」を装い、移民地で娼婦業を営んでいた者もいた。その状況は、バンクーバーの日系紙『大陸日報』のある読者からの投書を見ればわかる。

呼寄せで渡航して来た婦人の中に白人の家へ洗濯に行き、その帰途には醜業を営んでいると云ふ事のないやうにする為めに容易に呼寄証明を下附しなくなつたのである、と或る方面では申して居ります。領事としては無理もない処置だと思ひますが、総ての呼寄婦人が醜業を営むわけではないと思ひます。[10]

以上の投書は、日系移民の青年が領事に「写真結婚」の廃止を取り消すように、と領事に懇願する内容である。一九二〇年、アメリカ、カナダ政府は「写真花嫁」の輸入廃止を正式に日本政府に要請したのである。周知の通り、「写真結婚」の廃止は、日系移民への排斥政策の一環でもある。実際にもう一つの原因は、アメリカやカナダ政府側からみれば、「写婚妻」と「娼婦」が混在していたため、道徳的に悪影響が出るおそれがあるとされていた。上記の投書は、このような「写婚妻」のイメージを表しているだけでなく、「写婚妻」たちが白人家庭で働かなければならない移民地生活を強いられたという過酷な一側面を物語っている。[11]

加野の母親が白人家庭で働き、そこの主人の子を生んでしまったことは、女性が〈肉体的労働〉だけでなく、〈性的労働〉まで余儀なくされたということである。春子が〈白人相手の淫売〉することも、その一例である。ここで徳兵衛の二人の対する憎悪は、〈白人社会〉に向けるそれだけでなく、日系社会に〈人種差別〉と〈ジェンダー差別〉が底流してあることを表してもいる。加野のような混血児は〈人種的〉に曖昧であるため、日系社会からも白人社会からも排除され、春子は「まじめに働く事が嫌」がっているのではなく、「働いても、働くところでみんなに馬鹿にされ」、性的堕落のレッテルが張られたまま、ジュンの母親がいうように「別の階級の人間」として日系社会から排除されている。加野は、〈人種差別〉問題を日系社会内部（＝大日本帝国）のヒエラルキーの矛盾より構築されてきたものと考え、ジュンに次のように訴えていた。

僕は日本人でも加奈陀人でも、アメリカ人でもない。イギリス人でもない。日本人の中にゐると××人は嫌はれる。（中略）僕が以前に働いてゐたソーミルに××人がゐたけれ共、皆が馬鹿にして相手にしない。その××人は日本語がうまいので××人だと分ると嫌はれるので、日本人だと云つていた。けれども日本人に解るのです。でも僕は同じに嫌はれるなら、××人の方がいいと思つたことがあつた。（同前掲文、93―94）

ここにおいての「××人」はおそらく朝鮮人だと推測できる。前述した〈被差別部落〉出身の移民や「朝鮮人」移民に対する日系社会内部が行われていた〈差別〉は、実際に当時、日本国内でのヒエラルキー構造を反映している。経済的圧力を軽減するため、日本政府が行われた「国策移民」政策の中で、経済的構造の下層階級に属する彼らは、「新天地」に移住しても、最初から日系移民の中の〈負け組〉といぅ運命を免れえなかったのである。また、日系社会内部で娼婦業を営んでいた春子や混血児の加野が受けた差別をふまえて考えるならば、日系社会内部における差別、つまり〈人種差別〉問題」と〈性差〉問題は、〈経済的格差（＝階級差別）〉と深く関わっている。

実際に経済的な格差が〈差別〉を生み出す事実を、ジュンはすでに母親の身の上に見出していた。ジュンは、かつて、母親のことを「日本での教育があり、考へが正しくて、貧しくていても其の態度に他の婦人とは違った品位のある」女性と自慢していた。だが、母親は、父親との口論の際、「移民社会」を「人間らしいやうな人間も居ない。下等な人間ばかりの集まつてゐる」社会と見なし、「母国」の日本社会には「下等な屑のやうな人間はゐません」、「上品な生活」そして「上品な人」があるという。この偏見と差別に満ちた母親の考え方に、ジュンは驚く。さらに母親が、労働者びいきするジュンを、「野卑になり、荒々しくなり、移民の娘らしくなつた」

と非難したことを通して、ジュンは、〈差別〉を生むのは〈経済〉的な問題であり、それは、移民による移民蔑視という日本人社会に根付いた問題だと初めて理解する。日系社会内部における差別構造は、ジュンのいとこ・道代の言葉からより明らかになっている。

無教育だの、品が悪いのだの、労働者の小供を見下げるのは教会に行く日本人のレディスよ。英語も碌に話せもしない癖にみんな偉そうな顔をしているよ。美しい服装をしなければ教会に行つても仲間にされないよ。同じ日本人だ癖に、自分たちだけは白人のやうな気持ちよ。（傍線筆者、同前掲文、81）

白人社会で人種差別を受けてきたジュンや道代のような二世たちは、自分たちと同じように差別を受けている者への共感を自然に抱くようになる。ここでは、二世たちは、自分が差別される体験を通して、日系社会内部の差別構造を発見したといえよう。

とはいえ、ジュンからみれば、日本内部の差別構造は、単なる〈経済的格差〉から生じた〈差別〉ではない。前述したように「被差別部落」出身の移民と「朝鮮人」移民への差別は、日系社会内部のヒエラルキー的構造によるものであり、この構造を作りだした一世たちの思想に底流としてある、人種的優越感によるものでもある。一世たちが、白人社会の〈人種差別〉に対抗する武器として持ちえたのは「大日本帝国臣民」というナショナリズムであった。それは、二世たちが持ちえないものであると同時に、一世と二世との間の確執の根本的な原因となると、ジュンは考えていた。

「白い人種でない」屈辱と淋しさは、一世には少しも理解されないと云ふのが、この頃殊によくわかつて来た。何故理解されないかと云ふことを議論的に云へば、日本人の一世は自分を優秀の人種と思ひ込み、自分たちが同じ日本人を区別する。若し一世に二世の「白い人種でない」屈辱と淋しさが理解されたら、自分たち同志で階級の区別をするやうに間違つたことは為ないであらう。一世には人種的自覚がない。自分たちだけ優秀だと思つてゐる。（同前掲文、84）

ジュンは、父・正蔵がリベラルだと思いながらも、「矢張り日本人は優秀だ」とし、「白人には負けるな」という父の考えに同意できなかった。正蔵の自負心は、おそらく白人社会の中で受けた差別から生じたコンプレックスの裏返しであろう。いい換えれば、「遠隔地《ロング・ディスタンス》ナショナリスト」[12]となったのである。ジュンの父・正蔵の世代の成長は、日本が近代国家に歩み始める軌跡と重なっているといえよう。一八九四年―九五年日清戦争と一九〇四―五年の日露戦争以後、中国とロシアをやぶった日本は、台湾、朝鮮半島を植民地として入手しただけでなく、これによって、自国が西洋列強に比肩する近代国家であることを証明することができた。日露戦争以後、カナダやアメリカに渡る移民たちは、それ以前の移民と違い、その多くは生活を目的とするより、夢を抱いて海を渡った。[13]ジュンの父・正蔵もこの時期において「日本民族の理想主義的な立派な精神」（「小さき歩み」、123）を興揚させるため、「海外発展の志を抱いて、北米の地に事業建設を夢見ながら渡航して来た一人」（同前掲文）である。帝国の版図を拡張する営為は、常に人種的ヒエラルキーのイデオロギーと共犯関係にある。その構図は、白人社会で自分たちに対して行う人種差別のそれだとジュンのような二世の目に映っている。この延長線に沿って、さらに日系社会内部の差別構造が基本的には日本社会の差別構造の縮図であることを、俊子は「侮蔑」のなかで日系二世たちが日本社会で受けた差別を描くことを通して、指摘している。
「侮蔑」の主人公・ジミイは、ロサンゼルスで行われていたオリンピックに参加する日本選手を見て、日本というのは「自分たちまでを低劣な異人種と見る偏見は其所にはない」と考え、「アメリカの天地で、自分たちの生活が芽生えることは絶望であつても、日本人の血を享けた二世が、日本の文化を浴びながら、其所に求める生活には希望がある。ジミイは斯う信じてアメリカを離れて日本へ来た」(380)と考える。結局、「日本は移民の子には冷たい一瞥を与へただけであつた。アメリカで移民の子であったジミイは、日本へ来ても移民の子であった」というジミイが日本で受けた差別は、日系社会内部の〈人種差別〉問題が基本的には日本社会の「差別」構造の延長であることをより浮き彫りにしている。

ジミイと同じような二世の帰省観光団は、日本の警察官と交わした会話のなかから、彼らが日本社会にいかに蔑視されていたかという一側面がうかがえる。

> 「ソレ、お前たちはどつから来たか」この警察殿は、少し耳が遠かつたのかもしれないし、それとも敏感すぎたのであらうか、とにかく聞きまちがへた。
> 「何だつて、ローシアから」
> 「いいえ、ローサンゼルスといつたのです」
> 「さうか、ぢやあ、その方は皆んな移民の子だね」
> 溌剌とした無邪気な第二世たちも、この人を喰つた冷笑的な言葉に、少しならず憤慨を感じたさうである。[14]

ジュンが日系社会内部に発見した〈人種差別〉問題、そして、ジミィのような二世たちが日本国内においても排斥を受けた根本的な根源については、バリバールの「人種主義」とナショナリズムにおける「純粋主義」についての記述を敷衍することができる。

人種主義が国民にかんしては、絶えず過度の「純粋主義」を誘発することを意味する。すなわち、国民がそれ自身であるためには、国民は人種と文化の両面において純粋でなければならないのである。それゆえ、国民は、「偽の」、「外来の」、「混血の」、「世界市民的な」諸要素を排除・追放するまえに、まずそのような要素を自らの内部に置いて隔離しなければならない。[15]

人種主義とナショナリズムとの関係から派生した「純粋主義」が容易に人種主義的な「純血主義」に転じることは、二世の、とくに二世女性の結婚相手が「日本人」か「日系人」に限定するという一世たちの主張から垣間見ることができる。一九三七年六月一二日付の『羅府新報』で、元ロサンゼルス駐在の日本領事、大山卯次郎の「在米日本人の第二世は何うなる」という二世の結婚問題にかんする論説が載った。ここで大山は、二世女性たちの残されている選択肢がいかに限られているかを指摘した。大山によると、一世たちは二世の結婚相手を日本「内地」に求めたが、実際には、アメリカの国民法の規定や移民法からして、「内地」の相手は入国禁止とされていたので、可能ではなかった。また、人種偏見の障害があったため、人種間の結婚はやはり難しい。前述した石川達三の「あめりか」（『改造』一九三六年六月）も、結婚問題をとおして、アメリカの移民法および一世の「純血主義」という、二重制限に呪縛された日系二世がいかに厳しい状況に置かれていたかを描写していた。そして、「カリホルニア物語」(『中央公論』一九三七年七月)のなかで俊子は、結婚問題をめぐり二世女性が、日本の家父長制に規定される女としての「ジェンダー」と日本人の「アイデンティティ」を強要される事態を視野に入れながら、彼女たちが受けていた二重圧迫の構造を克明に描いている。

3　大和撫子か? New Woman か?――「カリホルニア物語」にみる二世女性のディレンマ

「カリホルニア物語」(『中央公論』一九三七年七月)の登場人物、二世女性のルイとナナは、カリフォルニアのパサデナ(Pasadena)に生まれ育った。日系社会内部の家父長制が、いかに「日本」という記号を二世女性に刻み込もうとしたかを反映するものである。ルイは、「アメリカに生まれアメリカの学校を出ると、自分の好きな画がやりたくて美術学校へ入つた。(中略)彼女が結婚問題で母親に苦しめられたのはその頃であつた」(3)。ルイは一世と同じようにただ漠然として働くような生活がいやで、「一つの技術によつて、基礎のある職業を得なければ不安」だと考える。だが、ルイの母は、「自分の尊い経験が生んだ重要な教訓」から、ルイの考えに反対する。「アメリカ人は日本人の生んだ子供が、どんなに立派な技術を有したところで其れを用ゐては呉れない。アメリカ人は自分たちの優秀な生活の圏内へは、他の人種の優秀を持込むのが嫌ひだ」(4)。ルイの母は、かつて「アメリカへ働きに来たのではなく、自分の知識をアメリカの文化で磨くのが目的だつた一人ではあつ」た。白人社会で遭遇した人種差別や偏見によって、彼女のアメリカン・ドリームは無惨にも破れた。「若い夢から娘を引出して安全な結婚生活に入らせるのが母の義務だ」(6)と考えていた日本の旧式なジェンダー・アイデンティティにかつて反発していたと思われるルイの母親が、娘に対してはそれを強要する。だが、ルイは、「結婚以外に、人生を最も美しく生きる道を理解し」、「この終局へ行き着くまでは結婚をしたくなかつ」た。当時、ルイのような二世女性たちが、いかなる夢を持ち、そしていかなる生き方を求めていたかは、ロサンゼルスの日系紙『羅府新報』の日系コラムに掲載された詩「二世娘」から知ることができる。

美貌のと妙齢と
フェミニティーと
快活な笑ひと機知と
加州辯の英語とが
夢の間も甘く咽を締め
――恋愛の持たぬ者には
二世の娘のよさは分からぬ
（中略）
二世娘は永遠の女性よ
結婚しやうが
失恋しやうが
消しも敢ぬ幻となって
僕の生身を追ひ
生身を抱いてゐても

美しい幻を未だ持たず[16]

詩の内容からもわかるように、三〇年代は、日系二世女性たちが、「結婚」よりむしろ「恋愛」を満喫していた世代といえよう。つまり、ジュンの母親のような、「結婚」＝「安全な生活の道」という一世の考え方は、すでに日系二世女性の間には通用しなくなっていた。「結婚以外、人生を最も美しく生きる道を理解し」たというジュンの考え方は、むしろ一般的である。一九三七年、南カリフォルニアにおける二世のハイ・スクール卒業生は、六百人という史上最高の記録に達し[17]、二世女性たちが「結婚」よりむしろ職業をもって自立を目指す傾向が、ますます顕著になっていた。しかし、そのような傾向に対する強固に反発する姿勢もまた存在していた。一九三七年六月二〇日の『羅府新報』は、二世卒業生の特集を組んだ。そのなかで、ある地方の弁護士の二世男性が、二世の女性卒業生を読者として想定する論説のなかで次のように述べている。

> 大学卒業生は、自分がとりわけ不利な立場に立たされている事実を知らなければならない。卒業生は、彼女の人生の中で最も輝かしい四年間を、人生の伴侶を探すことより、こつこつと勉強するのに費やした。彼女の白人クラスメートたちは、大学生活には、実利的態度を抱いていた。（中略）筆者の意見によると、大学のキャンパスは、夫探しにはふさわしい領域ではないと思う。（中略）あなたたち女性卒業生たちはどのようなことをやるにしても、愛嬌（charm）を培うように心掛けなさい――あなたたちのライフ・ワーク、結婚の成功を達成する手段として。[18]

この日系二世男性の意見は、明治三〇年代の日本における女学生の教育方針を彷彿とさせる。つまり、二世女性たちは、女性の社会進出が進んだアメリカにいるにもかかわらず、かつて一世女性が要求されていた、「良妻賢母」制度の呪縛から逃れられない状況にいた。ただし、ここにおいて、日系二世男性たちが求める「女性像」は、「良妻賢母」であると同時に、三〇年代のアメリカのモダンニズムに現れる「チャーミング」な女性でもある。三〇年代のアメリカの消費文化を主導する広告イラストレーションには、女性のモダニティは、ファッションセンスに基づいているとする主張が見られる。同時に、「飾る物体」を女性の自然体として、そしてそれが適切な役割の一つであると捉える傾向が強調されていた。[19] そのため、「チャーミング」という特質は、この理想像に盛り込まれており、同時代における男性が女性に求める理想の一つでもあった。

とはいえ、二世男性が求めているこのような女性像は、女性たちの進路決定を左右する要因の一つでもあった。前述した一九三七年六月二〇日『羅府新報』の二世卒業生特集のなかでは、卒業生の希望する仕事についてのアンケート調査の結果が発表されている。女性の場合には、「ファッション・デザイナー」と「コマーシャル・アート」が最も人気があった。[20] この調査結果は、広告文化が創出した新たな女性像を反映しているだけではない。二世女性たちが、ただ表象される「客体」だけでなく、自ら創造する「主体」になりたがっていた、ということもこの調査結果からうかがえるのである。広告イラストレーターは、コマーシャル文化の発達にともなって、そのプロフェショナリズムも徐々に社会に認知され地位を獲得していた。とはいえ、当時の広告業界は、ほぼ男性たちに独占されており、女性やマイノリティ・グループ、有色人種の参与はほんの一握りであった。[21]

「カリホルニア物語」のルイは、コマーシャル・アート図案画家として、百貨店の飾り窓や壁画を担当し、たちまち注目を浴びる。日系二世女性たちのいわゆる「アメリカン・ドリーム」を実現させた人物でもある。この成功をふまえルイは、さらに「アメリカのコマシャーリズムの、中心地の紐育へ行き、一流の会社の広告ポスタアを契約して、素晴らしく芸術的な新しい技術で、他の競争者を圧倒するほどの手腕を示さう」(27)という意欲をも持っていた。画家としてのルイは、かつて、日本をオリエンタリスト的なまなざしで見つめ、父親の故郷・信濃を「自然の美」として、東京を「エキゾチックな都会の風俗美」として見ていた。日本に一年間滞在し、えられた収穫は、いままで持ちえなかった「日本的」なまなざしを獲得したことであったといえよう。のちに、ルイが成功を収めたのは、「日本の浮世絵からの影響」で、「独特な繊細味」をもつという評判を得たからである。つまりルイは、日系人というマイノリティの〈エキゾティズム〉を売りものにすることで、広告文化の商品価値を引き出すことに成功したのである。[22]

のちに百貨店が、ルイに「メキシコ風景」をテーマにする壁画を注文したことから、ルイのカウンター・オリエンタリズムの戦略が効果を発揮したことがわかる。画商であり、ルイの友人の白人女性、マリイ・レビスは、ルイの成功をこう見ている――「ルイはエキゾチックな魅力が十分にあつた。これが芸術の上には現れる。そして人間の上現れるこの魅力は、いくらでもアメリカ人の間で彼女の仕事を縦横に伸ばさせる唯一のエレメントだとマリイは信じているのである。(中略)マリイから観るルイは東洋的な神秘であり、アメリカ的な興味であつた」(35—6)。マリイの目に映るルイという日系二世像には、一九一六年にランドルフ・ボーン(Randolph Bourne)が、理想的な移民国家であるアメリカのために提示したコスモポニタリズムに通じるものがある。つまり、アメリカに来た様々な移民がもたらした異なる文明が、「常に新しい何かに生まれ変わる道を未来に開きながら、自己を創造し続ける過程こそがアメリカニズム、アメリカナイゼーション」であるとするものである。[23]

ルイの社会的成功を目にして、彼女の母親は「こんなに大勢いるアメリカで生まれた娘や青年の中から、一人でもアメリカ人を凌ぐ技倆を持つたものがでて、そしてアメリカ人の社会へ入つていかれるやうになつたかと思つたら嬉しかつたんだよ」(28)という。ルイの母親は、娘の成功を〈日本／アメリカ〉の構図のなかで捉え、〈日本人の勝利〉という考えを示していた。だが、それに対して、ルイは、こう考えていた。

> どの親たちでも、自分たちの社会は日本人だと思つている。私たちの社会はもつと広い。だから私たちが仕事らしい仕事をしさへすれば、直ぐに広い社会への反響して行くだけのことではないか。(28)

ルイは、母親の例を引き合いに出して、一世たちの狭隘なナショナリズムこそ二世たちの社会進出を阻害する主因だとほのめかしている。結婚問題をめぐって齟齬が生じたルイと母親との仲は、ルイが白人社会への進出に成功するにしたがって修復されたかに見えたが、実際には、〈日本人〉アイデンティティについての認識という面では、一世(＝母親)と二世(＝ルイ)との間のギャップは、一層大きくなっていた。

同じ結婚問題をめぐって、ルイの幼なじみで二世のナナは、一世の家父長制と価値観から逃れられないため悲劇的な結末を迎える。ナナは、かつて日系人男性、早瀬との仲を父親に反対された。ルイは、恋人と一緒に日本に行くように勧められたが、「父親の圧迫の羽搔の下に小鳩のやうに生きてきたナナには、思ひ切つて飛上がる意志が持てなかつた」(15)。結局、ナナは、ルイが日本に滞在していた間に、同じ日系二世の安藤との「結婚」を強いられたのである。しかもそれは、ナナの父親が安藤から大金を受け取ったため結婚させられたという、実質的には人身売買であった。ルイは一世(＝日本)に対して批判すると同じように、この「親決め結婚」に対して、二世の立場から痛烈な批判をする。

> 日本では奴隷がお金で売られるやうに、両親が娘のために売る。娘は親の為に売られて行く。これが日本の古い封建主義の残滓で、日本のパブリックは然う云ふ習慣を未だ根絶し切つてゐない。(中略) アメリカで教育された子供たちに、自分たちが育つた頃の古い日本の封建主義の道徳を強ひるのは間違つてゐる。アメリカには然ういう道徳はなかつた。日本で教育された日本人達には、たとへ其れが通つたとしても。(18)

ルイは、一世が相変わらず家父長制や封建の旧弊にしがみついているということに対して、アメリカ生まれのアメリカ育ちの視点から批判するだけでなく、二世に〈日本人〉というアイデンティティを強要する一世に対する異議申し立てをも行った。二世女性は、一世から〈日本人〉としてのナショナル・アイデンティティを強要されるだけでなく、〈女性〉としてのジェンダー・アイデンティティをも強要される。つまり、遠隔地《ロング・ディスタンス》ナショナリズムとジェンダーという二つの軸から、二重の抑圧を受けているのである。それは、嫁いびりする姑と無理解の夫がもたらした苦痛に耐えられずに実家に戻るナナの姿と、彼女に対するその父親の説教から分かる。

> 一旦嫁に行つたものが辛いからと云つて出てくることは日本であつたら世間の物笑ひで恥辱だ。どんな辛いことがあつても其れを辛抱して、舅や姑や夫に仕へるのが、日本の女の道なのである。ナナは日本人だから日本の道に従はなければいけない。其れを守り通してこそ立派な女だと云はれるのだ。(22)

「良妻賢母主義」を守ることができたら、二世の女性達は、初めて〈日本人〉になれるともいえよう。当時、〈母国〉における二世教育の状況と対照してみれば、明らかになると思われる。一九三二年三月に東京で「国際女子学園」が設立され、日本語、日本歴史、日本地理のほかに日本礼法、服装、料理一般という二年間の教育課程が設けられた[24]。この二世教育の内容に対して俊子は次のように批判した。

二世のために新設させる学校は女子を限り、料理、服装、礼儀、日本語などの学課を授けるのであるが、外国出生の二世の女子を日本的な家庭様式に順応させる主婦養成といつたやうな色の異なつた花嫁学校の感じがする。

寧ろ彼等の外国人的な思想、智恵、道徳を一方に助成させつつ、一方に最も高い標準の日本文化の研究を彼等に便宜ならしめるために、日本語を主にせず、かれ等の英語を日本語で補う程度の、英語によつてすべて理解させる方法を、その新たな教育組織によって考慮すべき[25]。

俊子の意見からすれば、二世はもはや〈日本人〉ではない。また、「二世教育」の一環として創立された「花嫁学校」は、軍国主義の時代潮流の中で「良妻賢母」の養成を奨励する国策のために多くの「花嫁学校」が設立されたことからの影響だと思われる。

一世と二世との間のモーラル観の差異がますます浮き彫りにされるのは、ナナの妊娠事件によってである。ナナは、結婚直後に妊娠する。このことに対して姑は、「結婚前の子ではないか」と疑った。この困境に陥るナナを見舞うため、ルイは「四人も良人を変へた」、「もう結婚はしない心算で今は獨り住みをしていた」アメリカ人の友人・マリイに運転を頼み、一緒にナナが住むフレスノまで出向く。しかし、ナナのことをマリイにいくら説明しても分かってもらえなかった。マリイはナナの境遇を、「トラブルのある結婚は止めてしまへばいいので、他に方法はない」、「結婚で苦しむことは歯痛で苦しむほどにも値ひしない」という。ルイは、マリイがナナを「無智に過ぎない」と考えていることに理解を示すと同時に、アメリカ／日本のはざまにある自分は、日米文化間のギャップを埋めることができるだろうかと悩んでいた。

友達の不幸の原因は日本人でなければ解らないのである。人間の感情にも習慣があつた。非文明の中で習慣づけられた感情を、何うしてアメリカ人のマリイに理解が出来ようか。(36)

アメリカの資本主義社会に流されかねないにもかかわらず、ルイがアメリカ社会に進出し成功を収めたのは、一世の理不尽の因習——「家父長制度」への決別する勇気を持ったためだけでなく、日系社会から束縛を逃す力を〈自立の道〉によって獲得したためである。だがルイは、ナナを悲劇的な運命に導く原因は、ナナ本人にあるというよりも、むしろ一世たちや彼らの思想に底流している日系社会にあると考えた。

生活は間違つてゐる。だが誰の罪でもなかった。ナナが間違つた方へ導かれたからである。〔然うした〕責任はナナを間違つた方へ導いたものが負へばよい。(42)

ルイにとっては家父長制が要求する「良妻賢母主義」に順応する生き方は、「間違った」ことであり、またこのような生き方に従うナナに責任があるのではなく、アメリカにいながら封建社会の因習にしがみつく一世たちに非があると、ルイは考える。ナナを見舞った後、百貨店から依頼された仕事のためメキシコに赴く途中、ルイはナナの自殺報道を英字新聞で知る。

この美しい日本人娘が服毒して自殺していたのを発見したのは通行人の白人であつた。娘は遺書を持つていた。小さな紙片れに鉛筆で書いたもので、「自分は女のモーラルを守つて死ぬ。」といふ短い英文であつた。この言葉は謎のやうで、日本人たちにも分からないのである。(45)

この記事の中には、二つの世界が混在している。つまり、「日本」文化と「アメリカ」文化である。日系二世のルイとナナは、すべて〈読む〉〈書く〉を英語で行う。これは、ルイとナナが、どちらの世界にも完全に属せず、どちらの世界にも完全に理解してもらえないことを表している。二つの世界のどちらにも完全に属せず、理解してもらえないことが生んだ悲劇は、ナナが英語で「自分は女のモーラルを守って死ぬ」に表象されている。ナナの死を発見した白人は、ナナの遺書に現れている「封建的な日本」のメンタリティが理解できないため、英語で書かれていたにもかかわらず、その内容は理解できなかった。また、「遺書」の言葉は謎のように、日本人たちにもわからない」とある。この日本人は、おそらく〈一世〉と〈二世〉両方を指していると思われる。英語の読み書き能力を持ち得ない大半の〈一世〉と、英語が読めても「日本的なモーラル」が理解できない二世とは、両方ともナナの遺書を理解できないのである。ナナの「自分は女のモーラルを守って死ぬ」という不可解な英文遺書は、二世女性たちが完全に日本社会の家父長制の呪縛から逃れていないことを裏付けるだけでなく、文化の差異によって生じた人種間の衝突の一側面も窺わせる。

4　おわりに

前述したように、日系二世を描くこの一連の俊子の作品は、日本文壇への復帰作であった。植民地を題材にしたのは、単に、カナダとカリフォルニアで送った一八年間の生活体験を生かすためではなかった。むしろ、日本の南洋進出が基本的な国策に決定されたことで、当時の日本の文壇では「移民文学」への関心が起こったが、その動向と深くかかわっていた。前述したように、日本政府の移民（＝棄民）政策を批判し、さらに日本政府の「国策移民」がいかに「移民」の階層性を生み出すかを、石川達三は『蒼氓』を介して指摘していた。『蒼氓』のなかで、ブラジルの日系移民間で流血抗争については、こう指摘している——「そこには『国民』と『非国民』、『日本臣民』と『売国奴』という、『移民』の送出国の価値観やイデオロギーの対立がそのまま『移民社会』に持ち込まれていたと考えざるをえない。南洋群島において、本土出身者と沖縄出身者との格差は、もちろん日本国内における『国策』としての沖縄差別にその根拠をもっている[26]」。

日系二世を描く俊子の作品群は、一見、白人社会から受けた人種差別問題に焦点をあてているようだが、実際には、この「国策移民」批判の延長線上で、〈人種差別〉〈性差別〉、そして〈アイデンティティ〉問題の根源を探り、日系社会内部（＝日本社会）における差別構造を暴き出したものであった。とはいえ、このアプローチは、日本＝野蛮／アメリカ＝文明という二項対立という落とし穴に導きかねないように見えるが、実際に俊子の社会主義的発想と深くかかわっている。一九一〇年代から二〇年代にかけて、日本国内は、北米で起きた日系移民への排斥風潮に対して憤慨し、批判を行っていた。この問題に対して、被差別部落や社会主義者たちが同調していた一方、日本社会内部の差別構造を告発しながら、その内部のヒエラルキー構造への内省を促していた。この時期において、山川菊栄「人種的偏見・性的偏見・階級的偏見」の一文は、台湾人、朝鮮人、女性そして労働者への抑圧問題を直視するようにと、呼びかけていた。また、被差別部落側から、日本移民がアメリカに同化しがたい問題をふまえながら、日本社会内部における部落民の同化困難問題を訴えていた。[27] このように、〈差別〉問題に普遍性を持たせることによって、「階級」間の連携は、より容易に構築され、この連携によって〈差別〉を解消されていくだろうと期待されていた。同じように、俊子の〈内部告発〉は、〈日系社会内部〉の差別の特殊性を強調するためではない。むしろ、〈差別〉の〈ユニバーサル〉な視点を通して、〈日本社会内部〉の差別構造を〈汎人種〉的な問題に書き換えようとしたのである。この戦略は、当時の日本人には理解されなかったが、決して失敗ではなかった。中国人左翼女性作家・関露は、二世を描く俊子の作品群に十分な理解を示したのである。

注

1　審査委員の一人、菊池寛のコメント。中野好夫「人と文学」『石川達三集』（筑摩書房、一九八一年一二月）、四七二頁。

2　日系二世を描く俊子の作品群に関する同時代評は、次の通りである。「現在日本に住む人間は、遠くアメリカのはうまで関心の触手をおしすすめる餘裕がないほど、国内乃至近東の情勢にいためつつけられているので、その意味ではこの小説は損をしてゐるといえる」（名取勘助「小説月評」『新潮』一九三八年一月）。「佐藤俊子の「侮辱〔ママ〕」を読むと、そぞろに昔の、感触ゆたかな田村俊子の芸術が思ひだされてならない」（神田鵜平「創作時評」『新潮』一九三八年八月）。「佐藤俊子氏も「カリホルニア物語」「山道」ぐらゐでは寂しい」（「昭和一三年小説界のメモ」『新潮』一九三八年一二月）。以上の論評からわかるように、日本文壇が彼女に求めたのは、「女しか描けない女」という彼女の大正期の作風である。彼女が帰国後の一連の社会主義張りの文学作品に対する評価の低さは、必ずしも妥当ではない。当時、俊子と親交があった佐多（窪川）稲子は、小説「『女作者』」（『佐多稲子全集　第4巻』講談社、一九七五年）のなかで、俊子に対する不当な評価は、日本文壇の〈男性原理〉からきたものとほのめかした。『女作者』のなかで、女性作家佐々加代が俊子のために次のように代弁している。「藤村（注：佐藤俊子）さんの作品は、それは、とても、とても、いいものよ。（中略）それなのに、やっぱりあの人が女の作家だから、今の文壇は、あの人を正当に遇していない」」、二七六—二七七頁。

3　「日本女性作家の印象（日本女性作家印象）」『日本一瞥』中日文化叢書第一種、中日文化協会上海分会、一九四四年三月。

4　「日本人の農業種類」『加奈陀日本人農業発展號』（『加奈陀新聞』（付録）、加奈陀新聞社、一九三〇年五月）、五頁。

5　同注4、二一頁。

6　「薄光の影に寄る—小さな歩み（続）—」、七八頁。原文が「×××人間」と伏せ字となっているが、前後の文脈から見れば「部落民」だと推測できる。

7　黒川みどり『異化と同化の間—被差別部落認識の軌跡』（青木書店、一九九九年四月）、五四頁。

8　被差別部落民の「人種起源説」が深く根付き、その一例として、一九〇七年三重県で部落改善政策を行うための調査書『特種部落改善の梗概』（一九〇七年）のなかで、部落民の祖先については、「神功応神帝の御宇韓土より帰化し（中略）当時靴履、鞍具、衣服を製する者」、あるいは「日本武尊の東夷征討の際俘虜となり者」と記述され、部落民が外来の人種という点を強調されていたことがわかる。同前、七七頁。

9　同前、二二二—二二三頁。

10　「一青年の手紙」（『大陸日報』一九二〇年一月一九日）

11　一九一〇年代前後、カナダのバンクーバーにおける日系移民の職業別についての調査は、次のようである。バンクーバーにおける日系移民職業内訳：製材所：700、他の職業別：325、日本人家内労働者：218、白人家内労働者：300。『加奈陀同胞発展史』（大陸日報社編、一九〇九年）

12　ベネディクト・アンダーソンによると、「ナショナリズム」および「エスニスティ」が生じた原因は、マス・コミュニケーションと大量移民によると指摘している。一九世紀後半から、移民先の國に同化する困難が原因で多くの移民は、新たな民族主義者となった。彼（女）たちを「遠隔地《ロング・ディスタンス》ナショナリスト」と、アンダーソンが名付けたのである。B・アンダーソン「〈遠隔地ナショナリズム〉の出現」関根政美訳、（『世界』一九九三年九月）

13　逸見久美『在米十八年の軌跡　翁久允と移民社会 1907-1924』（勉誠出版、二〇〇二年一一月）、二一一頁。

14　田中メイ「女性所感29」（『羅府新報』一九三七年五月一三日）。

15　エティエンヌ・バリバール「人種主義と国民主義」『人種・国民・階級—揺らぐアイデンティティ—』、エティエンヌ・バリバール、イマニュエル・ウォーラーステイン著、若森章孝／他〔訳〕（大村書店、一九九九年）、一〇七頁。

16　アイセン・ミトシコ「二世娘」（『羅府新報』一九三五年一〇月一九日）。

17　"S'37 Nisei Class is Largest in History-Over 600 Graduate From Southland High Schools; Impressive Records Made," The Rafu Shimpo, June 20, 1937, 3. この報道によると、もし、サンフランシスコの南部地方を入れるならば、二世のハイ・スクール卒業生が千人以上達したと言われる。

18　原文は："The college graduates should be aware of the fact that she is especially handicapped. She has spent four years, the brightest years of her life, grinding over books, instead searching for prospective life-mate. Her Caucasian class-mates have taken a pragmatical attitude toward college life.（中略）In this writer's opinion, the college campus should not be considered an open season for hunting husbands.（中略）So whatever you girl graduates decide to do, give some thought to the development of charm as a means to achieving success in your life work, marriage." Henry Tsukutani "'After Graduation, Young Woman, What?' Queries 'Inquisitive Nisei Male,'" The Rafu Shimpo, June 20, 1937, 5.

19　当時の歯磨き粉の広告文句から明らかになっている。"To thousands of women of this type-charming, educated, well-to-do, prominent in the social and civic of her city, we put this question: What tooth paste do you use?" American Magazine（一九三二年一〇月）Roland Marchand, Advertising the American Dream: Making Way for Modernity, 1920-1940, Berkeley: University of California Press, 1985, 185, 187.

20　"Yes, We Want: White Collar Positions! Say Majority of Nisei," The Rafu Shimpo, June 20, 1937, 5. また、"The ABCs of a Nisei Education," Growing Up Nisei-Race Generation and Culture among Japanese Americans of California 1924-1949. University of Illinois Press, 2000, 36.

21　広告業界紙、Who's Who in Advertising が一九三一年に統計した、広告業者の五〇〇〇人のなかで、女性がわずか一一六人。また、この時期において、広告業は、マイノリティ・グループの参与が少ない業界でもある。ユダヤ人を例として、同じく一九三一年のWho's Who in Advertising によると、五〇〇〇人のかなでユダヤ系がわずか九二人であった。ニューヨークに集中する大手広告会社に務めているマイノリティ・グループの割合がおそらくさらに下回ると思われる。Roland Marchand, Advertising the American Dream: Making Way forModernity, 1920-1940. Bereley: University of California Press, 1985, 33–35.

22　夫・鈴木悦が死去したあと、一九三三年一一月以後、俊子はロサンゼルスに移住し、『羅府新報』で随筆「人に逢ふ——カリホルニアの一角から」（一九三五年五月二一日―一〇月四日）を連載していた。ルイのモデルは、この連載（4）と（5）の「GYOちゃん」という二世女性の図案画家だと推測できる。「GYOちゃん」は、「この四月頃、ブロードウエーのバロックス飾り窓を飾った作画から、一躍同胞社会に響」いたといわれているのである。自分の芸術がチープと批判されることを平然に受け入れ、「いくら好い画でも売り買ひ（商業化）を度外観しては存在の価値がない」というGYOちゃんの芸術においての考え方に対して、俊子はその芸術の大衆化を「新しい思想の合致」と評した。とはいえ、その考えは、自分の芸術は資本主義に支配されている罠にはまってしまったことを気付いていないのではないかと、俊子は次のように「GYOちゃん」を批判した。「芸術が嘗てはブルジョアに支配され、現在ではキャピタリズムに支配されつつある事に［彼女は］気がつかなかつた。芸術が独立する為には、このキャピタリズムの支配からも免れなくてはならない事に彼女は気に附いていない」。（『羅府新報』一九三五年五月二四―五日）

23　この概念は、ランドルフ・ボーンが一九一六年六月に雑誌Atlantic Monthlyで発表した"Transnational America"で提起されたものである。また、遠藤泰生「多文化主義とアメリカの過去」『多文化主義のアメリカ　揺らぐナショナル・アイデンティティ』（油井大三郎編、東京大学出版会、一九九九年五月）を参照。

24　「第二世に日本教育　生まれる〝国際女子学園〞校長は高野渓個女史」（『東京日日新聞』一九三七年三月一一日）

25　佐藤俊子「第二世の子女の教育は外国人として扱へ　花嫁学校式を排す」（『東京日日新聞』一九三七年三月一六日）

26　川村湊「移民と棄民―移民文学論序説」（『国文学』一九九九年一〇月）

27　山川菊栄「人種的偏見・性的偏見・階級的偏見」（『雄弁』一九二四年六月）、『山川菊栄　女性解放論集2』鈴木裕子編、（岩波書店、一九八四年）、七四―五頁。「民族の融和に対する国家の自覚」（『公道』2巻9号、一九一五年一一月）

第6章　佐藤俊子の人種問題への認識と社会主義的立場
――「小さき歩み」三部作を軸として

1　はじめに

一九三六年に、カナダとアメリカから帰国し、一九三八年に中国に赴く前までの二年間、俊子は、日系二世を描く一連の小説群を発表した。この小説群を通して、俊子は、日系二世が示していた批判的な主張をもとに、日系社会内部に差別構造があることを知り、一世を含む日系移民が受けた人種差別の遠因が実は、日系社会内部の排外性とヒエラルキー構造にあることを明らかにした。すでに論じてきたように、俊子のこの小説群は、単なる個人的な移民体験の見聞録にとどまらず、同時代に日本文壇が海外へ向けていたまなざしを共有するものでもであった。石川達三は、ブラジル移民を描く『蒼氓』（『星座』一九三五年四月）のなかで、日本政府の「国策移民」政策が不条理であること、そして、それによって移民社会のヒエラルキー構造が再生産されると批判した。この批判は、まさに、俊子の二世を描く小説群にもあてはまるものであった。

とはいえ、俊子の場合、石川のように、移民会社や官吏による移民に対する搾取状況や移民たちの悲惨な生活を直接に取り上げ、移民（＝棄民）政策を批判しているわけではない。それよりもむしろ、二世たちが、白人社会から人種差別を受け、その差別の根源を探究する過程で日系社会内部に潜んでいる〈人種〉〈ジェンダー〉そして〈アイデンティティ〉などの問題を発見したことに対して、俊子は焦点を当てている。さらに、これらの問題を生成するメカニズムをつきとめようとする、二世たちの姿勢を描こうとしたのである。また、こうした追求に対して、俊子は、社会主義がその解決策になると考えた。日系社会内部の対立と矛盾に対して、社会主義が解決策として強調されることは、この小説群に共通するモチーフである。日系社会内部における移民問題と社会主義、そして時代思潮との関連性について、新たな視点を示唆する小説群でもあった。

そうだとすれば、二世を描く小説群のなかで、白人社会、そして日系社会からの二重の抑圧を受けている二世たちが夢見る「理想郷」像は、当時の時代背景とどうかかわっていたのであろうか。また、この作品群が成立した時期とほぼ同時期、俊子は、アメリカの劇作家、ユージン・オニール（Eugene O' Neil）の戯曲、「アンナ・クリスティ」（*Anne Christine*）とカナダの女性詩人、ポーリン・ジョンソン（E. Pauline Johnson）の詩を翻訳・紹介したが、彼らの作品のなかで提示された人種問題の視点は、彼女の日系二世を描く作品群にみられる〈人種差別〉〈ジェンダー〉と〈アイデンティティ〉諸問題と、どのように関連していたのであろうか。

本章は、俊子のこの日系二世を描く小説群のなかで、白人社会および日系社会において、二重差別を受ける日系二世たちが社会主義に目覚め、それを解決策として信奉していく過程を通し、当時の社会主義と時代背景との関連を検証する。また同時に、俊子がユージン・オニールとポーリン・ジョンソンに見た同時代の人種問題の扱いが、俊子の社会主義的立場といかにかかわっていたかについて考えたいと思う。

2　同時代の人種問題への認識――ユージン・オニール、ポーリン・ジョンソンをめぐって

人種差別問題に対して、俊子は高い関心を示したが、それは決して日系社会内部にとどまるものではなかった。それを裏付けるように、俊子は、「小さき歩み」をはじめとした、一連の日系二世を描く作品群を発表すると同時に、オニールとジョンソンの〈人種問題〉にかかわる作品を翻訳・紹介している。「カリホルニア物語」(『中央公論』一九三七年七月)を発表したあと、俊子は、カナダの女性詩人ポーリン・ジョンソンの生い立ちとその詩作を部分的に紹介・翻訳し、「カナダの女流詩人の話」を『明日香』(一九三八年一、二、四、五、七月)に連載していた。

ポーリン・ジョンソンは、イロクオイ(Iroquois)族の大酋長の父とイギリス人の母との間に生まれたいわゆる〈混血児〉である。父の一族は、由緒正しい出自であるため、彼女は〈上流階級〉に属するともいえよう。成長後は、ロンドンやニューヨークを回り、自分の詩作を「インディアン」衣装で朗誦・演出し、生計を立てていた。

俊子は、ポーリン・ジョンソンの詩五編と先住カナダ人伝説を翻訳・紹介したほか、カナダにおける先住カナダ人がフランスやイギリスに征服・支配されていく歴史についても詳細に紹介している。その中には有名な「家畜盗人」(*The Cattle Thief*)をはじめ、「黒熊」(原題不詳)など、白人から迫害を受ける先住カナダ人の歴史に基づく作品を紹介しながら、これらの一連の作品を次のように評した――「土人が彼等の文明を持たなかつた為に白人種につひに征服され、其の生活を奪つたものに対する憤りと呪ひが、連綿と彼等の心魂に灼き附けられてゐることの土人等の境遇へ対する女流詩人の同情と愛は中々に深いものでした[1]」。

日系移民としてカナダのバンクーバーで生活を送っていた俊子は、同じ有色人種として、先住カナダ人が白人から略奪を受けたり、支配されたりした歴史について、ポーリン・ジョンソンの作品を通して認識し、同情的な

筆使いで描いている。

所謂レッド・マンが白色人種からの迫害と侵略を受け、戦つては破れ、戦つては破れ、遂に其の支配下に永久の圧伏を運命づけられるに至つたまでの歴史は、悲憤と痛恨に満ちてゐる。カナダの土人は最初フランス人に征服され、自分等の国カナダはフランス人に奪はれた。次ぎにイギリス人がこの国に侵入し、フランス人を剣によつて駆逐し、土人に忠順を誓はせ、そしてカナダは其の属領地となつた。其れは三百餘年前のことである、イギリスの植民地政策はフランスのそれよりも賢こく、やがてカナダは彼等の頭脳によつて完全に統制され、土人への政策は、表面上特典的な待遇を彼等に与へ、政治的権利は彼等から奪ふことによつて、其の生活を非公民的なものにしてゐる。（「カナダの女流詩人の話」『明日香』3巻1号、一九三八年一月）

これは先住カナダ人を描いているようにも見えるが、実際には、カナダで白人から排斥を受けていた日系移民の姿でもあった。とくに、「政治的権利は彼等から奪ふこと」という一文には、カナダ人だといいながら、選挙権をもちえない日系二世たちの置かれていた状況も反映している。さらに、先住民の子供たちについて、「大人になつても表情することを知らないであらうやうな、滅びゆく民族の運命を最早や小さな體で示してゐるやうな小供たちである」とは、俊子の小説に描かれた将来に希望を見いだせず、無気力で因循姑息な生活を送っていた日系二世の姿に通ずるものがある。

実際、ポーリン・ジョンソンは、人種差別問題を解消するために、新たなナショナリズムを提唱していた一人であった。それは、「エスニック・アイデンティティ」よりもむしろ、「大英帝国」に対する忠誠心に集約される〈ジンゴイスト〉的なナショナリズムである。俊子が、ポーリン・ジョンソンが先住カナダ人に対して同情を示しても、それが決して「暴慢な白人種に対する憎悪と敵意」からきたものではないと認識したのは、おそらく彼女の思想背景をふまえたうえでのことだと思われる。ポーリン・ジョンソンが、一九〇〇年に発表した *Canadian Born*[2] のなかには、「王の血筋を引き、また高貴な出自の者が私たちの中にあまりいない。また、いかがわしいごろつきや成金も私たち中にあまりいない。だが、われわれが一つの保証付きで自慢できるのは――われわれはブリティシュの旗のもとにあるカナダで生まれること」[3]という表現が見られる。帝国の中心から遠く離れた植民地カナダで生まれた生粋のナショナリズムと、帝国への忠誠（the British flag）とが、なんの矛盾もなく一致するかのように描くジョンソンが、大英帝国の帝国主義により収奪された先住カナダ人との「混血」であるという矛盾は、人種差別の風当たりの強い日系社会にも受け入れられたようである。[4] 実際には、ポーリン・ジョンソンが主張していた「Canadian Born」と想像する人種は、白人と「インディアン」にほかならなかった。つまり、黒人やアジア系の黄色人種は、ジョンソンが想像していたカナダという国から排除されていたのである。[5]

また、俊子は、ポーリン・ジョンソンの翻訳を発表した同年八月にアメリカの劇作家ユージン・オニールの戯曲『アンナ・クリスティ』（*Anna Christine*、一九二一年）を翻訳し、『婦人之友』に発表した。オニールの『アンナ・クリスティ』について、その翻訳の序文のなかで俊子は、「アンナと云ふ一女性を主人公として、いかにも植民地的なアメリカの生活断層が描き出されてゐるし、醜悪な生活の底から純真な愛を掬ひ採らうとした作者の理想が作の意図」と評している。俊子がこの作に注目した理由は、やはり「移民」という主題にあると思われる。この作品の概要を以下に記す。主人公は船乗りの父を持つ、スウェーデン生まれのアンナである。船乗りの父親が音信不通となり、母親と二人でアメリカのミネソタ州にいる叔父を頼ってきた。だが、母親に先立たれたのち、彼女は叔父の一家から奴隷のように酷使され、あげくの果てには、いとこに犯されてしまった。そのため、アンナは叔父の家を飛び出し、私娼になって生計を立てた。のちに、父親とニューヨークで再会し、父親と暫く海上生活を送っていたが、偶然に難破船に遭遇し、アイルランド生まれのバークを救助し、彼と恋に陥ちた。しかし父親からは、自分と同じような船乗りとの結婚に反対された。そのときアンナは、自分がかつて娼婦をしていたことを告白した。最後にアンナは、父親とバークが南アフリカのケープ・タウンからの帰港するのを待ちながら、二人との新しい生活を期待している。

この物語では、「植民地的なアメリカの生活断層が描き出されてゐる」と、俊子が指摘しているように、移民生活が描写されている。アンナや父親は、スウェーデンからの移民で、バークがアイルランドからの移民である。また、アンナの父親と恋人のバークが船乗りであり、アンナが娼婦という移民労働者がステレオタイプ化されがちな職業の設定は、移民たちがつねに移民地の経済構造の下層に属している現実を反映している。俊子が一九三八年八月という時点で、あえて一九二一年にすでに発表されたオニールのこの旧作を翻訳したのは、まず移民二世を主題としていること、そして移民層に共通する差別や抑圧の問題があり、自分の関心と重なっているためであろう。さらに、ユージン・オニールが提示する〈人種問題〉の視点に俊子が興味を抱いていることがわかる。『アンナ・クリスティ』の翻訳に付された序文で、俊子は次のように述べている。

> ユーゼン・オニイルは米国の近代劇作家で米人から常に迫害を受ける黒人の為に、彼等を主題とした戯曲をよく作る。最近の消息は知らないが、四五年前にもエンペローア・ジョーンス[6]と云ふアフリカ土人を主人公としたものを書いてゐる。オニイルのものが上演されてゐた劇を観たのは、もう十五六年前紐育市へ遊んだ

時で、その時も白人種に虐げられる黒人の民族的被圧迫を象徴した戯曲を上演したが[7]…

ここで注目したいのは、ユージン・オニールの劇作と俊子の観劇体験に見られる〈人種問題〉の視点である。俊子が、ニューヨークでオニールの劇を鑑賞したのは、恐らく一九二一年三月にバンクーバーからニューヨークに行き、留学中の小橋三四子を訪問した際だと思われる。夫・鈴木悦に当てた手紙には、「明日の晩は芝居です」（一九二一年三月二三日付）とある。この時期、ニューヨークのブロード・ウエーで上演されていたオニールの芝居は『皇帝ジョンーズ』（*The Emperor Jones*）と『別物』（*Diff'rent*）だと推測できる。ただし、前述した『皇帝ジョンーズ』に関する印象からすれば、恐らく俊子がニューヨークで鑑賞したのは、「白人種に虐げられる黒人の民族的被圧迫を象徴した戯曲」という印象を与えかねない『別物』だといえよう。この芝居の背景も、〈白人／有色人種〉[8]という設定であった。

二〇年代の作品において、異人種間の恋愛や結婚という主題は、オニールが一貫して関心を持ちつづけてきたものであった。実際、オニールが一九二三年に発表した戯曲『神の子にはみな翼あり』（*All God's Children Got Wings*）では黒人男性と白人女性との結婚が主題にされていたので、上演の際、当時のアメリカ社会に大きな波紋が投げかけられた。[9]アメリカ社会にとって毀誉褒貶であるとする評判に対して、オニールは、次のような声明を出している。「白黒交婚をとくに取り上げたわけでなく、トルコ人でもユダヤ人でも日本人でもかまわなかったのだ。'the oneness of mankind' と 'togetherness' を、つまり、『人間・人類』の『単一』の意識を舞台化するのが意図だった」（傍線筆者）。『神の子にはみな翼あり』の主題は、「白／黒人種間の問題」としてより、むしろ〈支配者／被支配者〉という〈汎人類的〉な問題だと捉えている。オニール自身のメッセージが、この声明から読み取れる。いい換えれば、〈人種差別問題〉は、〈白／黒人種〉の問題にとどまらずに、「トルコ人でもユダヤ人でも日本人でも」存在しうると明言したのである。アイルランド移民の子であるオニールは、異人種夫婦のあいだに起こった感情的なもつれ、そしてそれを修復していく過程を描くことを通して、〈人種問題〉を〈汎人類問題〉に書き換えようとする意図を見せていた。

俊子の人種問題への関心は、決して白色人種／有色人種との間に限定されるものではない。それは、移民地における中国人と日本人との関係を描く随筆「イースト・イズ・イースト」（『改造』一九三八年八月）からも窺える。同じく黄色人種同士に存在する矛盾と衝突を、移民社会内部における日本人と中国人との関係を通して、見出しているのである。

外国にいる日本人たちは、内面では日本的精神に固執してゐるが、形の上では比較的外国への同化を示す。支那人はこれと正反対で、其の精神内には郷土への愛着と云ふやうなものは持つて居なささうに見えるし、大部分は一種のバガボンドでありながら、形の上では外国への同化を示さないところがある。(270)

この随筆が書かれた当時、日中戦争が進行していた。日中戦争が象徴しているように、この観点は、日本人は移民地に同化することが困難であるという問題を暗示していると同時に、移民地における日本人と中国人との差異を通して、同時代の日本と中国との関係を示唆してもいる。「イースト・イズ・イースト」というタイトルは、おそらくラディヤード・キプリング（**Rudyard Kipling**）の「東西の歌」（*The Ballad of East and West*, 1899）にちなんだものでろう。その梗概は以下の通りである。インド国境に住む山賊の頭目カマールが、白人の大佐の馬を盗んだ。

すると、大佐の息子は、一人で敵陣に乗り込み、父親の馬を取り返そうとする。頭目カマールは、その息子の勇敢と沈着に感心し、自分の拳銃を与えるだけでなく、さらに自分の息子を同伴させ、白人の許に返したという内容である。次の詩は、よく知られた冒頭部分である。

ああ、西は西、東は東、両者《ふたつ》はゆめゆめ出会ふまじ、
やがて天地が大神《おほかみ》の審判《さばき》の前に立つまでは
やあれ東も西も、国境も、人種も、素性《うまれ》もなきものぞ――
地球の両端《はて》より来るとも、二人の丈夫《ますらを》向かひ立つ時[11]！

この一節は、一見、人間同士が、国境と人種に関係なく分かり合うことが出来るのを礼賛しているかに見えるが、イギリスとインドとの〈支配／被支配〉という事実上の歴史から考えてみると、武力の代わりに白人は、勇気と沈着でもインド人を降伏させるというこの詩には、一種の白人種の優越論が底流にあると感じざるを得ない。だが、ここで俊子があえて、中国人と日本人との比較論を「イースト・イズ・イースト」という人種対立の意味合いを窺わせるタイトルで捉えたことから、同じ黄色人種同士の連帯感をより大切にすべきだという考えだけでなく、当時、進行中であった日中戦争に対する懸念をも窺わせる。

ポーリン・ジョンソンが提唱した同化主義やユージン・オニールの〈汎人種的〉な概念は、俊子が日系二世を描く作品、とくに「小さき歩み」のなかで〈人種問題〉を扱うときに示した主張に見出すことができる。俊子は、二世たちのまなざしを通して、日系社会内部（＝日本社会）で見出した〈人種〉と〈ジェンダー〉にかかわる差別

問題が、決して〈日本〉というエスニック・グループ独特の問題ではないと気付いた。むしろ、それより〈汎人種的〉、とくに移民地におけるエスニック・グループ間にも存在しうる、〈ユニバーサル〉な問題であると認識したはずである。したがって俊子は、〈差別〉問題、とくに〈人種差別〉問題が、ジョンソンやオニールと共通する〈差別〉問題として認識していた。さらに、この共通の〈差別〉問題を解消しようと、連帯感を喚起するため、あえて日系社会内部に存在する矛盾を剥き出すことによって、戦略的に〈内部告発〉を行ったのである。

3　無国境で超人種とされる「社会主義」――「小さき歩み」三部作をめぐって

前述したように、『小さき歩み』三部作のモチーフは、一九三五年の第一回芥川賞を受賞した石川達三『蒼氓』をはじめとする、一連の「移民文学」作品の延長線上にある。日本政府の国策移民（＝棄民）政策への批判も、この時期における移民小説が共有していたものだといえる。「小さき歩み」のなかで、カナダに密入国した持田は、「不正入国者を移民館に密告すれば、一回に五弗づつの報酬」がもらえるという移民法の規定のため、つねに密告される恐怖にさらされている。彼は、自分が日本政府の不合理な移民政策の犠牲者だと思い、日本の移民政策がもたらしたヒエラルキー構造に不満を感じ、自ら〈内部告発〉を行った。彼は次のようにいう。

> 大体移民法なんて犬に食われろだ。何うせ自国民を海外へ移民として送り出さなければゐられない様な国は、小さくて貧乏で、人口過剰で困り果ててゐるやうな国なのだが、どの時代だつて移民法は一方の強力な国に都合よく拵えてある。（中略）移民を送り出した貧乏な国では、厄介な移民たちもう帰つて来て貰はない方が

好い。貧乏人が移民法で定められた資格も金もない場合、海外の出稼ぎに憧れて種々な手段で移民法を破つたところで、国家はそんな行為を見ない振りをしてゐない位だ。（「薄光の影に寄る――小さき歩み（続）」85）[12]

「移民法で定められた資格も金もない」貧乏人の多くは、不法入国という手段をとっていた。日本国内における貧富の差は、そのまま移民先の日系社会に反映されている。持田がここで行う批判は、日本の国策移民に対してだけでなく、移民先の日系社会内部におけるヒエラルキー構造を形成する移民法にも向けられている。持田のように不法入国した労働移民は、日本では経済的に困窮しているために、移民法を冒してでも新天地を求めていた。ところが、新天地にたどり着いた彼らは、自らが相変わらず日系社会内部のヒエラルキー構造における最下層の存在であることに気付く。それだけでなく、新天地においては、白人社会からの人種差別がさらに彼らに追い打ちをかける。つまり、彼らは、日系社会と白人社会どちらからも抑圧を受けることになったのである。

しかしながら、移民先のカナダにおいて、持田は、自分たちと同じような抑圧されているグループの存在を見いだした。漁をするために訪ねていた離島で、「住むところも、家も子供の教育も、医療まで国家がしてやる」先住カナダ人を見て、彼は次のような感想を漏らしていた。

私は斯う云ふ飼殺しの民族を見ると、高度な文明の特徴は、血で惨酷を示すか、温情で惨酷を示すことかの、ふたつしきやないんだと思ひます（同前掲文、86）

ここでは持田は、「血で惨酷を示すか、温情で惨酷を示すことか」という言葉が示しているように、支配の本質は、手段よりもむしろ搾取という事実において不変であるということを見抜いていたのである。持田は、抑圧される側にいるからこそ、この視点を獲得することが可能であった。移民労働者としての持田は、抑圧される側として、「黒人の労働者から労働者に必要な知識を習ふ」立場にあった。さらに、アメリカで起こった有名な「サッコとヴァンゼッティ」事件がきっかけで、移民労働者の間に絆が生ずることについてこう述懐していた。

米国のマ州で靴屋の主人を殺した嫌疑で、世界の労働者の抗議も顧みられずに六年の後に冤罪のままで死刑になつた、無政府主義者の伊太利移民サツコとバンゼツチの為には、まじめに同情の涙をこぼした。[13]（傍線筆者、「小さき歩み」、119）

移民労働者は、「プロレタリアート」の連携を通してはじめて、異人種間の垣根を打破し、異人種同士を緊密に連合させる力を持ち得るという持田の社会主義理念への目覚めが、ここに見られるのである。「サッコとヴァンゼッティ」の冤罪事件は、単に、無政府主義者や共産主義者への弾圧だけでなく、移民や人種への迫害をも意味する事件でもある。持田の「同情の涙」は、二人が、無実の罪を着せられて殺されたという事実だけでなく、自分と同じような「移民の労働階級」が辿った悲惨な運命に対して流されたのである。

「小さき歩み」のなかの、日系移民及び日系二世たちの「プロレタリアート」共闘経験には、いかに異人種間の垣根を乗り越えるかというテーマが読みとれる。さらにこのテーマは、「社会主義」を採用すれば、プロレタリアートが連携することが可能だと強調するものでもある。日系二世の混血児・加野[14]は、人種差別問題の本質を経済的問題に還元しつつ、いかに「プロレタリアート」の共闘を通して、人種差別問題を解消していくべきかを次のように語っている。

資本主義戦、帝国主義戦が絶滅すれば、移民労働者と云ふやうな特種の賃金奴隷も自然消滅する。人間は誰れでも働く権利を持つて、人類の一員になつて何所の土地へでも行かれるやうになる。世界中が超人種的な共同体となる。こんな時代が来ないとは云へない。こんな時代が来るやうに私たちは戦ふのだ。人種的差別は、資本主義国家や帝国主義国家の構成する社会の反映に過ぎない。自分たちが移民労働者だから、人種的差別をされる。ただそれだけだ。（「薄光の影に寄る――小さき歩み（続）」、100）

加野は、社会主義によって、「人種的差別」を生む根本的な原因の経済的格差は、消滅可能だと信じている。「何所へ行つても苛められるもんだから共産党になりやがつて」といわれる加野が、左傾する理由もここから理解できる。

加野と同じような日系二世であるジュンは、あるきっかけで、日系人が受ける人種差別問題を考え始め、さらに持田の感化を受け、徐々に「社会主義」に傾くようになる。それは、兄のジョージが、白人社会による排斥に苦しみ家出をしてしまったことである。ジュンは「あの学校を出ても、白人の学校の教師になれない」という白人社会からの人種差別が原因で、ノーマル・スクール（師範学校）を止め、白人の女性裁縫師の見習い弟子として働きはじめる。

これを契機として、ジュンは、白人労働者がいかに日本人労働者の安い賃金によって競争市場から排除されることを恐れていたかが初めてわかる。「社会人として白人との協同の観念さへも顧みてゐられない日本人たちの、圧し挫じかれた境遇への同情の方が先きに起つた」（「愛は導く―小さき歩み（完）―」29）とし、「プロレタリアート」の連帯による以外、日本人労働者が白人社会から排除される困境を打開する方法がない、とジュンは痛感し始めた。また、婦人服の製作工場で働いたとき、労働者を規定賃金より低い報酬で搾取する工場の不正を発見した。ジュンは、その不正を、同じ工場で働くドレスメーキングのユニオンの幹事ミス・ワレンと共に摘発するが、この事件を通して、ジュンは「プロレタリアート」共闘を体験し、それが異人種間を連帯させられる力を持つことを知った。ここに彼女は、人種差別問題を克服する可能性を見出したのである。

日系二世たちにとって、社会主義の魅力とは何であったのか。それは、自分たちが直面している人種差別問題の解決策になる可能性にあった。俊子が「小さき歩み」のなかで描く社会主義は、ポーリン・ジョンソンが提唱した同化主義やユージン・オニールの「汎人種的」な概念を反映している。つまり、彼女は、「差別をなくす」という理想的なイデオロギーを求めて、「社会主義」に問題の解決策を求めた日系二世たちの模索の様子を描いたのである。

「小さき歩み」の登場人物キーラムは、日系労働者や二世たちに、様々なエスニック・グループが共存しうる「協同」国家カナダのブルー・プリントを提示し、導いていく。彼の存在は、社会主義が、いかに人種間の差別を克服することに役立つかを示す格好の見本である。

キーラムは、「普通の商業学校で学び、加奈陀の銀行に雇はれてこの国に来てから、彼れの思想が社会主義的になつた」（「小さき歩み」、114）。そして、キーラムにとって、「加奈陀を一つの社会主義制度にしたい望みも、加奈陀を支配する英国の帝国主義への反抗で、其れだけに加奈陀を愛するところが一層深かつた」（「愛は導く―小さき歩み（完）―」、40）のである。彼が宗主国・イギリス出身の白人という設定は、社会主義の効果を強調するための装置ともいえる。

「プロレタリアート」共闘体験を通して、キーラムの周辺にいるさまざまな人種は、「社会主義的理念」による連携を構築したのである。一九二一年、キーラムが初めてウィニペックの総盟休を一人で指揮したときに、市内のダンス学校に通っていたアメリカ人の娘ミス・ベンネットが、彼に協力し、母国のアメリカに戻ってからも、「同じ道を選んで」歩み、「紐育の労働団体の組織の下で、不時に備へる盟休資金を積み立てる部内の重い役割を受け持」つ。そして、一九三〇年代に入って、彼は持田のような日系労働移民やジュンなどの日系二世たちを差別のない協同国家建設の道へと導いていく。彼が二世に向けて行った講演は、人種問題に苦しむ日系新世代が抱えていた問題の核心にふれるものであり、いかに社会主義がこれらの問題の解決策となりうるかを説明している。

> 人種こそ異へ、我々は同じく虐げられた階級に属するものであり、同じ運動に参加して無産階級解放の為に戦つてゐるものであるから、其の意味から云へば皆同等の権利を持つ筈の、兄弟である。社会主義運動とは諸君も既に承知の如く、人種、宗教、皮膚の色の差別なき運動である。だらか私は諸君を日本人として見ない。兄弟としてみる」（傍線筆者、「小さき歩み」、108）

社会主義が、人種差別の克服にいかに貢献したかについては、移民労働者たちに献身する白人キーラムの肌の色が、なによりも雄弁に語っている。

キーラムの思想の底流には、「ギルドソシアリズム」（「小さき歩み」、115）[15]という社会主義がある。ギルド社会主義は、

「相互に抑制する様々な団体間の権力を注意深く分配することによってのみ自由は保護される」[16]という概念を基盤としている。この多元主義的な発想は、様々なエスニック・グループの共存の可能性を示している。また、「二世の諸君は強ひて加奈陀人に同化する必要はないのである。母国の宗教、習慣に従ふ日本人であつていいのである」（「小さき歩み」、110）とキーラムが提示している「協同国家」の理念は、一九一〇年代から二〇年代にかけて、アメリカの同化主義に対抗するため出現した〈コスモポリタニズム〉言説に通じるものである。〈コスモポリタニズム〉を主張していたランドルフ・ボーン（Randolph S. Bourne、1886-1918）は、第一次世界大戦中、アメリカの参戦を痛烈に批判し、同化主義がもたらしたナショナリズムの不合理さを指摘した一方、当時、同化主義を代表する〈人種の坩堝〉論に疑義を呈した。その〈コスモポリタニズム〉を代表する論説は、「トランスナショナル・アメリカ（Trans-National America）」（*Atlantic Monthly*, July 1916）である。「民族の属性を絶対視する姿勢が異なる他者への排斥と攻撃しか生まれない」という結果が、すでに第一次世界大戦の歴史によって示されたことを、ボーンはこの論文のなかで指摘した。彼が描く理想的なアメリカ像は、「既存のどの国、どの民族の属性をも意味し得なくなる。真正の『アメリカ』は常に一つ前の『アメリカ』を越えていく、『トランスナショナル』な存在となるからである」[17]という。

同じ移民国家であるカナダを、「一つの国立ガーデンとして、協同の精神を通じて自然資源を有用に使ひ、性や、人種や宗教の差別に関係なく、あらゆる人々に安定な生活の社会を与へることの可能な、健全な社会を確立する」（「小さき歩み」、111）国を建設しようと日系二世たちに呼びかけるキーラムの思想には、ボーンの〈コスモポリタニズム〉という二〇年代の思潮の反映が見られる。

4　内包される反戦メッセージ――「小さき歩み」にみる反戦的立場の社会主義者たち

前述したように、キーラムが提示している「ギルトソシアリズム」は、カナダを理想的な社会主義国家として建設するためのイデオロギーである。それは、ボーン・ランドルフが提唱していた「コスモポリタニズム」に共通している。つまり、移民国家であるアメリカを、様々なエスニック・グループが共存しうる「協同国家」として建設しようとする考えである。実際、これらの考えは、第一次世界大戦後の反戦論の立場から生み出された思潮といえよう。これらの考えの提示を通して、俊子は、自らの社会主義的な立場をほのめかしている。さらに「小さき歩み」のなかに現れている当時の社会主義者を見れば、さらに俊子の社会主義的立場がよくわかる。たとえば、前述した移民労働者の持田が、社会主義に目覚めていく過程を見ればそれは明らかであろう。

東部でのホテルのボーイを働いてゐた時に、黒人の労働者から「労働者に必要な知識を習ふ」ことを教へられて、労働者の新聞や雑誌を読み、ユーヂン・デブスを崇拝したり、ラムゼー・マクドナルドが好きになつたり。（中略）「労働者に必要な知識」を書き、彼等の進路を教へた社会主義者や、思想家や、ロシアの革命家たちの著書を離したことがない。（傍線筆者、「小さき歩み」、119）

前述から明らかになるように、持田を「社会主義」の道に導いたのは、「黒人の労働者」である。持田と「黒人の労働者」との連帯は、一見何の変哲もない「労働者階級同志」の連携だと見られるが、「社会主義」を通して、異人種同士間の連帯感が可能であることを提示しているといえよう。また、異人種間の労働者の連合に関する描写は、二世たちが〈人種問題〉解決の可能性を求めるため、「社会主義」に走るというストーリー展開の前触れでもある。ここにおいて、持田が採り上げた二人の社会主義者から、当時、俊子がどのような社会主義の思潮を受けていたのかが見てとれる。

ユージン・デブス（Eugene V. Debs、1855-1926）は、二〇世紀初頭の、アメリカの社会主義者である。彼は一八三九年アメリカ鉄道組合（American Railway Union）で活躍し、刑務所を出入りしていた。また、ストライキ運動の中心人物だったため、一八九七年のアメリカ社会民主党（Social Democratic Party of America）、一九〇一年の社会党（Social Party）と一九〇五年の世界工業労働者（Industrial Workers of the World）の創立にも尽力した。さらに彼は、アメリカの参戦に反対し、「公然反戦」の罪名で、一九一八年に十年の刑期を言い渡された人物である。[18]

ラムゼー・マクドナルド（Ramsay MacDonald、1866-1937）は、一八九五年にイギリスの独立労働党（Independent Labour Party）に加入する以前、ジョージ・バーナード・ショーなどのフェビアン協会（Fabian Society）のメンバーらと知り合いになった。彼も、イギリスの第一次世界大戦への参戦に反対をしていたが、一九一八年、イギリスはまだ、第一次世界大戦のジンゴイスティックな雰囲気に囲まれていた。そのため、イギリス独立党では、マクドナルドをはじめ、反戦運動を行った人たちはみな失脚しており、ラムゼー・マクドナルドもその一人であった。[19]

持田は、「移民の労働階級」が二重の圧迫から解放されることを可能にするのは、社会主義思想である、と日系社会の「遠隔地《ロング・ディスタンス》ナショナリズム」や「日本人アイデンティティ」の強要と、そして白人社会からの差別とのはざまで苦しんでいる二世に対して示した。次の引用箇所で、持田は、ジュンのような二世のために社会主義思想を教え、さらに同時代に活躍していた社会労働運動家や社会主義者、そしてその思想を列挙している。

労働運動家のマザー・ジョーンや、平和主義者のジェーン・アダムスや、社会主義者のローザ・ルクセンブルグの話をして聞かせた。主義は異なつても信念の前には、投獄も…取るに足らなかつた。自由のために戦つた…婦人たちの魂は、…を浴びても、其の血潮の中から永遠の微笑と光りを人類に頭上に放つている。「ジュンはルクセンブルグにならなくても、マザー・ジョーンにはなるんだね。」（傍線筆者、「小さき歩み」、120）

マザー・ジョーン（Mother Jones、1837?-1930）は、一五歳から二三歳までカナダのトロントに住み、ノーマル・スクールに入り、のちに結婚してアメリカに移住した女性である。彼女はアイルランドからの移民であり、アメリカの炭坑労働運動に大きく貢献した女性である。特に、資本家に対抗するストライキを乗り超えるため、炭鉱労働者の妻たちを連合し、女性たちの労働運動を導いた女性労働運動家の代表でもある。[20]

ジェーン・アダムスは、一九三一年のノーベル平和賞を受賞した。平和主義者であると同時に、女性解放運動にも大きく貢献した。彼女は、一八八九年に移民のためのハル・ハウスをシカゴの郊外に設立した。当時のシカゴは、新進の化学工業や食品加工業の中心地として発展し、南欧や東欧からの移民たちがこれらの工場で働いた。精神・物質の両面から移民をケアする社会施設が、ハル・ハウスであった。のちに、米西戦争や第一次世界大戦が勃発したとき、彼女は「反帝国主義者連盟」に参加し、戦争に反対した。アダムスの平和論理は、基本的には、ハル・ハウスの体験からえられたものといえる。ハル・ハウスの経験を介してアダムスは、「多様な民族集団により創り出される社会環境において、人々の調和・融和という新たな状況の出現はむしろ自然であり、可能なことである」と確信し、さらに「人権主義に徹する視野の拡大を促」すべきと考えていた。また、「女性に参政権を保証する社会的政治的意義に着目し、女性の人権を男性のそれと同等に認めなければ、世界の平和的秩序構築は不可能である」[21]という見解を示し、ヒューマニスト的フェミニズムの思想を持っていたといえる。

ローザ・ルクセンブルク（Rosa Luxemburg、1870-1919）は、ポーランド系のユダヤ人で社会主義者である。彼女はドイツ社会民主党のメンバーとして国際的な社会主義活動をしていた。彼女は第一次世界大戦に対する強硬な反戦派であった。一九〇〇年九月、パリで開かれた第二インターナショナル大会で、「列強諸国に共通した世界政策（帝国主義）の台頭を認め、その現れとしての軍国主義、海軍拡張主義、植民地主義と世界の至るところでの反動化政策は近い将来に世界戦争をもたらさずにおかない」と指摘し、「帝国主義反動の同盟に対する全世界のプロレタリアートの国際的な抵抗運動」を起こすことを呼びかけた。一九一三年九月、フランクフルトの大衆集会で反戦演説をして逮捕される。反戦運動の中心人物であった彼女は、三年四ヶ月を獄中で送った。しかし、獄中から、外部と連絡をとりつづけ、反戦運動を継続していたといわれる。[22]

前述したように、持田が列挙した社会主義者や労働運動家たちの思想、そして彼らの思想の源流を培う時代背景を土台として、ジュンのような二世たちは、社会主義を、〈人種問題〉や〈差別問題〉の解決策として信仰し、それに向けて走っていく。前述した二世たちを「社会主義」へ導いた社会主義者たち、ユージン・デブスやラムゼー・マクドナルド、ドジェーン・アダムス、そしてローザ・ルクセンブルグは、すべて一次世界大戦中、断固として反戦姿勢を貫いた者たちばかりである。また、カナダを「協同国家」として建設してゆく「トランスナショナル」な「コスモポリタニズム」という理念の原点も、第一次世界大戦への反戦思想に発するものである。厳しい戦時下の言論統制という状況に置かれながらも、俊子はその反戦思想を前述した一連の小説を借りて表現したと思われる。

日系二世を描く作品のほか、前述した日中戦争の最中に著された中国人と日本人との比較論「イースト・イズ・

イースト」（『改造』一九三八年八月）からも、俊子の反戦思想が読みとれる。〈人種差別〉問題が、しばしばエスニック・グループ間の衝突を引き起こす要因だと俊子は「小さき歩み」の作品を通して指摘した。「イースト・イズ・イースト」をとおして、俊子は、日本人の中国人に対する「人種的優越感」が、つねに露骨に表されていることを指摘し、当時進行中の日中戦争の本質を暗示していた。

満州事変が起きた時などは、私の住んでゐた加奈陀では支那商人は一切日本みかんを扱はないと云ふ様な決議をしたりして、非常に反感的な態度を示したことがあつたが、直にそんな問題は忘れて了ひ、日支人間の交渉の上では矢張り仲の善い空気を取り戻したやうであつた。(272)

二〇世紀初頭、南カリフォルニア州で農業に従事していた日本人は白人からの排斥を受けていたため、彼らの農産物は、白人が運営する市場から締め出されていた。そこで日本人は、独自の市場を持とうとしたが、問題は資金であった。そこで、「一つにはアメリカ人の東洋人排斥に対する憤慨から、又一つには日支人は何所までも提携して白人種の排斥と圧迫に対抗しなければならぬ」(273)と考えた中国人の呂関は、黄色人種であるという共通点を持つ日本人の肩を持った。白人社会による黄色人種排斥に反発した呂関は、黄色人種同志の意地を見せ、ロサンゼルス第九街で日本人の野菜市場が開設されるのに協力した。

しかし、「同じ場所に住む支那人たちを大抵侮つていゐる。つまり馬鹿にしてゐるので『シンさん』の名称で彼等への侮蔑を露骨にしてゐるやうな点がある」と、俊子が痛烈に批判したように、日本人は中国人をさげすんでいた。

アメリカやカナダの白人社会において、中国人は日本人に対して、同じ黄色人種ということで親近感を抱き、協力していたが、それに対して日本人は「支那人に対しては全体に殆んど宿命的な優越感を持してゐる」と俊子は指摘した。このような批判は、当時、進行していた日中戦争の侵略性だけでなく、この戦争の本質をもあらわしており、俊子の反戦的な立場の一側面を窺わせるのである。

5　おわりに

俊子が日系二世を描く一連の作品を発表したのは一九三七年七月から一九三八年一二月にかけてである。この時期の日本は、十五年戦争への道をまっしぐらに進み、蘆溝橋事変がきっかけで、日中戦争は全面拡大した。俊子の一連の作品は、〈人種差別〉〈性差別〉そして〈アイデンティティ〉問題をめぐり、日系二世たちが「白人社会」からの圧迫が原因であるとするより、むしろ日系社会内部（＝日本社会）の差別、日系社会（＝日本社会）を批判している。前述したように、俊子は、ジョンソンやオニールの視点を通じて、〈人種差別〉〈性差別〉、そして〈アイデンティティ〉問題は、移民地におけるエスニック・グループ間にも存在しうる、〈ユニバーサル〉な問題だと示した。したがって、〈差別〉問題、とくに〈人種差別〉問題において、共通の〈差別〉問題解消のための連帯感を喚起するため、あえて日系社会内部に存在する矛盾を剥き出すという〈内部告発〉を俊子は戦略的に行ったのである。その一方、俊子は、このような批判を通して、日本社会におけるヒエラルキー構造の膨張は、「大日本帝国」の形成に加担し、当時日本が拡大しつつあった戦争の背後に潜むイデオロギーとの共犯関係にあることを暴いたともいえよう。「イースト・イズ・イースト」のなかで、日本人が「支那人に対しては全体に殆んど宿命的な優越感を持してゐる」と指摘されているが、まさにそれは日系社会内部（＝日本社会）のヒエラルキー構造がもたらした結果であり、当時、日中戦争の本質をいい当てていたのである。

俊子は、「日本のあの圧迫的な空気はたまらない。言ひたい事がいへないでは、一寸帰る気がしません」（一九二六年一二月三日付、湯浅芳子宛書簡）ともらし、帰国直後、既に日本は「考へたつて仕方がない」という時代に突入し、「考へたつて仕方がないと云ふ時代は、暗黒を思はせる」（「千歳村の一日」『改造』一九三六年六月）と、日本の厳しい言論制限を批判していた。そして、ファシズムの軍国主義の道を狂奔していた日本を目の当たりにし、「私の新しい生活感情はますゝ表現の自由を失い、実に卑猥な狭隘な生活の底で、僅か自分一人を守るという憐しむべき境遇へとだん〳〵落し込まれて行くやうな気がしてたまりません」（窪川稲子宛書簡一九二八年一月一二日）と、茫然自失していた。それにもかかわらず、俊子は二世の信奉した「社会主義」の思潮、および時代背景を借りて、自分が「社会主義思想」の持ち主であるということだけでなく、自らの反戦的立場を間接的に表現し、そのことは晩年の上海で中国女性解放雑誌『女聲』に捧げる生き方を暗示していた。

注

1　佐藤俊子「挿話（加奈陀女流詩人の原稿に代へて）」（『明日香』一九三八年四月）、五二頁。

2　Halifax Herald, 一九〇〇年六月九日。

3　原文は：Few of us have the blood of kings, few are of courtly birth, but few are vagabonds or rogues of doubtful name and worth; and all have one credential that entitles us to brag-That we were born in Canada beneath the British flag. "Canadian Born': Imagining the Nation," Padding Her Own Canoe-the Times and Texts of E. Pauline Johnson., 212.

4　中山訊四郎が一九二一年七月に『加奈陀同胞発展大鑑　全』を出版した際、山室軍平は、その序のなかでポーリン・ジョンソンの「二人姉妹の伝説」（The Legend of Two Sisters）ら「平和及び同胞主義」を引用し、日系人が一日も早くカナダ社会に「同化」するようと呼びかけた。ここから当時ポーリン・ジョンソンが主張していたナショナリズムは、日系移民社会である程度認知されていたことがわかる。

5　同注3、二一三頁。

6　『皇帝ジョンーズ』（The Emperor Jones）の創作時期については俊子の勘違いか誤記だと思われる。「皇帝ジョンーズ」は一九二〇年一一月一日にプロビンスタン劇場（Provincetown Playhouse）で上演され、大成功を収め、のちにブロードウェーのPrincess Theatreに移り、二〇四回上演された。そして、一九三三年に映画化された。俊子が「四五年前にもエンペローア・ジョーンスと云ふアフリカ土人を主人公としたものを書いてゐる」と、「皇帝ジョンーズ」の創作時間を誤ったのは、「皇帝ジョンーズ」が映画化された時間と勘違いした可能性が高い。上演記録は次のホームページを参照。Internet Broadway Database. http://www/ibda.com/production.asp?ID=8331（二〇〇三年四月二九日確認）を参照。

7　ユーゼン・オニイル原作、佐藤俊子訳「アンナ・クリスチイ」（『婦人之友』一九三八年八月）

8　ユージン・オニール『別物』（Diff'rent）は、一九二一年二月に上演されたものである。女主人公のエマは、船乗りの婚約者、カレブとの結婚を急に破棄した。その原因は、彼女がカレブの親友、ジャックからカレブとある離島の先住民娘との話を聞いたためである。カレブたちの船が給水をするため、「ほぼ全裸状態」で「不潔限り」の「褐色の土人女」が居住する離島にいつもと同じように到着した。給水が終わってカレブ一行が島を離れるとき、カレブに好意を持っていた娘が泳いで彼等の船を追いかけている。結局、水夫一行がとうとう彼女を射殺してしまうという。The Plays of Eugene O'Neill Ⅶ（Dynamo, Diff'rent）, Ed. Wilderness, Kyoto: Rinsen Book Company, 1934. 上演記録は次の資料を参照。Internet Broadway Database. http://www/ibda.com/production.asp?ID=9018（二〇〇三年四月二九日確認）。

9　当時、「神の子にはみな翼があり」の上演をめぐって、オニールと彼の子供を脅かす電報が来たり、劇場を爆発する投脅迫状が届いたりという騒ぎが起こった。南部の州出身の検事が口を出し、第一幕の白人と黒人の子供を一緒に舞台に登場させる場面を禁じてしまう。清野暢一郎『オニール　研究社英米文学評伝叢書98』（研究社、一九三五年）、一〇二―一〇三頁。

10　山内邦臣『ユージン・オニール　現代英米文学セミナー双書14』（山口書店、一九八八年五月）、一四頁。

11　原詩は：Oh, East is East , and West is West , and never the twain shall meet, Till Earth and Sky stand presently at Gad's great Judgement

Seat; But there is neither East nor West, Border, nor Breed, nor Birth, When two strong men stand face to face, though they come from the ends of the earth! 'The Ballad of East and West,' A Choice of Kipling's Verse, ed. T. S. Eliot, London, Cox&Wyman Ltd, 1988. 111. 日本語訳は馬場睦夫『キプリング　研究社英米文学評伝叢書68』（研究社、一九三五年）、八七頁。

12　一九〇四年に出版された『最新渡米案内』のなかで、旅券を下付してもらうために、必要とされる資金欄には、学資の何年分（勉学が目的とされる場合）、旅費、滞在費及び学費、船賃旅費、そして非常準備金が必要だとされている。また、労働移民が最も多く占めている三等船客の場合には旅費を含めて移民先に上陸するまで二百二十五円がかかるのである。一九〇三年に日雇労働者は一人一日あたりの賃金が四十銭という物価状況と対照すれば、出稼ぎ目的とする労働移民にはその移民費用を負担するのが不可能に近く、またそれが不法移民が多発する原因だとされる。山根吾一『最近渡米案内』渡米雑誌社、一九〇四年七月、一五八頁と一六七頁を参照。日雇労働者の賃金について、『値段史年表』（朝日新聞社、一九八八年）を参照。

13　「サッコとヴァンゼッティ」事件は、一九二〇年にアメリカのマサチューセッツ州で強盗殺人事件の容疑で、サッコとヴァンゼッティというイタリア労働者たちがでっち上げの罪名で一九二七年八月二二日に電気いすに掛けられた事件である。彼らが「無政府主義者」というだけで無実の罪で迫害を受けた。この事件で世界中の労働運動組織が一斉に動き出し、彼らの赦免を嘆願した。この事件をきっかけとして共産党に入党した日系二世の革命家、カール・ヨネダはこの事件について、次のように回顧した。「私と共産党との接触は、一九二七年に始まった。その年のロサンゼルス共産党メーデー集会に、私は参加した。弁士は、ボストンの電気椅子にかけられようとしている二人のイタリア人労働者、政治的組織者、サッコとヴァンゼッティのために、ただちに大運動を、と強い調子で訴えていた。［二人を殺すな］の叫びがこだました。また他の弁士たちが、中国、メキシコ、ニカラグァにおけるアメリカ帝国主義の汚いたくらみを非難した。反帝同盟（AIL）の代表は、中国労働者の革命政府樹立のための闘争について語り、また蒋介石は世界帝国主義者どもの手下になりさがって、多数の共産党員とシンパを処刑しようとしていると、述べた」。カール・ヨネダ著、田中美智子・田中礼蔵訳『がんばって　日系米人革命家60年の軌跡』大月書店、一九八四年八月、三三頁。同時代のアメリカ社会主義作家、アプトン・シンクレアは、この事件を題材にボストン社会の偽善を告発する小説『ボストン』を創作した。そして、のちに大岡昇平も同じ題材で「サッコとヴァンゼッティ」を創作した。『大岡昇平集第6巻』（岩波書店、一九八三年）を参照。

14　第5章「アイデンティティとジェンダーの揺らぎ―佐藤俊子の日系二世を描く小説群にみる二重差別構造―」を参照。

15　ギルドソシアリズム（Guild Socialism）は一九世紀末期から二〇世紀初頭にかけてイギリスで提唱された社会主義である。その中心人物はG.D.H.コール（Cole, George Douglas Howard）である。その内容は「労働組合を発達させて、中世のギルドのやうな独立の生産者の組合、即ち国民的ギルドを作り、其手中に全産業を管理し、一方国家に消費者を代表させて生産者に対立せしめ、此両者協力を以て生産分配其他の凡てを処理運用して行くと云ふのである」。『社会問題辞典 社会思想全集 第40巻』（平凡社、一九三三年三月）、九七頁。また、福地潮人「古典的アソシエーショナリズムの現代的再生―P.Q.ハーストのG.D.H.コール解釈をめぐって―」（『立命館産業社会論集』第37巻第4号、二〇〇二年三月）を参照。

16　中村宏「ヴェッブとコールの社会主義」『福祉国家と社会主義』（法律文化社、一九八五年一二月）、八四頁。

17　遠藤泰生「多文化主義とアメリカの過去」『多文化主義のアメリカ　揺らぐナショナル・アイデンティティ』油井大三郎編、（東京大学出版会、一九九九年五月）。様々なエスニック・グループと異なる文化が一つの国のなかで共存すべきだと主張していたボーンは、結局、ヨーロッパからの移民に基づいて論じていたにすぎない。彼の主張は、ポーリン・ジョンソンが提唱していた「ナショナリズム」と同じように黄色人種への視点が欠落しているのである。

18　Eugene V. Debs Internet Archive. http://www.marxists.org/arhive/debs/（二〇〇三年四月二九日確認）。

19　The National Archives Learning Curve. http://www.spartacus.schoolnet.co.uk/PRmacdonald.htm（二〇〇三年四月二九日確認）。

20　Elliott J. Gorn, Mother Jones-the Most Dangerous Woman in America, Hill and Wang, 2001.

21　杉森長子「Pacifism と Feminism の融合（2）―ジェーン・アダムスの場合―」（『日本女子大学紀要　人間社会学部』第5号、一九九四年）、一九頁。

22　伊藤成彦『ローザ・ルクセンブルクの世界』（社会評論社、一九九八年四月）、三〇頁。

Ⅲ　インターナショナル・フェミニストの連携——上海時代の佐藤（田村）俊子と中国女性問題

上海　太平洋印刷公司（1942 年、59 歳）

第7章　上海時代（一九四二—四五）の佐藤（田村）俊子と中国女性作家・関露
——中国語女性雑誌『女聲』をめぐって

1　はじめに

一九四一年一二月八日の太平洋戦争の勃発をもって、『女聲』は一九四二年五月、日本側の「プロパガンダ誌」として登場した[1]。それ以降、上海文壇はほとんど壊滅状態であったが、一九四三年と一九四四年の二年間、日本と南京政府側により三〇数種類の雑誌が発行された。『漢奸』文学とそれに暗暗裡に対抗していた各種の愛国文学との相克が、この表面的な盛況の見取り図を構成し」ていたというのが[2]、当時の上海文壇の状況であった。作家佐藤[3]（田村）俊子は左俊芝という筆名で、上海で一九四五年四月の死の直前まで、中国語女性雑誌『女聲』の編集長を務めた。その俊子のかたわらには、共同編集者として中国人女性作家・関露がいた。

中国人女性作家・関露は、実は日本の情報収集を目的として派遣された中国共産党の地下工作員であった。さらにこの雑誌に寄稿した多くの書き手たちも、彼女と同じ身分の者であった。関露は、戦後、地下工作員時代のリーダーであった潘漢年のスパイ問題、また『女聲』を編集していた経歴のために、〈漢奸〉として迫害を受けた。一九八三年三月にようやく名誉回復がなされたが、同年一二月に死去した。この死が契機となって、『女聲』

時代における俊子と関露との関係が、中国でも日本でも注目されるようになる。『女聲』の研究は、渡辺澄子[4]を除き、いままで主に中国文学研究者によってなされてきた。[5]中国文学者によるこれらの先行論文の多くは、当時上海で、中共の地下工作員が日本側のプロパガンダ誌を逆占領したという事実に焦点をおいている。その目的は、死ぬまでほぼ隠されてきた関露の事績を顕彰するという点にあった。そのため か、『女聲』の編集長であった俊子については、全く無視同然であった。

日本近代文学における俊子研究は、日本を離れる以前の作家時代のみが注目され、カナダや中国時代の俊子は看過されてきた。とはいえ、近年、関露研究をとおして、当時の佐藤俊子の思想的立場を追究する課題が提起されはじめた。[6]だが、こうした先行研究では、俊子と関露が、ある程度の連帯関係を持っていたことが指摘されるだけで、俊子の思想背景や俊子と関露に関する協力的な姿勢が持つ意味は看過されてきたといえる。あるいは、二人の連帯関係における俊子の立脚点を「日本の中国侵略戦争という大前提に立っていた」と規定してしまい、二人の関係を〈ナショナリティ〉という限定された枠組みからとらえる傾向もある。[7]

本章では、カナダと上海時代の俊子を総体的にとらえ、カナダ時代の俊子の人種・ジェンダー・階級という問題と遭遇したことによる思想上の変容をふまえ、情報収集の目的で「女聲社」に潜伏していた関露との接点、さらにふたりの連携関係を再検討していきたい。また、従来の研究の視点を改め、俊子と関露との連帯関係をより立体的にとらえていきたい。

2　コスモポリタンとしての佐藤俊子の形成――カナダにおける国際女性労働運動の体験

上海時代における俊子の思想的動向を追究する場合には、米加における彼女の一八年間の体験を見落としてはならない。日本を離れる前の俊子は、家父長制度によって規定された男女両性間の性差問題をしばしば小説の題材としていた。だが、一九一八年一〇月、カナダに移住した俊子が直面したのは、性差問題よりも、排日風潮によって起こった人種差別問題であった。

日本に帰国した後、カナダでの生活体験や労働運動を回顧しながら自らの思想上の変遷を語るエッセイ「一つの夢―或る若きプロレタリア婦人作家におくる―」（『文芸春秋』一九三六年六月）が発表された。そこでは、「その頃に私の精神を強く打ったものがある。それはロシアの革命で、プロレタリアの勝利が遂にレーニンによって世界に示された。（中略）私の思想の上に新しい灯をともされたのはその時からだ」というように彼女が「社会主義」へ傾倒する経緯がくわしく述べられている。十月革命が自らの思想上の転換に大きな影響を与えたと回顧し『何故然うしなければならぬか』の理論について学び始めた[8]」と、彼女は自分の社会主義へのめざめを意義づけている。

一九一八年、日本とカナダで締結された紳士条約（＝レミュー協約）を境として、カナダの排日運動は、日本人労働者の入国制限問題から日本人の同化問題へと変化する。当時の人種差別の顕著な例として、東洋人労働者の労働賃金が常に白人労働者より低いという点があげられる。さらに日系人労働者については、ほとんどが出稼ぎ目的で永住の意向が少なく、ストライキ破りをするという悪評も高かった。こうした白人側の人種差別と日本人側の同化困難という二重の悪循環は、日系人を窮地に追い込んだ。俊子の夫鈴木悦は、当時のバンクーバーの日系紙『大陸日報』の編集長をしていたが、この排日風潮を鎮める方法は、帰化するほかにはないと主張していた。

鈴木は、同化運動への第一歩は、白人労働者や労働組合と連携することだと考えていた。つまり、当時盛んになりつつあった「万国労働者よ、団結せよ」という労働運動の動きに乗じ、階級の連合を利用して人種差別問題を解消しようとしたのである。

たとえば、「邦人労働者排斥の思想を除去するためには邦人労働者の自覚を促進し、当国労働階級との提携を策する以外に術のないことが解かる。（中略）要するに、邦人労働者、飽く迄、当国の労働階級と孤立して其の排斥を受けるか、労働階級と提携して共に資本家に圧迫に抗するか」（「邦人労働者の立場」『大陸日報』一九二〇年四月一二日）などというように、白人労働階級との連携をとおして労働階級の共通の敵である資本家に対抗し、人種間の偏見を乗り越えようとしたのである。こうした時代背景のなかで、鈴木悦主催の「加奈陀日本人労働組合」が一九二〇年七月一日に設立され、白人労働者たちとの共闘運動に組織的に関与していった。

日系移民労働者が人種差別および資本家の搾取により、二重排除を受けていたという状況について、俊子は「自分の周囲には移民労働者であるが為に二重の圧迫を受ける無産大衆がゐる。そして自分もその一人である」[9]と、自分の立場を〈無産大衆〉の一人と規定している。無産大衆の問題を自分自身の問題としてとらえていたのである。さらに、移民先における女性の地位問題について、「婦人の地位が男子の地位よりも低く、婦人に獨立的の思想が普及されてゐない様な民族を、低級なものとして排斥されることは餘儀ないことではありますまいか」[10]と、日本人女性の素養のなさと社会的地位の低さが白人に差別される一因であるという見解を示し、人種差別問題とジェンダー問題との関連性を指摘した。日本女性移民労働者が、〈ジェンダー〉〈人種〉〈階級〉の三重の圧迫を受ける差別構造を、俊子は認識していたのである。

女性労働者の社会進出が進み、一九三〇年に労働組合の組織に婦人部が設立された。俊子はその部長に就任した[11]。これを機に、俊子はカナダの女性労働運動家たちとの提携をとおして、〈国家〉の枠組みを超越した〈階級〉〈ジェンダー〉の連結による国際的共闘を体験する。

賃金低下は生活標準の低下であるから、日本婦人も人種の別なく、同じ階級者として共に戦つて欲しい。そして鉄のような意志を持つた加奈陀の無産婦人闘士たちが、文字通りの親愛の手を日本人の婦人労働者に向かつて差延べるのである。

私が初めて経験したものは、斯うした国は異にしても人種は異にしても同じ階級者としてその血の上に感じ合ふ友愛であつた。（中略）未来を約束する斯うした運動の中で、この婦人たちと、国際愛を共にし、我々の住みよい世界を作る為の、そして文化を最も豊富にする為の協同戦を、私の実践の上で経験しつ、あつた時に、その半ばで私はエス（筆者注：鈴木悦）の死に遭つたのである[12]。（傍線筆者）

コミンテルンの機関誌『インプレコル』が一九三〇年三月八日に発行した「国際婦人デー特集号」の一冊『国際プロレタリア婦人問題[13]』には、当時のソ連、中国、アメリカにおける女性労働者の状況とその労働運動が詳述されている。この時期の各地の女性労働運動の訴えは共通性を有しており、それは「同一労働に対して婦人に同一賃金を与へよ[14]」という内容であった。俊子はこうした時代の潮流のなかで、国境を越える女性の連携運動に可能性を見いだした。プロレタリアートの共闘こそが、〈人種〉〈国家〉だけでなく、俊子自身が最もこだわっていた〈ジェンダー〉問題をも解決できるものと認識したのであろう。

一九三六年三月、いったん日本に帰国した俊子であるが、一九三八年一一月、「結局又も日本を食ひつめて何所かへいくのだらう」[15]といった批判を覚悟して、『中央公論』の特派員として中国に赴いた。親交深かった丸岡秀子によれば、「絶望と負けん気と、そして筆による中国戦場への接近でなく、まず身を挺し、足でみきわめてという元気だかやけくそだかわからないものに身体を委ね」て、言論統制が日増しに厳しくなった日本を離れたが、それは、中国現地の日本の「進出」実況を確認するためであったという[16]。

中国に渡った後に書いた「上海における支那の働く婦人」(『婦人公論』一九三九年二月)、「知識層の婦人に望む──日支婦人の真の親和」(『婦人公論』一九三九年三月)などからわかるように、俊子が最も関心を寄せていたのは中国の婦人問題である。これらのルポルタージュをとおして、俊子は、日本の「中国進出」を「委しく叙述するわけには行かない」「非文化的な面ばかり」と批判した。なぜなら俊子は、日本の中国侵略の真相を自らの目をとおして確認していたからである。

日本が中国に「進出」し、中国人民を圧迫し差別していたのを目の当たりにして、俊子は、日系移民がカナダで白人から受けていた差別を想起したに違いない。人種の壁を乗り越え、日本人女性労働者に手をさしのべたカナダの女性運動家たちのように、俊子は日本の知識層の婦人に、「まづ支那を視、そして一切の優越感を取去つて支那婦人に接触することによつて真実の友愛を感じることができるならば期せずしてすでに文化工作の第一歩が得られる」[17]と呼びかけていた。

俊子は、かつてカナダで、女性プロレタリアートという同一の〈ジェンダー〉と同一の〈階級〉に属する者同士の連帯によって、はじめて〈国家〉という枠組みが乗り越えられることを経験していた。交戦中の両国の関係を改善するには(もし、解決が可能であれば)まず、〈女性〉階級が連携しなければならないというのが、俊子が自らの体験から得た信念であった。俊子はナショナリズムの衝突を乗り越えるためには、〈女性〉のトランスナショナルな連携を求めることが重要であると認識していた。「知識的な中国婦人たちのまん中にいる自分の位置に満足している」[18]という佐多稲子の描く『女聲』時代の俊子像は、彼女の自らの信念を反映するものであろう。

3　俊子と関露の「女性解放論」――『女聲』の評論欄をめぐって

関露は、『女聲』の書き手の一人であり、また彼女と同じ地下工作員でもあった丁景唐に、佐藤俊子は自分の「真心の友」[19]であると語っている。〈漢奸〉の罪名を着せられているにもかかわらず、あえて『女聲』時代の佐藤俊子との親交を認め、それに言及したのはなぜだろうか。

一九八二年三月二三日、中国共産党中央組織部は関露に対して名誉回復の決定を下したが[20]、同年一二月に彼女は死去した。彼女の追悼文には、『女聲』編集長の佐藤俊子との関係をほのめかすものがいくつか見られる。一九四九年に関露と同居したことのある碧野が、「きれいに掃除され日本の小物を飾ってあり日本女性の生活情調があふれる」と、関露の部屋について回想している[21]。ここからは、俊子との「三年間の同僚関係、一年七ヶ月の共同生活」[22]の面影や、ふたりの絆の強さが窺える。

とはいえ、関露が女聲社に潜入し、情報収集を目的として活動していた事実は、見逃すことができない[23]。それぞれの祖国が交戦中にあったにもかかわらず、二人が緊密に連帯したのは、一体、何故であったのであろうか。

関露は、一九〇七年、山西省太原市に生まれた。俊子より二三歳年下である。一九三一年、南京中央大学を中退した後、新進の左翼作家の鐘潜九、張天翼などとの交遊をとおして、一九三〇年代の初期には中国左翼作家連盟に加入し、一九三三年に中国共産党に入党した。この時期における彼女の活動は、おもに女性労働者の指導に集中していた。彼女は一九三二年の国際婦人デーのデモの前夜、ある女工の知らせで国民党特務からの逮捕を逃れたという経歴の持ち主でもあった。彼女が女性労働者の労働運動に関与した時期は、俊子とほぼパラレルであった。

関露と俊子の思想的背景および社会運動歴の共通点から、関露は、俊子の思想的背景を事前に理解したうえで女聲社に入社し、俊子に近づいたと推測できる。中共の地下工作部が関露に与えた任務に関する当時の記述、「日本大使館と海軍報道部が提携した女性雑誌『女聲』には現在中国人の編集者が必要である。（中略）この月刊誌の社長は佐藤俊子という日本人である。彼女はカナダに十五年間居住したことがあり、そこのインテリ青年たちのなかで社会主義思想の影響を受けていた。そのため、彼女には日本の左派の友達を持っている。今度の任務の目的は、佐藤の左派の友達をとおして日共の地下工作員を見つけだし敵の情報を入手することである」[24]（傍線筆者）は、それを裏付けるものである。

関露は入社後、彼女と同じような地下工作員を『女聲』の書き手として多く採用した。この事実は、戦後になって初めて明らかになる。『女聲』の内容は、文芸小説、エッセイ、演劇、映画情報と婦女欄というように、バラエティに富んでいた。あからさまなプロパガンダ誌の色彩を免れたのも、関露が採用したこうした豊かな内容によるものであった。

そして『女聲』の評論欄には、主に〈女性解放論〉が掲載され、関露が芳君[25]という筆名で執筆していた。一九四二年五月の創刊号から一九四五年七月の第4巻第2期までを見ると、関露（芳君）による〈女性解放〉評論が圧倒的に多いことがわかる。まさに、『女聲』の創刊号を飾った発刊辞の「女性の声、女性のための声、女性からの声（乃婦女呼聲、為婦女而聲、由婦女発聲）」が示しているように、『女聲』は〈女性〉による「女性解放雑誌」

であった。この点で、〈女性〉階級の連携という俊子の強調した立場に通じるものがある。

これらの評論は、従来の中国の女性解放運動の旧弊を指摘する一方で、新たな女性解放の進むべき道を具体的に提示していた。とはいえ、女性問題が多様であると指摘したにもかかわらず、結局、その問題の起源、そしてその解決策は、社会問題に還元されなければならないという結論にとどまっていた。

たとえば、創刊号の「中国女性の就学問題（中國婦女求学問題）」では、「富裕の女性たち」の経済援助によって、女性の低い就学率を改善することになれば「女性が本当の解放を得ることが可能」になるであろうと指摘されている。また、「いかに新しい女性になるか（怎様做個新婦女）」（『女聲』第1巻第3期、一九四二年七月）のなかでは、現代の新しい女性（いわゆるモダンガール）は、資本主義の実質をしらず、むしろ皮相的な資本主義しか認識していないと批判し、本当の新しい女性は「変動の社会とつねに発展していく歴史のなかでいかに生存し、そして生活においていかに競争していくのか」を考えなければならないと指摘している。さらに、「恋愛問題」も、「社会問題」に帰結すべきという関露の考えが見られる。「恋愛と貞操至上（恋愛和貞操至上）」（『女聲』第1巻第8期、一九四二年一二月）のなかで、封建社会の産物である貞操観念と、民主社会の恵みである自由恋愛とは、一見すると、相反しているものであるが、どちらか一方がすぐれているということはできないと、指摘されている。結局、「恋愛は社会生活のうえで考えなければ、それは絶対的な個人生活であり、色欲の占有になる。また、『恋愛至上主義』もそれによって色欲の追求主義になる」と結論づけている。

これらの女性問題では、〈個人〉や〈国家〉より〈社会〉とのかかわりが強いことが、ことあるごとに強調されているが、それは関露の社会主義の立場をほのめかしているだけでなく、『女聲』がいかに中共の地下文化工作者によって浸食されていたかを物語っている。さらに、これらの女性解放論の方向性には、『女聲』という媒体特有の巧妙な戦略もあった。『女聲』は、「大東亜共栄圏」政策の一環である「日中両国の女性親和」の大前提の下に創刊されたものである。女性誌であるため、女性問題が課題とされるのは当然とする視座を利用して、その底流に、社会主義思想を潜ませているのである。

また、これらの〈女性解放論〉は、関露と俊子との連帯関係を裏付けるものでもある。一九三〇年代の関露は、すでに自分の作品の中で〈女性問題〉と〈社会〉との関係性を明らかにしていた。一九三五年に発表された新聞連載小説「妾日記（姨太太日記）」がその好例である。ヒロインの妾が、出産をきっかけにして、自分の不運は社会に起因するものと悟る。社会のなかで「女は男に属し、子供が両親に属する。そのため、男に見捨てられた女は行くところがなく、親に放棄される子供は成長ができない」と。最後に関露は、ヒロインをとおして、理想郷の「ある社会」についてこう語らせている――「女は男に頼らなくても社会で生きていられ、社会のために働き恋愛の自由も存分ある。親のいない子供も国家の施設によって育てられる」、そして「空論とはいえ、やはり道理がある。みなこの社会のため、頑張ろう[26]」。

中国に赴く直前の俊子は、「幸福の一滴」のヒロイン東子をとおして、真の女性解放は個人の問題より、むしろ女性全体の問題であるという見解を示している。「実力で生活に対抗して行くこと――何故なら其の生活は他人から与へられた生活なのだから、これを自分のものにする為には、自分の力を内に養っておかなければならぬと云ふ信念――そして其れが自分の物ではなく、獨立して生活する婦人全體の向上の為だと云ふ信念を堅く持してゐる[27]」。関露と俊子の作品に述べられた真の女性解放とは、個人レベルというより、むしろ全体的なレベルでなされなければならないという点で共通している。『女聲』の女性解放論の方向性は、こうした両者の相通じた考えの延長線上にあることを見落としてはならない。

『女聲』が、「華中淪陥区で刊行した時間が最も長くそして最も重要な婦女専門誌[28]」となりえたのは、むろん執筆陣の社会意識と政治的意識によるものである。だが、『女聲』の女性解放論に底流している思想は、〈国家〉を超越した俊子と関露との連帯関係によって構築された可能性は、果たしてあるのであろうか。

4　第二回大東亜文学者大会にみる佐藤俊子と関露の連帯関係

関露は、一九四三年八月、中国代表として東京の第二回大東亜文学者大会に参加する。その見聞記「東京の思い出一（東京憶語一）」（『女聲』第2巻第5期、一九四三年九月）や「東京の思い出――神経病状態の日々（東京憶語――神経病態的日子）」（『女聲』第2巻第6期、一九四三年一〇月）が『女聲』に掲載される。文章をプロパガンダ臭の強いものにするのを避けるために、関露は精神を病んでいることを装い、大会の詳細についてはぐらかしている。関露の意図は、文章の内容から明らかである。とはいえ、この大会での俊子に関するいくつかの発言から関露の俊子に対する想いがうかがわれる。

まず、注目したいのは、日本の『読売新聞』（一九四三年八月一七日）に発表した談話「敬仰する日本文学」である。関露は日本語が理解できないため、自ら俊子の著作を読んだことがないが、「日本文のわかる友人が佐藤さんの作品に感心して私に語つたことから推察すれば、佐藤さんの作風と創作上の迫力を愛する」と語った。さらに、俊子が主宰している『女聲』と自分との連帯的な関係に言及しながら、俊子が「中国と中国の人民をはなはだ愛してをり、特に婦人に対して大きな関心を持つてゐる」と大幅に紙面をさいて彼女に延々と賛辞を送っている。

この談話は、大東亜文学者大会の参加者が発表したプロパガンダ談話系列のなかの一つである。一見、日本人作家に対する美辞麗句とも思われるが、同時に、そこから関露の俊子観が読みとれる。つまり、関露は、俊子の作品に現れているフェミニスト意識が俊子の出発点であり、また晩年の俊子の原点でもあると認識し、その俊子に共鳴していたのである。

さらに、関露が俊子のカナダ時代における思想変化をいかに把握したかについては、大東亜文学者大会参加から帰国した後、関露が発表した「日本女性作家の印象（日本女性作家印象）」から窺うことができる。

二五年前、田村女史は日本文壇で最も活躍していて有名な女性作家であった。（中略）のちに田村女史は日本を離れてカナダに定住した。カナダに日系人がたくさんいた。田村は多くの日系二世――いわゆるアメリカ大陸生まれの日本人――との関係が密接であった。当時の日系二世の思想は、純粋に日本化されていたのではなく、異国の思想から影響されていた。また特殊の環境のなかに若い日系二世の思想が激変し、その多くが左傾的になった。田村女史の最後の作品は、このような若い日系二世の左翼活動から影響を受けていたものである。『中央公論』で発表した「カリホルニア」（ママ）は、自由を愛する二人の女性が彼女たちの封建的な家父長と闘争する物語である。「小さき歩み」は左翼青年の運動に関する物語である。そして「侮蔑」は、若い日系二世が自分の祖国を恋しく思い、日本に帰国した後の生活状況を描く作品である。[29]

俊子は、晩年に至るまで常に、女性問題と葛藤しながら、さらに〈人種〉〈階級〉〈国家〉という課題に遭遇し、社会主義から強い影響を受けていたことがこの随筆からわかる。関露は俊子の思想の変化を明確に把握していたのである。俊子がカナダから帰国後に創作した一連のカナダにおける日系二世の作品は、不評だったのでそれほど知られてはいなかった。そのため、俊子が社会主義に傾く過程、およびその思想を表すこうした一連の作品に対する関露の把握は、俊子からの情報によるものと思われる。また、この発言は、社会主義に基づく信仰がいかに二人の絆を強めたかを暗示している。プロレタリア的感情、反戦、反帝国主義という横断的で普遍的な共鳴によって、二人が〈ナショナリズム〉を超越して、〈レズビアン連続体〉関係を構築することが可能になったと考えられる。

関露と晩年の俊子が、いかに親密に行動していたかについては、当時の関係者による回顧録で二人がしばしば共に登場していること、あるいは俊子の友人宛の書簡の中で関露の名前が頻繁に登場していることからも推測できる。上海の日中文化協会の事務所には田村俊子がしばしば顔を出し、「中国の女流作家関露をいつもお供に連れて」きたという[30]。また一九四五年四月一三日、俊子が脳溢血に倒れ病院に送り込まれた時には、「同棲の中国婦人K（筆者注：関露）が、黙々とベットの傍に腰かけているばかりだった」[31]と、阿部知二が証言している。

関露の接触対象は、上海に滞在する日本人だけでなく、「内地」からきた日本人も含まれている。窪川鶴太郎が、上海を訪問して活劇を鑑賞した際のことについて、「これも（中略）関露のおつきあいで要爾登劇場へ御案内しました」（佐多稲子宛書簡、一九四四年一〇月二六日）、「関露がお手紙受取つて窪川さんからだなど、云ひながら渡してくれました」[32]（佐多稲子宛書簡、一九四五年二月三日）といった記述がある。俊子と関露との親密な関係と同時に、俊子の配慮によって、関露が日本文化人と頻繁に接触できた様子が窺える。

関露は、中西功によって俊子に紹介されたが、中西功は上海満鉄に潜伏していた「日支共闘同盟」のメンバーであり、尾崎秀実の指導を受けながら中国共産党と協力し、反戦闘争を行っていた人物である[33]。戦時中、中国の地下活動について中西は、「日本人を全中国的に組織し、連絡をとり、上海で中国側と連絡する」[34]と回想している。

中西は、俊子の思想的背景を推測し、彼女が反戦思想の持ち主で、共産党のシンパである可能性が高いという判断のもとに、関露を女聲社に送り込んだのであろう。当時、中共の上海における情報工作の方針は、「敵の上層には密接関係を持っている非共産党員との深い関係そしてその幅広い社会関係をとおして情報を入手する」ものである。[35] これを「佐藤の左派の友達をとおして日共の地下工作員を見つけだし敵の情報を入手する」という関露の女聲社での任務と照らし合わせてみれば、関露が日本文化人の間で活躍していたことが裏付けられる。さらにそれは、俊子の陰の協力がなければ、ありえなかったことと思われる。

5　おわりに

阿部知二はエッセイ「花影」の中で、俊子について、雑誌『改造』の編集者O君[36]が「その時（筆者注：俊子の帰国当時）警視庁から、佐藤俊子はカナダ共産党員である、ということを告げられた」と言及している。阿部は、その真実は「疑わしい」としながら、関露が俊子の死後、延安に赴いたのを「そういう事からして、佐藤さんが、その末年にも、密かに運動を支持していた、などとまで考えるのは思い過ごしでもあるだろう」と述べている。このエッセイを書いた時点での阿部は、関露が中共の地下工作員であったことを知る由もないが、それはかえって俊子と関露の連帯関係の強さ、そして俊子の社会主義と反戦運動への共感を裏付けている。

俊子と反戦運動との関わりを裏付けるもう一つの手がかりは、彼女の死の直後、『女聲』（第4巻第1期、一九四五年六月一五日）で組まれた彼女の記念特集号である。その中には石上玄一郎「佐藤女史とその文学の足跡（佐藤女士及其文学的足跡）」、陶晶孫「日本からアメリカにさらに中国へ（従日本到美国到中国）」、内山完造「思い出のそぞろ語り（回憶漫語）」、草野心平「佐藤女史の思い出（憶佐藤女士）」、さらに関露「私と佐藤女史（我和佐藤女士）」がおさめられている。石上は、俊子の文学的生涯を概略的に紹介し、内山は生前の俊子が自分に墓作りを依頼したことを語り、草野は俊子の遺物を整理した際、その部屋の様子をとおして彼女の晩年の生活がいかに惨憺たるものであったかを綴るなど、すべて具体的なエピソードを介して彼女を紹介していた。それに対し目を引くのは、陶晶孫《とうしょうそん》[37]と関露の追悼文である。

陶晶孫の追悼文によれば、カナダから日本に帰国した俊子が文壇から遠のき、日本を離れて中国に赴いたことは、「自国での不自由を軽減するため」であり、俊子の態度は「遅れている時代と常に不一致し、最後まで貫いた」と述懐している。最後に陶晶孫は俊子のことについて、「思想が進歩し、孤独で強く、男女社会に誇るいい見本」であると結んでいる。曖昧な表現ではあるが、俊子の晩年に至るまでの道程をふまえながら、彼女の思想を深く理解していたことが垣間見られる。それは、関露の追悼文にも見られる。

俊子と「三年間も一緒に働」き、「一年七ヶ月」も共同生活していた関露は、自分と俊子との関係について「よく知っているとも言えるが、あまり知らないとも言える。私がわからない部分を、ほかに知っている人がいる」と意味深長に表現している。それは、他の人が知らない俊子を自分が知っている、とほのめかしているようにも読みとれる。さらに「変人扱い」されていた俊子は、「考え事がありすぎ、愛情がありすぎ、そして望むこともありすぎる。だが、かなえられない」とし、だからこそ「変わっている」と述べている。また、「変わっているからこそ彼女は人間の真心を持っていた」と、俊子の窺い知れない内面の世界を暗喩的な手法で表し、二人の親密な関係の一側面を窺わせている。俊子のことを「真心の友」といった関露の晩年の発言をふまえてこの追悼文を読み直せば、晩年の俊子と関露は、お互いに真の理解者であったといっても過言ではない。

陶晶孫と関露は、日本占領下の「淪陥期文学《りんかんき》」に中国作家が慣用的に使用していた表現法、〈語ると語らざるとの間（言与不言之間）〉[38]、つまり言外の意を言葉の間に隠蔽しているという手法を多用しながら、社会主義の連携を介して反戦運動のシンパであった俊子の見え隠れする姿を語っている。

エティエンヌ・バリバールはかつて階級組織についてこう指摘した。「階級的実践や抵抗、社会的ユートピアにかかわる基本的な連帯は、つねに職業的連帯であると同時に、状況と歴史的契機に応じて、世代、性、国籍《ナショナルティ》（中略）にもとづく連帯でもあったのである」[39]。また、「階級闘争が必然的に別の諸構造の普遍性と共鳴するのは、まさにそれがあらゆる実践を包括しているからである」[40]と。つまり、女性作家というジェンダーと〈職業〉における俊子と関露との基本的連帯をさらに強化したのは、両者が体験した労働運動と社会主義といえる。また、この連帯関係をとおして、俊子と関露は〈女性解放〉、〈反戦〉、〈反帝国主義〉という普遍性を認識することが可能となり、二人の共鳴関係は、『女聲』をめぐる俊子と関露の姿勢によって裏付けられている。

注

1　太平洋戦争勃発以後、元イギリスのレミントン・プレスが日本陸軍報道部に接収され、写真家・名取洋之助がその委託経営権を得た。このレミントン・プレス改め太平洋印刷公司を通して、彼は「子供むけ、婦人むけ、知識人むけなど」の雑誌、書籍を計画し出版した。一九四二年春、児童雑誌『新少年』（編集長、室伏クララ）、婦女雑誌『女聲』が相次いで創刊された。三神真彦『わがままいっぱい名取洋之助』（筑摩書房、一九八八年六月）、二三二―二三六頁。

2　周海林「『風雨談』、その言説に包含された真実と虚構――上海からの照明」『交争する中国文学と日本文学』（三元社、二〇〇〇年六月）、一〇七頁。

3　田村俊子は、一九一八年一〇月、日本を去ってバンクーバーに赴く直前、田村松魚と離別し、旧姓の佐藤に戻した。一九三六年、日本に帰国した以後、佐藤俊子として日本文壇に復帰した。

4　日本における『女聲』に関する研究は、渡辺澄子が嚆矢である。『女聲』に関する渡辺論文は、「『女聲』の総目次」（『大東文化大学紀要』一九八三年三月）などある。

5　以下の文献を参照。前山加奈子「雑誌『女聲』の関露」（『中国女性研究史』一九九一年七月）、池上貞子の評論、「田村俊子と関露—華字雑誌『女声』のことなど—」（『文学空間』一九九二年七月）、岸陽子「夜に鳴く鳥—大東亜文学者大会と一人の中国女性作家—」（『人文論集』（早稲田大学法学会）一九九六年）、王紅「上海時代の田村俊子—中国語の雑誌『女聲』を中心に—」（『中国女性史研究』一九九八年六月）、呂泉明「田村俊子の中国での足跡」（『中国語で残された日本文学—日中戦争のなかで』（法政大学出版局、二〇〇〇年五月）、そして岸陽子「日本占領下の上海文学　華文女性月刊誌『女声』をめぐって」宇野重昭編『深まる侵略　屈折する抵抗　一九三〇年—四〇年代の日・中のはざま』（研文出版、二〇〇〇年一一月）

6　注5の前山加奈子「雑誌『女聲』の関露」、岸陽子「夜に鳴く鳥—大東亜文学者大会と一人の中国女性作家—」では、それぞれ上海時代における俊子の思想的立場をさらに究明することが必要があると指摘している。

7　注5の呂元明の項を参照。二三八頁。

8　佐藤俊子「一とつの夢—或る若きプロレタリア婦人作家におくる—」（『文芸春秋』一九三六年六月）、二二六頁。

9　同前掲文、二二八頁。

10　鳥の子（佐藤俊子）「日会改造案通過に由つて全在留同胞婦人の覚醒をしなければならない事並びに諸婦人会の革新の必要について」（『大陸日報』一九二一年一二月七日）

11　田村紀雄『鈴木悦　日本とカナダを結んだジャーナリスト』（リブロポート、一九九二年）。

12　同注8、二四二—二四三頁。

13　原書 International Press Correspondence, 8 March, London, 1930.『国際プロレタリア婦人問題』（「インタナショナル」編集部戦旗社、一九三〇年）。水田珠枝編『世界女性学基礎文献集成（昭和初期編）第9巻』（ゆまに書房、二〇〇一年一二月）。

14　同前掲書、七、二五頁。

15　丸岡秀子『田村俊子とわたし』（中央公論社、一九七三年四月）。丸岡宛の俊子の書簡。中国に渡る原因は、窪川鶴太郎との恋愛関係や借金問題から逃れるためというのが、従来の通説であるが、この書簡から見れば当時に日増しに厳しい時局に「絶望」していた俊子の胸中が窺わせる。一八六頁。

16　同前掲書、二五五頁。
17　佐藤俊子「知識層の婦人に望む――日支婦人の真の親和」(『婦人公論』一九三八年三月)。
18　佐多稲子「『女作者』」(『佐多稲子全集　第4巻』講談社、一九七八年)
19　かつて『女聲』に歌青春、戈慶春、辛夕照などの筆名で寄稿した、中共の地下工作員であった丁景唐は佐藤俊子と関露との関係について次のように述べている。「関露同志は一九八〇年に私にこう言った。佐藤俊子(左(ママ)藤露英)は(中略)彼女の真心の友である。」、丁景唐「関露同志と女聲(関露同志与女聲)」(『古旧書訊』一九八四年二月、『関露啊関露』人民文学出版社、二〇〇一年一月)。のちに黒澤亜里子のインタビューに応じて、丁景唐は「時代背景と歴史の使命―『女声』への寄稿の覚書(その一)、日本友人の質問のために答えて」(一九九二年一月二七日)で、当時の状況を回顧していた。上海淪陥期には、プロパガンダ誌以外、投稿することが難しかっただけでなく、大東亜共栄圏のイデオロギーに迎合する文章はむろん書く気がなかった。だが、丁景唐たちは『女聲』には多くの原稿を書き、また採用された。『女声』の内容を充実させただけでなく、佐藤俊子女史と関露女史との真摯な友情のため、そして中日の人民の間の友情、中日文化の交流の一頁を書き留めた」という。黒澤亜里子「研究ノート　田村俊子研究――丁景唐書簡をめぐって(1)」(『総合学術研究紀要』第24巻第1号、二〇〇三年)、二八頁。上記の論文では丁景唐の返答は中文だったが、黒澤氏によって簡略な日本語訳をされた。ここでの引用文は、その日本語訳をふまえて、適宜修正したものである。
20　蕭陽文「ある忘れてはなれない女性作家・関露(一個不該被遺忘的女作家関露)」(『新文学史料』一九八三年一月)。
21　碧野「関露への追憶(思憶関露)」(『新文学史料』第1期、一九八六年)。
22　関露「私と佐藤女史(我與佐藤女士)」(『女聲』第4巻第1期、一九四五年六月)。佐藤俊子の死後、関露はその追悼文の中で佐藤俊子と、「三年間一緒にお仕事し、一年七ヶ月共同生活した」と言及した。
23　丁言昭編「関露年譜(関露生平年表)」『関露啊関露』(人民文学出版社、二〇〇一年一月)。一九四二年の項目を参照。また、盛英編『二十世紀中国女性文学史』(天津人民出版社、一九九五年六月)、二六二―二七〇頁。
24　蕭陽、広群『ある女性作家の運命――関露の一生を記す(一個女作家的遭遇――記関露的一生)』(北方文芸出版社、一九八八年五月)、一五二頁。
25　関露が『女聲』において、関露をはじめ、芳君、芳、藍などいくつかの筆名を用いた。

26　関露「妾日記（姨太太日記）」（『申報』一九三五年三月二四日、三一日、四月七日、一四日、二八日）、柯霊編『真夏の夜の夢（仲夏夜之夢）』（上海古籍出版、一九九九年一一月）、二五—二六頁。引用の原文は：「女人是属於男人的、孩子是属于父母的。被男人棄了的女人便没有地方去、父母不管的孩子、便不能長成！」「女人不靠男人可以在社会裏生活、替社会做事；要恋愛的話也随時有她的自由。没有父母的孩子、也有国家機関撫領、把他們教養成人。」「不過我想着空論如何這是有道理的。大家都応該這様去辦」。

27　佐藤俊子「幸福の一滴」（『新女苑』一九三八年三月）、一〇〇頁。

28　銭理群編「文壇大事記」『中国淪陥区文学大系史料巻』（広西教育出版社、二〇〇〇年四月）、一一九頁。

29　初出は、『雑誌』（一九四三年一〇月）。のちに『日本一瞥』（中日文化叢書第一種、中日文化協会上海分会、一九四四年三月）に収録される。本稿における引用文は『日本一瞥』によるものである。引用の原文は：「在二五年前、田村女士是日本文壇上最活躍而且是幾乎没有人不知道的女作家。（中略）後来、田村女士就離開日本而僑居到加拿大去。在加拿大有許多日僑、田村接近很多的日僑第二代—就是生在美洲的日本人—当時的日僑第二代的思想不是純粋日本化、他們滲入一部異国思想。又因為環境的特殊、少年的日僑第二代的思想也発展很離奇、他們很多都左傾。田村女士最後的作品就是受了少年的日僑第二代的左傾活動的影響。（中略）在「中央公論」上発表過「加里佛尼亜」、是描写両個愛好自由的女孩子和她的封建父母作鬥争。「小歩」是写的一批左傾的青年的運動、「侮辱」是描写一批少年日僑第二代為着思郷而回到自己的祖国来、回来以後的許多生活状況」。

30　武田泰淳「うらロ」『上海の蛍』（中央公論社、一九七六年）、一二六頁。

31　阿部知二「花影」『阿部知二全集　第5巻』（河出書房、一九七五年）、二三六頁。

32　佐多稲子は、一九四一年五月から六月にかけて上海で佐藤俊子と面会し、このときに関露と初めて会う。のちに一九四三年八月、東京で行われた「第二回大東亜文学者大会」に中国代表として参加した関露は、窪川稲子と『毎日新聞』で「日華両国女性の生活」（一九四三年八月二四—二六日）について対談を行っている。

33　中西功の紹介によって、関露が『女聲』に参与したことは、「中共諜報団」とはつながっている。「中国共産党情報科で、諜報訓練を受け、東亜同文書院（上海）出身の中西功ら六人のコミュニストが、尾崎秀実の紹介で入った満鉄調査部を根城にして諜報活動を行い、支那派遣軍の軍事機密情報を尾崎を通じて、ゾルゲや中共に通報した」という記述から、中西功を介して、地下工作員関露を『女聲』に送りこんだことがわかる。江上幸子「関露の『女声』への参加とその後」（『日中戦時下の中国語雑誌『女聲』——フェミニスト田村俊子を中心に』春風社、二〇二三年）、五三—五四頁。金宇澄『回望』では、諜報員であった父親（程維徳、金若望）の回顧によると、一九四二年二、三月にリーダーの知らせを受け、大世界『三和楼』で、ある日本人と面会することを命じられた。その座にはこの日本人（事後、中西功とわかった）と女性の胡さん（関露）がいた。もともと中西功の紹介によって、関露とともに『女声』に入る予定であった。三人で俊子に訪問したが、留守であった。その後、程維徳が『先導』月刊の創刊と編集に携わった。一九四二年六月、「中共諜報団」が摘発された際、金宇澄の父親も逮捕され、入獄した。金宇澄『回望』（新経典図文伝播有限公司、二〇二四年二月）、四三―四四頁。また、江上幸子「関露の『女声』への参加とその後」（『日中戦時下の中国語雑誌『女聲』』春風社、二〇二三年）、五二―五三頁。

34　中西功『中国革命の嵐の中で』（青木書店、一九七四年）。一九四二年六月、「中共諜報団事件」で中西功がメンバーの西里竜夫とともに警視庁の警察によって逮捕され、日本に送還される。一七二頁。その終始の一部は、「中国共産党対日諜報団並に之に関聯する外患に関する罪及治安維持法違反事件の取調状況」『特高月報』（一九四三年一〇月）を参照。また、ゾルゲ事件の摘発の八か月後、一九四二年六月に「中共諜報団事件」が起った。中西の供述によって、中国人関係者が逮捕された。『特高月報』には、この「中共諜報団」事件の取調状況について、二度にわたる詳細な報告書がある。江上幸子「関露の『女声』への参加とその後」（『日中戦時下の中国語雑誌『女聲』』春風社、二〇二三年）、五二―五三頁。

35　回憶潘漢年編輯組編『回憶潘漢年』（江蘇人民出版社、一九八五年）、一七〇頁。

36　阿部知二によると、O君は「横浜事件」で上海から内地へ連行されてしまった者である。「（細川嘉六の論文掲載の責任をとって退社（筆者注：改造社）、上海満鉄支局に在勤中、現地で逮捕護送さる）」という「横浜事件」の記述からみれば、O君が大森直道のことであると推測できる。『太平洋戦争下の労働運動日本労働年鑑特集版』（法政大学大原社会問題研究所、一九七五年一〇月）、一二七頁。

37　俊子が脳溢血で路上で倒れる直前、彼女は陶晶孫の家を訪ねていた。陶晶孫は一〇歳から大学時代まで日本で過ごし、日本人女性と結婚していた。彼は中国人留学生の文学結社「創造社」のメンバーであり、尾崎秀実とも親交していた。戦時中、上海にとどまり、長い間、〈漢奸〉というレッテルが貼られていた。だが、当時、抗日工作に携わっていた夏衍の一九八二年の証言によって「実際に彼も関露と同じように潘漢年の指導のもとに工作していた」と証明された。彼は一九三〇年代反戦を訴える人形劇「誰か本当のいい友（誰是真正的好朋友）」を創作した。そのなかで中国人女学生が日本と中国の子供たちをリードし一緒に歌う場面がある。「皆いい友達。皆いい友達。中国にも悪人がいるし、日本にも悪人がいる。悪人同志が連合して悪事を働き、さらにわたしたちに手伝ってもらう。はっきりしなけりゃいけない。彼らにいじめられてはいけない」のせりふには、反戦、反帝国主義の横断的な連帯の可能性を求めようとした陶晶孫の姿勢をうかがわせる。夏衍の証言については、陶坊資「父の追憶（回憶父親）」（『新文学史料』第4期、一九九二年）を参照。人形劇の記述とその一部の内容については、劉平「陶晶孫と「大東亜文学者大会」（陶晶孫和「大東亜文学者大会」）」（『新文学史料』第4期、一九九二年）を参照。

38　季瘋「語ると語らざるとの間（言與不言之間）」（『そぞろ思い（雑感之感）』新京益智書局、一九四〇年）。銭理群編『中国淪陥区文学大系史料巻』（広西教育出版社、二〇〇〇年四月）、一一二頁。

39　エティエンヌ・バリバール「階級闘争から階級なき闘争へ?」エティエンヌ・バリバール、イマニュエル・ウォーラーステイン『人種・国民・階級―揺らぐアイデンティティ―』若森章孝／他［訳］（大村書店、一九九九年六月）、三〇二頁。

40　同前掲書、三〇二頁。

第8章　日本占領下の上海における女性問題の変容
――プロパガンダ誌の女性文学と『女聲』の読者欄をめぐって

1　はじめに

一九三七年、日中戦争が勃発した。以来、中国側は、国民党が重慶に、共産党が延安に本拠地をかまえ抗日戦争をつづけた。しかし汪精衛は、蔣介石が主導していた重慶政府から離脱し、平和運動の名の下に、近衛文麿政権と協定を結び、一九四〇年三月三〇日に「南京政府」を発足させる。[1] つづいて、一九四一年一二月八日、太平洋戦争が勃発すると、上海は完全に日本占領下に組み込まれ、それは一九四五年八月一五日の終戦までつづいた。南京政府の宣伝部長をしていた林柏生は、嶺南大学時代に親友であった詩人、草野心平に宣伝部顧問を依頼し、以来、日本政府と南京政府の後援になる出版物が次々と出版された。こうした状況にしたがい、戦争のために萎縮していた上海文壇は活気を取り戻した。その理由は、「日本側に〈平和文学〉を提唱するという必要」があったほか、「中国愛国作家が許される範囲内で日本側の宣伝に対する抵抗の陣地」を構えたこと、また、「作家が困窮な生計を立てるために創作を行」う必要性もあったといわれている。[2] こうした複雑な政治状況の下では、掲載した刊行物の傾向から作家の政治的立場を判断することは容易ではない。

日本側が後援した出版物は、主に日本がイギリスから接収した太平洋出版印刷公司から出版されていた。この出版社は、それ以前は「レミント・プレス」を名乗っていた。責任者の名取洋之助は、一九四二年春、最初に子供向けの雑誌『新少年』を発刊した。編集長は室伏クララで、表紙と挿し絵の担当は村尾絢子であった。そして、「中国の女性の自立に役立つ雑誌」と銘打った雑誌『女聲』は、佐藤俊子が引き受けていた[3]。この雑誌は、「華中淪陥区で刊行時間が最も長くそして最も重要な婦女専門雑誌」[4]といわれており、第1巻第4号（一九四二年八月五日）から始まる「読者投書欄（信箱）」は、「圧倒的人気があった」[5]。その内容のほとんどは、中国女性が直面していた様々な問題や困難についての相談である。同時期の一九四二年、上海文壇に女性作家・張愛玲と蘇青が登場する。二人は、占領下の上海で最も売れた作家となり、作品を掲載した媒体はほとんど日本と南京政府が後援していたもので、その活躍時期は、ほぼ日本の占領期間と重なっている。女性雑誌『女聲』と張、蘇の二人が上海文壇に現れたタイミングときっかけは、高い同質性を持っている。その「読者投書欄（信箱）」に現れた女性読者の質問や問題が、同時期の張愛玲と蘇青の作品にも見て取れる。

中国の五四運動[6]以後に現れた女性作家たちが多く描くのは、「封建社会の家父長制に反旗を翻す」、民族と国家を視野に入れる革命的な女性である。蘇青と張愛玲は、封建社会で生き抜くために自分の肉体や魂を賭けた、計算高くしたたかな女性を多く描いて見せる。実際には、蘇と張が扱っていた女性問題は、『女聲』の「読者投書欄」にしばしば登場していた問題と多くの共通点を持っていた。この現象からわかるように、占領する側と占領される側の女性たちは、敵対状態にあった国家のレベルを越え、「日常的」、「個人的」というレベルの普遍性を共有していたのである。この〈女性問題〉の普遍性をとおして、俊子は、敵対状態に置かれている国家によって分断された「女性同士の絆」を、「占領下の上海」という特殊な時空間に「国家政治《インターナショナル》を越える・女性同士の絆《シスターフッド》」として発見したのである。

本章は、「プロパガンダ誌」『女聲』に「女性」をめぐる問題と、上海淪陥期に人気を博した張愛玲の小説に見られる〈女性問題〉とを相関的に比較することによって、当時、雑誌『女聲』が果たした役割がいかなるものであるか、上海淪陥期における「女性問題」の特徴、そして、編集長をつとめていた佐藤俊子が、その晩年にどのように「女性」の問題と取り組んでいたかを明らかにする。

2　『女聲』の「読者投書欄」にみる女性問題

佐藤の『女聲』が創刊される以前、同名の女性雑誌（月2回刊行）があった。これは、一九三二年一〇月一日から一九三五年一一月にかけて刊行されていたものであるが、佐藤俊子の『女聲』は、この雑誌の名称を引き継いだだけでなく、「表紙に刷られた『女聲』という誌名の書体、版型、全体の割付けに至るまでそっくりで明らかに第一の『女聲』を〝盗用〟した」という指摘がある。[7] 第一の『女聲』は、一九三二年一月第一次上海事変直後、「抗日」の雰囲気が充満していたなかで創刊された。編集長の王伊蔚は、社長劉王立明と編集方針をめぐり対立したため、一九三四年九月から王伊蔚が一人で編集を引き受けた。その後、女性問題を「社会全体の変革及び民族解放運動の一環と捉え、社会変革の理論紹介とともに救亡運動を積極的に押し進める」という編集方針の転換が見られた。当時、ソヴィエトの状況の報道も紙面に現れるほど、この雑誌の社会主義的傾向は明らかであり、また、ラディカルな女性誌に変身した。そのためか、一九三五年一一月、国民党の弾圧によって停刊に追い込まれた。

佐藤俊子の『女聲』が、この最も急進的、そして抗日的な雑誌の名前を「継承」した理由は、当時、中共の地下工作員であり、俊子のアシスタントであった関露の「提案によるのかもしれない」し、また関露は「みずからの決意として、心のある読者にも伝えたかったのではないだろうか」[8]とされている。ここでさらに注目したいのは、俊子の社会主義に傾く姿勢である。もし、俊子が第一の『女聲』の趣旨を承知していたとするならば、彼女が、それを継ぐことに賛同した可能性は極めて高い。

また、俊子は、『女聲』に取り組む前、すでに中国の女性問題を認識していた可能性がある。カナダのバンクーバー時代、「社会主義者の傾向を持ち初めてゐます」という時期、「ブラック女史の（ラルセル夫人）"Lattest〔ママ〕thing and other thing"といふ本を買つて来たところ。新刊です」[9]（湯浅芳子宛書簡、一九二二年一〇月三一日）と、ドラ・ラッセル夫人の書物を読んでいたことがわかっている。*Lattest Thing and Other Thing* の初出は不詳だが、一九二〇年五月から一九二一年五月にかけて、バートランド・ラッセルが北京大学の客員教授として赴任した際、同伴していたラッセル夫人が綴った中国の見聞記であると推測できる。社会主義者であったラッセル夫婦は、中国からイギリスに帰国する際に日本に立ち寄る。このとき、伊藤野枝と大杉栄と対面して意見を交換したと、のちにラッセル夫人が回顧している[10]。

帰国後、ラッセル夫人は、『女性改造』（一九二二年一〇月）に寄稿し、その論文「支那に於ける女権主義と女性改造運動」の序で、次のように述べている――「私は英国へ帰つてからする事が随分沢山あり、初め赤ん坊が丈夫でなかつたので、私共は随分心配しました。それが為め余り書けませんでした。然し今度女権主義に関する原稿を一つ書きましたから、改造又は貴方の婦人雑誌にお載せ下さい」[11]。この時期、この一文以外にラッセル夫人の「新刊」がほかにあったとは考えられないから、*Lattest Thing and Other Thing* の内容は、おそらく「支那に於ける女権主義と女性改造運動」と重なるのではないかと推測できる。つまりそれは、当時の中国における「女権運動」の現況を紹介したものであったのであろう。ラッセル夫人は、中国の女権運動の女性たちは、「殆ど総ては社会主義者」だと認識し、中国の女性主義運動は「将来有望」と評価している。このラッセル夫人の紹介をとおして、俊子は、おそらく中国の「女権運動」を認識していたと思われる。

一九三八年一二月、『中央公論』の特派員として中国に赴き、俊子は、「中国女性」についていくつかのルポルタージュを書いた。例えば、「上海に於ける支那の働く婦人」（『婦人公論』一九三九年二月）、「知識層の婦人に望む──日支婦人の真の親和」（『婦人公論』一九三九年三月）、「日本の婦人を嗤ふ支那の婦人」（『婦人公論』一九三九年九月）などである。これらのルポルタージュからわかるように、俊子は、中国女性をかなり高く評価していた。だが、当時の時代背景からすれば、「日中女性の親和」という俊子の主張は、日本側の「大東亜共栄圏」政策に回収されかねなかった。言い換えれば、俊子のカナダのバンクーバー時代に体験した「国際的」共闘と、それによって彼女に芽生えた社会主義的思想を理解しなければ、俊子は単に日本の「大東亜共栄圏」政策の協力者であったとされかねない。

中国女性への感情について、俊子はかつて次のように述べた。「民族は異なつてもお互ひに婦人は婦人としての──婦人の生活のみに限定された共通な立場があり、日支婦人は手を携へて同じ婦人の向上の為に進まなければならぬ[12]」、「私は支那婦人は非常に好きである。（中略）そして、其の魅力を、一つの宿命的な異邦の女性同士の涙の約束のもとで感じるとき、一層支那婦人を愛さないではゐられないやうな友愛的な衝動を、私に覚えしめるのであらう[13]」。この発言を裏付けるかのように、俊子は死去するまで『女聲』の編集と発行を全力で推進する。また、中国の女性問題の理解を深めるためであろうか、中国語の学習にも努めていた。それは、「私のところへ支那語を教へにくる若い支那の婦人がある[14]」という俊子の記述から窺える。とはいえ、『女聲』の編集長を担当する一九四二年五月以前に、俊子はすでに、前述したルポルタージュからわかるように、中国の女性問題をある程度見聞し、理解していたといえよう。

しかしながら、中国語が出来ない佐藤俊子が、どのように『女聲』の編集に関わっていたかは、従来はっきりとはわからなかった。[15]近年の研究によると、俊子をサポートし、『女聲』の編務を担当していたのは、関露、凌大嶸と趙蘊華の三人であるということがあきらかにされている。[16]当時、俊子が実際にどのように『女聲』の「読者投書欄」に関わっていたかは、戦後、草野心平たちの証言によってわかっている。[17]日中文化協会上海分会に勤務していた会田綱雄は、草野心平と当時の状況を回顧し、二人の対談のなかでこう述べていた。

田村さんは「女声」を一生懸命やってはいたが、あまりおもしろい雑誌ではなかった。ただ一つ人気のあったのは、田村さん自身も言っていたが、人生案内。これには女の子は投書してくる。道ならぬ恋をして困っているとか、日本人に口説かれて困っているとか、その他複雑な問題、仕事のこと、あらゆる相談が来る。中には冷やかしもあったろうが、せっぱ詰まったものだらけで、毎月相当の量が来てたね。それに対して田村さんが全部一人で書き、答えてた。書くといっても中国語はできないから、英語に翻訳してもらい、真剣に考えて、例のカナダなまりの英語で、かんで含めるようにいって、関露に中国文にさせてるんだな。細かい活字で毎月六ページぐらいあって、あれは圧倒的人気があった。あとは堅くてつまらなかったが。これだけをまとめて一冊の本にしようかと田村さんに言ったこともあったが。投書の回答は真剣に考えているときの田村さんは、日本人でもないし、もちろん中国人でもない。本当にあの人らしい女のコスモポリタンだったね。おもしろい人だった。[18]（傍線筆者）

『女聲』の発行部数は不明であるが、その最盛期には、雑誌取り扱いの地域は、蘇州、常州、常熟、鎮江、南京、嘉興、太倉、松江、硤石、蕪湖、蚌埠、徐州、穂県、盧州、沐陽、漢口、靖江、如臯、南通、興化、揚州、泰県、宝応、北京、天津と、二五ヵ所にも及んでいた。[19] また、「編者後記」には、読者からの在庫についての問い合わせに対する返事がしばしば掲載されていた。たとえば、「読者のみなさま、以前の在庫についての問い合わせをしないでください。在庫はすでに売り切れになつています」（「餘聲」『女聲』第3巻第2期、一九四四年六月一五日）という。発行部数が不明でありながらも、前述した状況から見れば、当時、『女聲』には相当数の読者が存在していたと推定できる。[20]

会田の証言からわかるように、俊子は、『女聲』「読者投書欄」に傾注していた。俊子は、日本文壇で活躍していた大正期に、日本ではじめて創設された女性の「身の上相談欄」に関わっていた。この経験が、おそらく『女聲』の「読者投書欄」に活かされたのではないかと思われる。一九一四年四月三日、『読売新聞』は、日本初の女性のための全面一頁の「婦人付録」を創設した。その際、「婦人付録」の編集陣には、婦人雑誌の編集に詳しい羽仁吉一を編集顧問として迎えたが、編集主任・小橋三四子が実質的な責任者であった。さらに読売新聞社は、与謝野晶子の「入社と同時に田村俊子も亦入社を諾せられたるを以て、以後閨秀文壇の双璧は共に力を『婦人付録』に致し、光彩を放つべく、永く『読売の二才媛』の名は大正文学史を飾る得べし」（『読売新聞』一九一四年三月二三日付、朝刊1面）と、二人の入社によって、後援を得たことを連日の広告で大々的に宣伝していた。また、のちのバンクーバー時代に俊子は、日系紙の『大陸日報』「婦女欄」や『家庭雑誌』に執筆していたほか、夫・鈴木悦が一九二四年三月に創立した労働組合・民衆社の機関報『日刊民衆』の編集にも携わっていた。これらの経験を踏まえて、俊子は『女聲』に取り組んでおり、『女聲』を「華中淪陥区で刊行時間が最も長くそして最も重要な婦女専門雑誌[21]」にしたことが容易に推測できる。

当時、政治状況が複雑で、変化が目まぐるしい淪陥期の上海では、『女聲』の「読者投書欄」に投書する者の身分は見極めにくい。また、それを探求するのは、筆者の意図ではない。そのかわりに、『女聲』の「読者投書欄」に現れた問題をとおして、戦時期の上海における「女性問題」の傾向を観察するのが目的の一つである。『女聲』の「読者投書欄」の変遷をみれば、俊子が「読者投書欄」をどのように考えていたかが知れる。『女聲』に「読者投書欄」が初めて現れたのは、第１巻第４期（一九四二年八月一五日）である。また、『女聲』の創刊以来、俊子は、筆名「俊生」で「映画欄」を担当していたが、この第１巻第４期から、それは「蘭」（関露の筆名）に代わった。これは、「読者投書欄」が創設された時期にあたるので、俊子が「読者投書欄」に専念するため、「映画評論欄」の担当を関露に代わってもらったと考えられる[22]。この「読者投書欄」は、第１巻第４期から終巻の第４巻第２期まで続けられた[23]。つまり、一九四五年四月に俊子が亡くなっても、「読者投書欄」は続けられた。とはいえ、第４巻第１期（一九四五年六月一五日）以後、「読者投書欄」の編集に変化が起こった。それまで「信箱」とネーミングされていた「読者投書欄」は、「雁足伝書」に変更され、採用された書簡も極端に減った。さらに、その次号の第４巻第２期（一九四五年七月一五日）の「編者後記」には、「読者投書欄」の編集方針が変更されたことをつげる記事が見られる。「我々は『雁足伝書』をただ個人の問題のためのコラムにしたくありません。ここにおいて、一般的な青年や女性問題に関する議論を展開していきたいのです。そのため、単なる個人的な問題の投書にたいしては、その内容を公刊せず簡単に返事するだけにとどめます。同時に、読者にはっきり申し上げたいことは、我々は一般的問題に関する投書を歓迎するということです。読者たちもこの方面に関して投書してほしいのです」とある。この編集方針変更の説明から、いままでの「読者投書欄」は、身の上相談に重きを置いていたことがわかる。

「読者投書欄」に寄せられた女性問題の多くは、日中戦争以前に既に存在していたものである。また、これらの問題は、俊子の初期作品のなかにすでに多く描かれていた。編集責任者でもある関露が二つの自伝的小説『新旧時代』（一九四〇）と『女聲』に掲載した「黎明」（一九四五）に描いていた女性問題は、佐藤俊子の作品主題のそれと相通じているだけでなく、「読者投書欄」にもみてとれる。つまり、俊子は、これらの中国女性たちと共通していた問題意識を抱えていたといえる。これらの女性問題は、戦争によって一層深刻化した。分析すれば、そこに三つの傾向が見られる。その一つは、女性の「貞操観念」に関する問題である。「読者投書欄」に最も多く見られるのは、「親決め結婚」ないし「脅迫結婚」に悩む相談が多い。第1巻第7号（一九四二年一一月一五日）のなかで、「林紋」という読者は、次のような相談を寄せていた――「26歳の女性です。十年前、私の歳と倍も離れている、母親が決めた相手と結婚をしました。その時、若くて無知でした。また、故郷（福州）が封建思想に充満しているため、反抗しようがありませんでした。彼は、結婚後、直ぐ上海に戻りました。去年、急に手紙を寄せて上海に呼び出されました。そこで何日か過ごすと、彼の正体が見えてきました。彼は金の力を借り、女性をもてあそぶ悪魔です。彼はすでに多くの子供を持っていただけでなく、その子供たちは異母兄弟ばかりでした」。佐藤俊子を中心とする編集部からの返答は以下の通りである――「あなたが提出したのは、議論すべき問題だと思います。あなたの問題は、まさに現在、多くの女性が苦しんでいるそれと同じです。我々の社会は、依然として男性中心なので、旧い封建思想の毒素が相変わらず消えていないため、多くの女性が余儀なく犠牲になってしまいました」[24]。一九四〇年代の中国においては、封建思想の残滓が、相変わらず女性の運命を大きく左右していたのである。第3巻第3期（一九四四年七月一五日）に投書してきた、「吟梅」と署名された読者の不幸は、同じく「親決め結婚」がもたらした悲劇であった。「二二歳の女性です。一九歳の時、父親が留守をして、また家計が苦しかったため、母親に放蕩なお坊ちゃんと結婚させられました。（中略）結局、去年の春、夫が重い梅毒にかかって、私にも移りました。（中略）人生をやり直そうと思うのですが、目上の人たちが旧思想の持ち主が多いため、もし実行に移せば、必ず裏切り者扱いとされ、『淫乱』というレッテルを貼られかねません」と悩んでいる。それに対して俊子は、次のように助言した――「旧思想と旧制度に対して必ず反抗するしかありません。恐れたり、妥協したりしてはいけません。もし恐れて妥協してしまえば、死ぬまで屈辱を味わうしかありません」[25]。

この時期、若い女性でも、「貞操」観念の束縛から逃れることはできなかった。第4巻第2期（一九四五年七月一五日）には、後家であった母が恋に落ち、子供まで作ったことについての相談があった。「一八年前、父親が亡くなって、母親と私は十八年間、辛い生活を送ってきました。日中事変以後、思わず母親は恋に落ち、男の子を生み、その子を里子として出しました。（中略）母親をその相手から別れさせようと考えているのですが、どうすればよいのでしょうか」という。この時、佐藤俊子はすでに他界していた。俊子の死後、その返答役を引き受けた編集室は、次のように答えた――「女性が後家になってからもずっと操を守っていくという考えは、腐朽した社会から生まれてきたものです。腐朽した社会は女性を見下し、奴隷扱いしていました。奴隷であるならば、必ず一人の主人に忠実に尽くしとおさなければなりません。主人を乗り換えてしまえば、無節操なことだと思われます。社会は女性に貞操を守らせるだけでなく、男性も女性に貞操を守ることを押しつけます。（中略）我々は現代人なので、因襲的な古くさい思想を持ってはいけません。我々は女性を『人間』と見なさなければなりません。男と同じような『人間』であり、奴隷ではありません。『人間』に出来ることであれば、女性も出来ます」[26]。

投書のもう一つの傾向は、生活苦についての相談である。戦争がもたらした生活苦は、一般民衆、とくに女性を圧迫したが、その様子も投書からわかる。第3巻第4期（一九四四年八月一五日）には、「秋華」という女性が、戦争によって生活苦に陥った女性に、職業を紹介したいと投書をしている――「私はこのコラムの愛読者です。同性たちの様々な困難に対して、編集者の先生がいとわずに詳しく回答して下さることは、女性たちにこの上ない幸福をもたらしています。才色兼備の良家の令嬢や名門の淑女は、戦争のせいで、あっという間に身よりのない難民になり、種々の苦痛を味わっています。さらに、いとおしい父母を失い、親戚の居候になったり、娼婦に身を落とした彼女たちの状況を見て、本当に悲しく思っています。私も、戦争に家庭を壊滅されてしまい、上述した女性たちのような苦難に遭遇しました。（中略）昨日、三から五名ぐらいの女性を求めるよう、数人の友人に頼まれました。待遇は悪くありません。適切な人材は少ないので、この情報を掲載し広く紹介していただきたいのです。百貨店の女性職員一名、見習い一名、会計係一名、そして図書販売部のセールス・レディ一名を探しています[27]」。

さらに、戦争によって一家の大黒柱を失ったため、余儀なく娼婦になり、家族を養っていかざるを得なかった女性から、自分の「汚れた」貞操を救済して欲しいという投書が寄せられる――「私は、甘んじて堕落してしまう者ではありません。生活のため、ガイドガールになることを余儀なくされました。六年前、私も幸せな家庭を持っていました。私の故郷の昆山には、両親や兄弟姉妹がいました。しかし、私の幸せな家庭は、戦火のせいで壊滅してしまいました。砲火の下で父親が亡くなり、兄が行方不明となり、母親が身障者になってしまいました。残されたのは、私の弟と妹だけです。（中略）去年から私は、家族のため、ガイドガール、そして不定期に踊り子をしたりし、そのあげく淫売も行いました。社会に最も軽蔑され、卑しい人間になってしまったのです。（中略）先生、まともな職業を教えてください。私の家族の生活を維持さえ出来れば、どんなに辛くても辛抱いたします」（第

2巻第4期、一九四三年八月一五日）。この16歳の少女に対して、俊子は次のように返答した――「現在の道を歩むのは、あなたのせいではありません。あなたは、虚栄や享楽の生活のためにしているわけではありません。あなたは、生活の圧迫のため、そして生き抜くためにしているのです。（中略）あなたの苦痛はよくわかります。良い道を歩んで欲しい。ただし、現在の状況は、とても難しい。あなたとお会いし面談して、なんとか方法を考えましょう」[28]。

「女」としての生き方についての相談は、この投書欄にしばしばみられるもう一つの典型的なものである。「淪陥区」の上海において、女性たちが、「女」としての生き方に疑問を感じ、『女聲』にその解答を求めていた例が多く見られる。第1巻第9期（一九四三年一月一五日）で、「緒明」という投書者が次のような質問をしている――「結婚と事業は同じくらいに重要だと思います。現在の社会では両者を同時に営むことは難しいようです。そのため、どちらかを選ばなくてはなりません。国家は、我々を教育していたのに、何故、我々を見捨てるのでしょうか。職業を持っていれば、必ず結婚を放棄しなければならないのはなぜなのでしょう。もちろん、不条理な社会だからこそ、このような現象が存在してしまうことはわかります。とはいえ、このご時世だからと、あきらめる以外に方法がないでしょうか」。それに対して、俊子は、次のように返答し励ましている――「あなたの問題は、まさに現在、中国の若い女性が苦悶して解決せねばならないことです。結婚と社会で働く事は、両者とも不可欠です。まず、自然に従うことでしょう。それから、社会のことを考えなければならない。女性は、社会と国家の一部なので、独立して事業を行うべきです。しかしながら、現在の社会には、この両者が常に衝突しあい、お互いを妨害し合っています。（中略）この言葉を覚えてください。『女が、もし男と同じようなことをやろうとしたら、男より何倍もの気力を用いなければなりません』。とはいえ、努力すれば必ず収穫があります[29]」。

また、中国社会には封建社会の悪習が、依然、存在しているため、女性が常に犠牲になったり、男性に依存する羽目になると指摘する投書もしばしば見られる。第2巻第2期（一九四三年六月一五日）の、「侃敬」という読者の投書は、『女聲』の創刊に感激したことや〈女性問題〉に関する感想を綴っていた――「貴刊の出現は、我々女性の前途に明るい灯火を照らしてくださり貴重です。我々を何時までも照らしてくださり、我々を前進させていただきたいのです。女性の運命は、男子より不幸です。彼女たちのすべては、環境や人の手によって支配されております。（現在の社会において、女性が自主権を持ち、自分の将来を発展させていく者も少なくありませんが）、そのため、自分を犠牲したり、家庭に依存せざるを得なかったりしています[30]」。第1巻第11期（一九四三年三月一五日）では、「女性が目標のないとき、結婚は唯一の道でしょうか」という女性の生き方についての質問があり、それにに対して、編集者は次のように述べている――「中国人全般にみられる悪い習慣は、安逸を貪ることです。財産さえ持っていれば、これから安泰の生活が保障されていると思います。（中略）この人々は、国民と民族の子孫というより、むしろお蔵のネズミと害虫です。（中略）女に至っては、社会の慣習に囲まれ、父親と夫が財産さえ持っていれば、労働をせずに閨の奥に入ってしまうのです[31]」。このように、封建社会の悪習にしがみつく女性を批判していた。

『女聲』の「読者投書欄」に浮上するこれらの女性問題は、格別珍しいことではないかもしれないが、ここで注目したいのは、なぜ、この時期、これらの女性問題が浮き彫りにされたのかである。投書への返答に対して、『女聲』の編集部は、女性が経済と人格面において自主性を持ち、そして伝統的な貞操観念を打ち破ることを主張している。これらの主張は、佐藤俊子が文壇に登場して以来、繰り返し描いた主題の延長であっただけでなく、戦時中の上海という非常時の時空のなかで、関露が「女権主義と愛国主義との接合のところを充分利用し、戦争期における我と敵と対立しているナショナル言説を薄め、女子の貞操論など、五四運動のジェンダー議題の議論を蒸し返した[32]」という特徴とも密接に関係している。実際、これらの女性問題は、この時期の淪陥区文学の傾向とも深く関わっている。日本占領下の上海文壇には、「反日」「抗日」などの政治がらみの主題が一切消えてしまったため、文学の中心は、「個人」「両性問題」に移っていた。そのため、淪陥区の詩人や作家たちは、その創作主題を、「時代の中心テーマ〈愛国抗日〉から〈日常性〉や〈普遍的人間性〉[33]」へと移さざるを得なかったのである。この〈日常性〉や〈恒常性〉をテーマにしながら、日本占領下の上海で、女性を描く作品を通して一世を風靡し多数の読者の支持を得たのが、張愛玲と蘇青である。

ここでひとつの疑問が生じる。日本占領下の上海において、『女聲』やその他の「プロパガンダ誌」に作品を発表していた張愛玲や蘇青が、なぜ、上海の読者たちに受け入れられたのであろうか。この問題は、国際都市・上海の形成過程とそれによって生じた様々なナショナリズムと関係していると思われる。

一八四五年に初めて上海のイギリス租界が確定されてから、何度も租界の拡張が行われた。そして一八九九年には、共同租界に最後の拡張があり、正式に国際共同租界（International Settlement）という名称になった。そのなかには、イギリス租界、アメリカ租界、そしてフランス租界が含まれていた。上海の人口も、租界の設置を契機とし国内各地から流入し、「華洋雑居」という状態で増大した。それに伴い、上海経済が発展し、教育の普及率も高くなった。その人口を階級的に区分すれば、ブルジョアジー、都市中間層、労働者層、そして下層民になる。このなかで都市中間層は、おもに各地からあつまった学生によって形成され、またそこには多くの女性も含まれていた[34]。

そのため、上海のナショナリズムは、「一種のコスモポリタン的な様相を呈しており、そこに求心的なナショナリズムなどはまったく存在しなかった[35]」といわれている。また、「上海人のナショナリズムの流れには、じわじわと目的を成就していこうとする穏健な流れもあれば、急激に要求を達成しようとする過激な流れも[36]」あり、多様化していた。

『女聲』の「読者投書欄」と、張愛玲と蘇青が執筆していた「プロパガンダ誌」は、この多様化された上海でこそ、読者、特に「都市中間層の女性」の読者に支えられたのではないかと考えられる。しかしながら、張愛玲や蘇青は、戦時中、日本のプロパガンダ誌や南京政府の要人と関わったことが禍いとなり、一九四九年以後、中国近代文学史からほぼ完全に抹殺された。八〇年代以後、張愛玲と蘇青の、特に張愛玲の文学がようやく見直され、復権されつつある。その理由は、彼女の作品が「大文字の『民族』や『国家』へのアイデンティティという呪縛から解き放たれた視座を獲得し、そこから矛盾に満ちた人間存在を凝視している[37]」ことにあるとされている。つまり、張愛玲たちの文学は、中国の五四運動以来、「民族」「国家」というテーマの下に隠蔽されてきた「個人」を凝視し直していたので、多くの読者の共感を得ていたのである。実際、彼女たちの文学と『女聲』の「読者投書欄」に見られる女性たちの諸問題は共通しており、それは、ある意味で時代の反映であった。

3　日本占領下の上海文壇で活躍した女性作家たち――張愛玲と蘇青が描く女性問題

前述したように、日本占領下の上海文壇には、「反日」「抗日」などの政治がらみの主題が一斉消えてしてしまったため、文学の中心は、「個人」や「男女問題」に移っていた。そのため、女性作家がもてはやされ、中国近代で最も重要な女性作家の張愛玲[38]と蘇青は、たちまち上海文壇の寵児となり一世を風靡した。また、これらの女性作家の出現によって中国女性文学は新たなピークを迎えたともいえよう。

中国の五四運動以後、女性作家が「反逆の娘」として現れ、彼女たちが描く家父長勢力に反抗する女性像は、中国近代女性文学の初期の象徴となった。五四時期の女性たちは、封建家庭の束縛、恋愛の自由等の問題点に目覚め、個人の意志と自我の価値を追求し、ちょうど『人形の家』の女主人公・ノラのように、経済的自立をいかに獲得すればよいかを模索していた。

その後、外国からの侵略がさらに深刻化したため、五四時期以後、浮上しつつあった女性の声は忽ち周縁化され、男性作家が前面に打ち出す「民族」「国家」という主題に呑み込まれ、消えてしまった。国民党勢力地域（＝国統区）において、日本の軍事侵略によって、女性の主体問題は周縁化され、雲散霧消した。女性にとっての「明るい将来」は、むしろ「個人を、放棄し乃至さげすんで、その全身全霊を民族に捧げる」ことにあったといわれる[39]。それに対して、共産党の勢力範囲（＝解放区）では、社会主義に基づく女性解放運動は、「政治面」と「経済面」において両性平等の局面に達したといわれている。そのため、女性たちは、すでに五四時期の女性たちより一歩進んでいたともいえる。とはいえ、このような解放区における女性像は、ほとんどの場合、男性作家によって描かれていた。また、「女性解放」の目標も、男性作家によって規定されてしまった。例えば、丁玲や蕭紅などの左翼女性作家は、男性支配に反対すると、階級闘争の裏切り者として扱われたのである[40]。つまり、女性は本格的な「発言権」を獲得したとはいえなかったのである。

日本占領下の上海文壇において、女性文学が発展する契機となった要因は、二つあるとされている。その一つは、女性たちが、女性を語れるようになり、女性が未曾有の発言権を得たためである。もう一つは、日本軍による言論統制下で、「愛国抗日」の行動を選ぶか、それとも「漢奸文学」の創作をするかのあいだで、「個人」「恋愛」「両性関係」のテーマは、好きなだけ論じることができたことである。一九三〇年代以来、周縁化されてきた女性の声は、日中戦争の勃発によって消失してしまったが、淪陥区という時間・空間がもたらした「牢獄の自由」によって、女性たちは発言権を獲得した。女性作家たちは、自らの目に映る女性像、そして自分から見た男性像を自由に描くようになった。日中戦争が勃発したのち、文化陣営は、それぞれ国民党勢力地域（＝重慶）と共産党地域（＝延安）に移転したため、上海のような淪陥区に残ったのは、中国の伝統文化と植民地の西洋文化との混血文化だけであった。そのため、従来、男性作家たちが主張していた、「社会」と「国家」に対して責任感を持つ文学という伝統的規範は、もはや存在しなかった。女性作家たちを抑圧する勢力が不在であったため、皮肉なことに中国の近代女性文学は、淪陥区の上海で開花期を迎えた。[41] 淪陥の上海文壇で、最もてはやされた文壇の寵児・張愛玲が「廃墟の上で咲きほころんだ罌粟の花」と喩えられる理由は、この環境とは無関係ではない。

張愛玲[42]は、太平洋戦争の勃発によって香港大学の学業を中断し、上海に戻った。一九四三年以後、彼女は、断続的に英文エッセイを英文雑誌『二十世紀』（The XXth Century）に発表した。と同時に、彼女は、一九四三年五―七月、周痩鵑主催『バイオレット』（紫羅蘭、第二―四期）で初めて小説「沈香屑：第一炉香」を発表した。その後、『古今』『天地』『雑誌』など、日本のプロパガンダ誌に寄稿し始めた。「沈香屑：第一炉香」をはじめ、「ジャスミン・ティー」（茉莉香片）（『雑誌』一九四三年七月）、「沈香屑：第二炉香」（『紫羅蘭』一九四三年八月）は、香港を舞台にしていた小説であり、「上海人」のための「香港の物語」でもある。ここで注目したいのは、「傾城の恋」（『雑誌』第11巻6期、第12巻第1期、一九四三年九月―一〇月）と「封鎖」（『天地』第2期、一九四三年一一月）二作品である。この二作品は、まさに「戦争」と「女性」の主題と深く関わっていたからである。

「傾城の恋」のあらすじは、次のようなものである。旧家に生まれた女主人公・白流蘇は、出戻りであったため、大家族の実家の中で居心地が悪い。妹のお見合いに同伴していたが、そのお見合い相手の范柳原は、流蘇の方を見初めた。流蘇は、社交ダンスという西洋のマナーを備えているうえ、中国の伝統的な女性の風情にあふれている。そのため、イギリス育ちの華僑・范柳原は魅了された。とはいえ、彼は、手練手管に満ちたプレイ・ボーイで、流蘇と結婚するつもりは毛頭ない。一方、流蘇も打算的で、実家からの脱出用の助け船として、そして「経済の考慮」のために、范柳原との結婚を望んだ。しかしながら、流蘇は、現実に妥協してしまう。彼女は香港に赴き、彼の愛人になった。その一週間後の一九四一年一二月八日、范柳原は、イギリスに向かった。だが、太平洋戦争の勃発で、彼を乗せた船が香港に折り返してきた。范柳原は、戦乱によって立ち往生したという現実と妥協し、流蘇の望み通り、彼女と結婚した。

「傾城の恋」は、決してロマンティックな恋物語ではない。「身勝手な一人の男」と「身勝手な一人の女」が、戦時期の中でいかに現実と妥協して生きるかという話である。物語全体にわたり、戦時期を生きる人間の虚無感や無常観があふれている。

范柳原は、香港の浅水湾にある城壁で流蘇に次のような告白をした――「この壁、何故だかわからないが、天が老い、地が荒むというような言葉を想起させる。…もし、ある日、我々の文明はすべて壊滅してしまい、何もかも無くなり――焼き尽くされ、爆撃されてしまい、崩壊されしまったというとき、この壁がひょっとしたら、まだ残る。流蘇、もし、あのとき、私たちがこの壁の下で出会ったら、流蘇、たぶん、あなたは私に少しの真心を、私もあなたに少し真心を抱くようになるかも知れない」[43]と、お互いの欺瞞性を暴き、お互いの打算高さを率直に認めあった。だが、皮肉なことに、最後、流蘇が范柳原を獲得したきっかけは、次のような偶然の出来事によるのである――「香港の陥落は、彼女の恋を成就させることになった。この不条理な世界の中で、原因は何か、そして結果は何かがわかる人がいるか。彼女の恋を成就するため、ある大都市が転覆してしまった。何千何万人が死んでいき、何千何万人が苦しんでいた。そして、天地を転覆するほどの大改革が起こった。ただし、このようなことを知る人がいるか。流蘇は、歴史における自分の位置が、微妙なものとは思わない[44]」。

「民族」や「国家」という従来の中国文学作品のテーマは、張愛玲の作中世界には存在しない。「傾城の恋」の女主人公・白流蘇にとっては、「香港」の陥落や、日本がさらに中国への侵略を深化していくということより、自分が范柳原と結婚できるか否かの方が、生死を左右する問題である。「国家」や「民族」の転覆は、ただ一人の女性の恋を「成就」するためのものにすぎないという主張は、作家・張愛玲が五四時期以来の文学的伝統にたいして行った挑戦であったともいえよう。

「傾城の恋」を発表した直後、日本占領下の上海の日常生活を通して「両性関係」を描写する「封鎖」（『天地』第2期、一九四三年一一月）が発表された。「封鎖」は、非常線が張られて立ち往生した路面電車の中で出会った見知らぬ男女二人が、その一瞬の空間と時間の中で短くはかない恋に落ちるという物語である。主人公・呂宗禎は、華茂銀行の会計士である。封鎖によって立ち往生した電車の中で、時間をもてあましていたが、普段から嫌っていた親戚の子と偶然に一緒だったので、彼から逃れるため同乗した呉翠遠に話しかけ始める。呂宗禎は、すでに結婚し二人の娘がいるが、呉翠遠は「女性職業の記録を打破し」、大学の英語の先生となり、「勉強より婿探しにはもう少し力入れさせればよかったと両親を悔やませている」という、結婚適齢期をやや過ぎた女性である。呂宗禎は、呉翠遠に会社のことや自分のことを語って聞かせ、そして、最後に、彼女に対する自分の気持ちを告白する。このとき、封鎖を解除するベルが鳴り、電車が動き出した。呂宗禎は、何も起こらなかったように自分の席に戻る。

非常線が解除され、上海は、眠りから目覚めた。呉翠遠は、自分が静止していた時間と空間の中で恋に陥ちたのは、上海市がその眠りの中で見た夢と同じようなことにすぎないと気付く。「電車の中に電気がついた。彼女には、遠く離れている元の席に座っている彼が見えた。彼女は、少し震えていた——彼は電車から降りてない。

彼女はわかった。封鎖の期間中何も起こらなかったに等しい。上海全体は、一瞬眠りにつき、不条理な夢を見てしまった[45]」。

張愛玲の作品が、日本占領下の上海で人気を博したのは、前述した二つの作品からもわかるように、戦争のさなかの乱世の中で、多重に制限されている環境の中で、したたかに生きてゆく女性の姿を描いているからである。一九四四年八月、彼女の最初の小説集『伝奇』が出版され、僅か四日で売り切れになった。同年一二月、散文集『流言』が刊行され、僅か三ヶ月で三版を重ねた。その売れ行きから、彼女の人気ぶりが知れる。

日本占領下の上海で、筆一本で自分の生計を支える彼女は、この時代を生きてゆくことは女性にとって決してたやすいことではないことは百も承知であった。新旧時代という過渡期に生まれ育った中国女性にとって、家父長制に拘束されることが現実であった。張愛玲も、この現実をしっかり受け入れ、したたかに生きてゆく女性像を描いた。彼女のこうした作風は、男性作家を意識しながら、「追いつき、追い越せ」と頑張った五四運動以来の女性文学伝統とは違い、「アンチ・ロマンティシズム（Antiromanticism）」といわれている[46]。

占領下の上海文壇で、張愛玲と人気を二分していた蘇青も、張愛玲と同じように、当時の中国社会で女性が置かれた状況がいかなるものであるかがわかっていた。誇り高い張愛玲は、かつてこういった。「もし、どうしても自分が女性作家に分類されて評論されなければならないとするならば、私は自分が氷心[47]、白薇[48]たちと比べられたら、とても誇りとは思えない。蘇青と同じく論じられるなら、私は納得する[49]」。

蘇青[50]が、結婚後の一九三九年から文筆活動を始めたそのきっかけは、「女の子を出産したため、社会から受けた不公平な扱い」を訴えたいと思ったことである[51]。上海が日本に占領されたのち、蘇青の夫は、弁護士事業が失敗したため、家族を扶養する責任を放棄した。そのため、蘇青は、夫と離婚し、三人の子供を抱えながら筆一本で家計を支えるようになった。日本占領下の上海で、彼女は、日本が後援した雑誌『天地』の社長兼編集長となり、名実ともにこのメディアの実権を握った。彼女は小説より散文に長けていたが、いずれも「女性の痛切な体験」を主題としていた。彼女のエッセイ集『浣錦集』（四海出版社）と自伝的長編小説『結婚十年』（刊行者蘇青、中国科学公司印刷）は、一九四四年に上海で出版され、いずれもベストセラーとなった。張愛玲と違い、蘇青は、女性の「欲望」「両性関係」をストレートに表現している。最も有名なのは、エッセイ集『浣錦集』の巻頭を飾る一句である――「飲食男、女人の大欲はここに存す（飲食男、女人之大欲存焉）」である。実際にこの一句は、『礼記』の「飲食男女、人の大欲はここに存す（飲食男女、人之大欲存焉）」の書き換えであり、彼女は、読点の位置を変え、女性を抑圧する礼法のテキストをパロディ化し、今までタブー視されてきた女性の「性欲問題」を憚らずに前面に押し出したのである。

張愛玲と蘇青の小説やエッセイは、常に〈女性問題〉を取り上げるため、二人はまさに〈女性問題〉の代弁者と思われていた。一九四五年三月、「プロパガンダ誌」である『雑誌』は、二人を招き、「女性」「家庭」と「結婚」の諸問題をめぐり、座談会を開いた。その座談会の前座をつとめる記者の発言から、蘇青と張愛玲が、いかに〈女性問題〉作家として見られていたかがわかる。

> 目下上海文壇で最ももてはやされた女性作家は、疑いなく張愛玲と蘇青です。彼女たちは自分の身辺を題材にしています。つまり、彼女たちは自分たちのことを描いています。女性から女性を描くことは最も適切だと思います。最も珍重されるのは、彼女たちの文章は現在、中国の知識女性のある見方、そしてある人生観を代表しています。また、記者自身も彼女たちの談話の中から女性問題に関する独特な見解を窺い知れま

す。[52]

偶然の一致か、張愛玲と蘇青とともに「女性を語る（談女人）」というテーマのエッセイを書いたことがある。作風が全く異なる二人が、〈女性問題〉についての関心では共通している。張愛玲と同じ意見を表明しているが、蘇青の表現の仕方がより赤裸々であった。

結婚問題について、男性と女性とは違う。男性は、地位が高ければ高いほど、学問が高ければ高いほど、お金が多ければ多いほど、結婚する機会に恵まれる。女性の場合、逆なのである。性の面については、男性の方が女性より素直である。男性は、女性の若さと美貌だけを求める。他の面は無関係である。[53]

それに対して、張愛玲は、男女の差異を指摘しながら、その女性観を述べていた。

女権社会には一つ長所がある――女性は、男性より、伴侶を選択する能力を持っていること。これは難解な学問ではないが、人類の将来とは密接に関係している。男性は妻を選ぶとき、器量を基準にしている。（中略）女性は、夫を選ぶとき、容貌も考慮する条件となるが、男性のように偏ることはない。同時に、智恵、健康、談話、風采、自給能力などを考える。容貌は、これらの条件の次である。現在の社会問題の根源は、男性に妻選びの能力が欠けていることにあるといわれている。そのため、子供のしつけが出来てなく、子孫の品質が低下している次第だ、と。これは過言だと思うが、とはいえ、ある点で認めなければならないのは、女性が結婚のすべての主導権を握るからこそ、超人の民族を生み出す希望があるということである。（中略）美しい躰で人を喜ばせるのは、世界中で最も古い職業であり、また一般的に女性の職業である。生計のために結婚している女性は、すべてこのカテゴリーに入る。ここでいい憚る必要がないと思うが――美しい躰を以て、人を喜ばせることは、美しい思想を以て人を喜ばせるとは余り大差がない。[54]

上述したように、張愛玲は、決して「経済的理由」で結婚する女性をさげすむことはない。逆に、自分のような、筆一本で生計を支える女性と、大差がないといい、さらに、女性の選択肢が依然限られていることを指摘している。張愛玲にとって、最も理想に近い女性像は、「性」のシンボルであると同時に、母性を帯びる者だと考えていた。張愛玲は、さらに、自分がもし、信仰を持つとしたら、ユージン・オニールの『大神ブラン』（*The Great God Brown*、一九二五年）の娼婦・サイベル（Cybel）のような「地母」（Earth mother）を女神として信ずると述懐した。サイベルは、ユージン・オニールの作品の中で、オニールが「最もお気に入りの、黄金の心を持つ娼婦であり、地母（Earth mother）である」[55]と言われている。『大神ブラン』のなかで、主人公のディオン・アンソンニー（Dion Anthorny）とビリー・ブラン（Billy Brown）が、彼女に求めるのは、「性」でなく安らぎである。張愛玲の理想的な女性像は、オニールのそれに近い。張愛玲の女性観は、オニールからの影響を受けていたのかも知れない。その原因は、オニールは、つねに娼婦を同情的な筆致で描いていた。オニールにとって、「処女と娼婦との間の差異」というより、大切なのは、「男性を保護（mother）する女性とそうではない女性との差異」[56]にあるとされている。この観点は、張愛玲の「美しい躰を以て、人を喜ばせることは、美しい思想を以て人を喜ばせるとは余り大差がない」という考えに似通っているといえよう。つまり、女性の存在価値は、「貞潔」か否かということによって規定されるものではないのである。

4　占領下の上海における〈女性問題〉——張愛玲文学と『女聲』「読者投書欄」の共通点

張愛玲と蘇青は、〈女性問題〉を個人のレベルからみており、それを現実的に捉えていた。しかし、彼女たちの作品は、国家主義的なイデオロギー性と全く無縁であった。この二人は、戦時中、大東亜共栄圏を宣伝する文章を書いたことはなく、そして、大東亜文学者会に参加したこともない。それにもかかわらず、戦後、「落水派」（筆者注：日中戦争期間、日本人陣営に入った者を指す）作家となり、文化漢奸（裏切者）と決めつけられていた。それは、彼女たちが、プロパガンダ誌や南京政府の要人との関係が密接であっただけでなく、彼女たちの文学作品が、「民族」や「国家」より「個人」を描き、「愛国意識」が欠乏していると捉えられていたからだといわれている。

同時代の男性作家が二人について論じた文章から、上述の批判の一端をみることができる。迅雷は、張愛玲が、「結婚」と「恋愛」を主な題材としたことに対してすこぶる不満で、張の優れた描写技巧に対しても、次のように批判していた。「聡明さとウィットが慣習的になり、じゃまにもなる。オスカー・ワイルド的な人生観と東洋的な『人生は朝露のごとし』の口調との混合は、将来性がない。それは、健全な心霊を空虚にさせ、さらに枯渇させてしまう。また、作者から芸術や人間を引き離し、砂の中に埋めてしまう[57]」。彼は、明らかに、張愛玲の作品がイデオロギー性に欠けていたことを問題視していた。さらに、占領下において作品を量産することは、濫作になってしまうおそれがあると警告していた。張愛玲が「プロパガンダ誌」で数多くの作品を発表したことは、疑いもなく、「愛国文人」として知られていた迅雷の顰蹙を買ったといえよう。

一九四四年一二月、譚正璧は、『当代女作家小説選』（太平洋書局出版）の序で、張愛玲たちを次のように批判した。五四運動以前、上海占領期以前の女性作家、馮沅君、謝氷瑩と白薇を、「目下、最も人気のある女性作家、張愛玲と蘇青」と比べると、後者は、前者を超えてはいないとし、「前者は全面的な圧迫に反抗し、後者は単に人性の一部――情欲――の自由を要求していた。前者は社会大衆の叫びで、後者は単なる個人の、つまり、偏っている苦悶を叫びだしたのだ」と述べている。[58]

張愛玲と蘇青に関する同時代評からわかるように、彼女たちが批判されがちだった原因は、その「個人本位」文学の作風にあった。彼女たちの作品は、五四時期以来の文学伝統を継承しなかったため、「民族」と「国家」のイデオロギー性に欠如しているといわれていた。このような批判は、同時代評から始まり、戦後に至る彼女たちの評価にも大きく影響していた。

戦時下の上海における〈女性問題〉は、結婚問題と経済問題が常に中心であった。それは、『女聲』の「読者投書欄」を見ればわかる。そこに現れている女性問題は、張愛玲や蘇青が描いていたそれとは全く重なるものであった。戦乱中の女性にとっては、国家や民族より個人の迫り来る死活問題が、疑いなく最も大事であった。女性の結婚と経済問題は、戦争という非常時期のために一層浮き彫りにされた。張愛玲の小説は、まさにそれを反映していた。彼女の作品の中では、女主人公の結婚は、つねに経済的な要素に左右されている。張愛玲は、正面からこのようなヒロインを批判したことはないが、封建社会における女性の生き方を描くことによって、女性が余儀なく強いられた過酷な運命を暴き出した。「傾城の恋」のなかで、范柳原が流蘇に結婚を迫られたとき、次のようにいっている――「私はそれほど馬鹿ではない。わたしは、私のことをちっとも愛していない人と結婚し、束縛されたくはない。それは不公平だ。あなたにも不公平だ。あなたは、全く気にならないかも。あなたは結婚が、長期的な淫売だと完全に思っている」[59]と、「経済問題」を結婚の優先条件として考える流蘇を批判した。

佐藤俊子と関露の思想的立場を反映していた『女聲』は、〈女性問題〉の主題をつねに「結婚」と「経済」に焦点を当てている。「読者投書欄」をとおして、いままで家父長制を支えてきた「社会的な経済構造」こそが中国女性を圧迫する要因だと指摘した。つまり、女性が生計を立てる技能を持たなければ、女性問題が解決され得ない、と。「経済的要素」を考えて不幸な結婚を余儀なく強いられてきた女性たちに、「自立できるような技能や知識を身につけるように」とつねにアドバイスしていた。俊子は、「読者投書欄」を主催していた期間、なるべく多くの投書に返事ができるようにと考えていたが、彼女が亡くなったあとでは、「読者投書欄」は、個人問題への返答をなるべく減らし、「一般的な社会問題」に誌面をさこうとしていた。それは、中共地下工作員であった関露とその他の執筆者たちが、『女聲』を利用して、社会主義のイデオロギーを宣伝しようとしていたことを垣間見せた。そのため、関露をはじめ中共の地下工作員の書き手たちが『女聲』のなかで提起した〈女性問題〉は、「個人」問題として排除されるものであった。個人としての〈女性問題〉が、「国家」と「社会」の前に消えてしまった。それに対して、〈女性問題〉を「個人」問題として見る俊子は、読者の投書に可能な限り多く返信するという編集方針を採っていた。このように、戦時下の上海における〈女性問題〉をめぐり、俊子と関露との連帯関係には微妙なずれが見られた。

かつて日本に九年間留学し、関露と同じ左派女性作家・白薇は、戦時下、日本女性の立場から反戦詩「桜の曲（桜花曲）」を創作した。

桜の花が、年に一度咲いている。
あなたは帰ってこない。
魂も帰ってこない。

桜の花が、年に一度咲いている。
花見客が笑いを失い、
墓地がさらに広がってゆく。

桜の花が、年に一度咲いている。
幾万の婦女が
涙を花にそそぐ。[60]

この反戦詩は、「日本軍に対する投降勧告」として読まれてきたが、実際にかつて、九年間生活してきた土地の女性へ向ける同情と連帯感も読みとれる。戦時下に女性が、「国家」から「個人」を奪われてしまうことによって生じた無力感は、実際には「普遍的」なものであり、女性同士だからこそ共有することが出来るといえよう。俊子が中国女性に対して連帯感を持った理由もこの詩境から読みとれる。

俊子は、当時、中国の〈女性問題〉の根本は、「国家」や「社会」にあると承知していた。それにもかかわらず、俊子が個人の問題としてとらえていたのは、日本占領下の上海には、「国家」と「社会」が消えてしまったため、〈女性問題〉は、個人のうえにしか見られなかったからだ。たとえば、『女聲』の「読者投書欄」に寄せてきた個人の問題のようである。晩年の俊子が、「インターナショナル・フェミニスト」としての視点を獲得したのは、おそらく、「国家」、と「社会」が不在であった戦時下の上海で、『女聲』「読者投書欄」に寄せられた個人の投書から〈女性問題〉のあり方を理解したことによるのであろう。

5　おわりに

上海時代、かつて俊子と親交があった室伏クララ[61]は、日本人のなかで最も早く張愛玲に注目し、彼女のエッセイ「燼餘録」(『天地』第5期、一九四四年二月)を翻訳し、上海の日本新聞『大陸新報』(一九四四年六月二〇—二一日、二三—二五日、二七—二八日)に発表した。この「燼余録」は、太平洋戦争が勃発した当時、張愛玲が香港で戦争を体験した見聞録である。このエッセイについて彼女は、「歴史を書きたいというやうな望みはないし」と、あくまでも自分の観点から見た戦争だと強調していた。「歴史が若しもあまりに芸術としての完璧な形を整えることに重きを置きすぎると、それは小説となる。H・G・ウェルズ(筆者注：Herbert George Wells)の『世界史概観』などが、歴史の列に加えられないのも、あまりに合理化されすぎていて、最初から最後まで記述されているものが、小我(筆者注：=個人)と大我(筆者注：=社会、国家)との闘争だからである[62]」。上述したことから、張愛玲は、自分の歴史観だけでなく、「小説」と「歴史」との間の差異についての見解をほのめかしていた。彼女が小説の主題を「恋愛」、「結婚」と「両性関係」に重心に置いた理由は、この戦争体験と深く関わっていたのである。戦争が始まると、事情の重大さが分かり始め、彼女は、こう述べていた——「一切の虚飾[63]を取り去ってしまへば、残るのはただ飲食男女の二つがあるばかりらしい。人類の文明は何とかして単純な獣的な生活圏から跳び出そうとするけれども、幾千年来の努力は結局甲斐なきものであっただろうか。事実はさうである」。

張愛玲の小説にはニヒリズムが漂い、さらに「飲食男女」を強調しすぎるなどと批判される理由は、このエッセイから窺い知ることができる。張愛玲の小説に現れているニヒリズムと「日常生活の歴史」という特色こそ、彼女が戦時下の上海で人気をえた原因ともいえよう。特に、彼女がウェルズ、ハックスリー（Aldous Huxley）等の作品を引用しながら、戦時下を生きる人々の虚無感を表現したものは、広い共感を得た。

ウェルズとハックスリーはともに第一次世界大戦を経験し、反戦精神の持ち主であった。と同時に、文明批判も行っていた。[64] 同文書院大学、英文学教授・若江得行が「愛愛玲記」（『大陸新報』一九四四年六月二〇日）で、張愛玲を愛読するようになったのは、彼女が自分と「同域同感の人」と発見したためである。彼は次のように述べている――「近百年の中国文芸史上、白話運動や西洋文芸の翻訳移植なぞの賑かな行事が有つた最後の結実が、愛玲女士のモーム愛、ハツクスレー愛となつたかと思ふと色々感慨を催さざるを得ない」。

前述の文章から、張愛玲の作品には現れるのは、一種、「国境」を越える普遍性だとわかる。このような「普遍性」については、張愛玲が自分の創作について、説明していた際にさらに明らかにと思われる。

> この時代には、古い事物が崩壊していき、新しいのが成長していく。しかしながら、時代がそのピークに達する前、絶対的な事物は単なる例外に過ぎない。人間は日常生活には変化が起きたと感じていたが、恐怖に陥るほどに至らなかった。人間は一つの時代を生きているが、この時代が影のように徐々に沈んでいき、人間は自分が見捨てられたと思った。自分の存在を証明するため、僅か真実の、最も基本的なものをつかめる

ため、過去の記憶に助けを求めなければならない。人間が総ての時代で生きた記憶とは、将来というものより、はっきりして親近感を持つものである。[65]

張愛玲が、男女関係や日常生活、いわゆる「小我＝個人」、特に女性の「小我」を描写することにこだわっていた理由は、引用した文章から明らかである。五四運動によって開化されつつあった女性の声は、外国列強の侵略によって、たちまち「大我＝国家・民族」が剥奪されてしまったのである。占領期の上海で、「大我＝国家・民族」という発言権が奪われてしまったため、女性という小我（＝個人）にやっと発言の機会が回ってきたのである。俊子は、『女聲』の「読者投書欄」をとおして、「小我」の「女性」たちの声に耳を傾けただけでなく、女性たちに「発言」する機会をなるべく増やそうとしていた。

俊子と同じように、戦時下の上海生活を体験した川鍋東策は、上海時代の俊子についてこう述懐した。

たしかに田村俊子という作家の異郷での晩年は、ロマンの上では〝流離〟という生活であったが、私の知る限りでは極めて健康でそのバイタリティの総べてを賭けて、華字誌の婦人雑誌『女声』の発刊に死の日まで、ひた向きな姿勢を崩さなかった人である[66]…老境の女史が女声一筋に懸けた情念の強さといったものは、その効果を急ぐというものではなく、飽までも作家としての自己の良心が中国大衆に、どうとけ込むかに懸かっていたのではなかろうか。[67]

川鍋氏の証言は、おそらく、晩年の俊子の生き方を知ろうとする者には、とても貴重なものといえよう。近代中国は、外来勢力から絶えず脅威に晒され被害受けてきた。そのため、「個人的」、「日常的」としての女性問題は、ナショナリズムに呑み込まれ、遮断されてしまった。それは、国民国家として発展していく近代日本の情況に相通じる。つまり、近代日本のなかで、女性の役割が「良妻賢母」のほかはなかったと規定されていた。俊子は、この「良妻賢母」という絶対的な女性の生き方に対して疑問を抱いていた。彼女は、日本を離れることによって、「ドメスティック・イデオロギー」から逃れえた。さらに北米における社会主義との出会いによって、「ナショナリズム」の名のもとに女性を束縛する枠組みをうち破る力を獲得した。これらの経験は、晩年の俊子が『女聲』の編集に全力を尽くす原動力となっただけでなく、「日常的」、「個人的」な女性問題としての「普遍性」を見出したことを可能にした。このように、晩年の俊子は、日本占領下の上海で「インターナショナル」な〈レズビアン連続体〉発見したといえよう。

注

1　小林英夫『日中戦争と汪兆銘』(吉川弘文館、二〇〇三年七月)を参照。

2　南溪「論陥時期的上海文学期刊」(中華文学史料学会編『中華文学史料』、百科出版社、一九九〇年六月)、一三五―一三六頁。

3　三神真彦『わがままいっぱい名取洋之助』(筑摩書房、一九八六年六月)、二三二―二三七頁。

4　銭理群主編『中国論陥区文学大系　史料巻』(広西教育出版社、二〇〇〇年四月)、一一九頁。

5　草野心平「『歴程への道』〈南京招請とわが戦後〉」(聴き手　会田綱雄／山本太郎)『凹凸の道――対話による自伝』(日本図書センター、一九九四年一〇月)、一二五頁。

6　五四運動は、一九一九年五月四日、北京の学生たちのデモを契機として起こった中国の民族運動。広義的には、この運動を準備、推進した一九一七年以来の文化革命〈新文化運動〉を指すことでもある。この新文化運動には、女性解放運動も含まれる。『日本国語大辞典4』(小学館、一九七四年)、八二六頁。

7　岸陽子「日本占領下の上海文学―華文女性月刊誌『女声』をめぐって―」『深まる侵略屈折する抵抗　一九三〇年―四〇年代の日・中のはざま』（宇野重昭編、研文出版、二〇〇一年一一月）、一九九頁。

8　同前、二〇四頁。

9　Lattest Thing and Other Thing の初出は不詳だが、一九二三年に出版された、夫・バートランド・ラッセルとの共著 The Prosepects of Industrial Civilization（産業文明の展望）の一部ではないかと推測する。『タマリスクの木』によると、『文明の展望』は「日本のために書いていた論文」といわれている。ドラ・ラッセル、『タマリスクの木―ドラ・ラセッル自叙伝―』山内碧訳、（リブロポート、一九八四年三月）、二一〇頁。

10　ドラ・ラッセル、『タマリスクの木―ドラ・ラッセル自叙伝―』山内碧訳、リブロポート、一九八四年三月）、二三五―二三六頁。ラッセル夫婦が帰国したのち、伊藤野枝と大杉栄は、ラッセル夫婦との面会が原因で、警察に拘束されてしまった。

11　ドラ・ラツセル夫人「支那に於ける女権主義と女性改造運動」『女性改造』（一九二二年一〇月）、二四頁。

12　「日本の婦人を嗤ふ支那の婦人」（『婦人公論』一九三九年九月）、二八二頁。

13　「知識層婦人に望む――日支婦人の真の親和」（『婦人公論』一九三九年三月）、二八三頁。

14　同注12、二八〇頁。

15　渡邊澄子が「田村俊子の『女声』について」（『文学』（岩波書店）一九八八年三月）において「巻頭言、編集後記などは俊子の手になるものがほとんどではないかと思われる」と記述しているのに対して、岸陽子は「何が論拠となっているのだろうか」と発する疑問はその一例である。岸陽子「日本占領下の上海文学―華文女性月刊誌『女声』をめぐって―」の注17を参照（『深まる侵略　屈折する抵抗　一九三〇年―四〇年代の日・中のはざま』宇野重昭編、研文出版、二〇〇一年一一月）。

16　涂暁華『上海淪陷期《女聲》雑誌研究』（中国傳媒大学出版社、二〇一四年）、二三八―二四〇頁。また、渡辺千尋「プロパガンダの「責任者」としての編集長・田村俊子」（『日中戦時下の中国語雑誌『女聲』――フェミニスト田村俊子を中心に』春風社、二〇二三年）、一二五頁。

17　俊子は、日増しに情勢が緊迫していた北京を離れ、南京に赴いた際、草野心平に就職の斡旋を依頼した。南京政府の宣伝部顧問だった草野心平は、太平洋出版公司の責任者、名取洋之助を紹介し、彼女が『女聲』編集長という職を得たとのちに草野心平が回顧した。草野心平『『歴程への道』〈南京招請とわが戦後〉』（聴き手　会田綱雄／山本太郎）『凹凸の道――対話による自伝』（日本図書センター、一九九四年一〇月)、一一三―一一四頁。

18　同前、一二五―一二六頁。俊子がいかに『女聲』に携わっていたかについて、佐多稲子の『女作者』(『佐多稲子全集　第4巻』講談社、一九七八年)からもその一側面がうかがえる。佐多稲子は、一九四二年五月から六月にかけて軍当局の計画により、新潮社班として真杉静枝等とともに、上海、南京、蘇州、杭州、漢口、宜昌の中国各地に戦地慰問を行った。このとき、上海に『女聲』の編集長担当していた俊子と面会した。この体験に基づき、のちに『「女作者」』という短編小説を創作した。『「女作者」』は、田村俊子の代表作「女作者」(原題「遊女」『新潮』一九一三年一月)からタイトルを採っている。作品のなかでは、俊子の「女作者」の一節を引用することから、作中人物の藤村律子という女性作家は、田村俊子であることがわかる。作中の藤村は、「自分の姓名から文字をとって、支那風の名前に変え、その名で中国の婦人雑誌を出していた」とされている。実際、雑誌の業務にいかに携わっていたかについて、藤村はこう語っている。「私しゃ、支那語はわかりゃしない。みんな英語よ。幸いは、ここで働いていてくれる女の人たち、みんな英語が話せるんでね。だけど、支那語は分からないね」、支那語で書いたものは、たいてい字面で内容はわかるもんよ。そこは文字が同じだけに、まあ、たいした間ちがいはないね」。二五七頁。また、『作家の自伝34　佐多稲子』(日本図書センター、一九九五年一一月)の付録年譜を参照。

19　『女聲』第3巻第2期(一九四四年六月一五日)の「外地の取り扱い所(外埠分銷処)」表を参照。四四頁。

20　『女聲』の書き手、丁景唐(歌青春)が、一九九九年三月二四日の『新民晩報』で「『女聲』の読者を探せ(尋找『女聲』読者)」が掲載されていたことを言及した。もし、当時の読者の証言が得られたら、『女聲』の読者層についてさらに明らかになると指摘している。丁景唐「『女聲』の二三事について(関于『女聲』的一些情況)」関露啊関露』(丁言昭編、人民文学出版社、二〇〇一年一月)、八三―八五頁。

21　銭理群主編『中国淪陥区文学大系　史料巻』(広西教育出版社、二〇〇〇年四月)、一一九頁。

22　俊子は、映画と演劇に高い関心を寄せていた。それは、『女聲』第1巻第2期(一九四二年六月一五日)の「張善琨さん訪問記(張善琨先生訪問記)」で「左女史」(注:俊子の中国語名は左俊芝)が自ら中華映画会社の取締役、張善琨さんに熱心にインタビューしていた一節からうかがえる。さらに「映画と演劇欄」は、『女聲』が創刊された最初から、一九四五年四月に俊子が亡くなるまで続いていたが、それ以後、つまり、第4巻第1期から消えてしまった。「読者投書欄」の変化と「映画と演劇欄」の消滅は、俊子の死の時期と一致している。これは、俊子が『女聲』におけるこの二つのコラムに深く関わっていたことを裏付けている。

23　従来、『女聲』第４巻第２期以後、発刊されたものは散逸したのではないかと言われている（渡辺澄子説）。実際に第４巻第２期は最終号である可能性が大である。なぜならば、第４巻第１期の出版日は、一九四五年六月一五日であるが、そして第４巻第２期の出版は「前回、印刷入りしていたときに少々トラブルを起こしたため、何日間遅れていた」（第４巻第２期「編者後記」）。そのため、第４巻第２期の発刊は通常の出版日の七月一五日より遅れていたはずである。その後、一九四五年八月一五日に、日本が降伏した。『女聲』は、日本側の「プロパガンダ誌」であるため、第４巻第３期以後、刊行されることが極めて困難だと考えられる。

24　読者の相談内容の原文は、次のようである。「我是一個26歳的少婦、在十年前被母親嫁給一個與我年齢相差将近一倍的男人、那時因為我年紀軽知識浅、又在充満封建思想的家郷（福州）、根本不知道怎麼反抗、他在結婚後馬上就離郷重返上海。（中略）直到去年、他突然来一封信叫我独人来上海（中略）当我在他家只過幾天的日子、他的原形也漸漸地現出来、原来他是一個靠金銭的魔力玩弄女同胞的魔鬼、家中早已児女成群、這一群的児女多是同父異母的兄弟姐妹」。それに対する返答の原文―「所提出的是一個很値得討論的問題、你所説的也正是目今許多女子的実在苦衷、因為我們的社会仍旧是以男性為中心的社会、同時給封建的毒素還没有完全消除、使許多女子就白白的被犠牲了。（中略）先生教我用何種辦法去絶交他」。

25　原文は、次のようである。「我是一個22歳的女子、在19歳、因為家中経済拮据的縁故、家母就憑媒妁之言、将我下嫁一個紈袴子弟、（中略）、在去年的春天、他染上了厳重的梅疹、並将我亦染上了。（中略）我想出外尋找新生、但我諸長有很多旧思想者、如此一定成為衆矢之的、反而成了一個破壊門楣的叛徒、給対方一個藉口、多一個淫奔的名詞」。それに対する返答―「対于旧思想、旧制度我們只有反抗、没有畏懼和妥協。如果畏懼和妥協、那只有屈辱到死」。

26　投書内容の原文は：「十八年前我的父親在不幸中死了、留下母親与我苦苦的過了十八年苦生活。自従事変以後、她竟会発生異性恋愛。（中略）竟会懐孕、不多時候産下一個男孩、寄養在外」。返答の原文：「女人死了丈夫、就該守節到老（中略）那些思想是従一種腐旧的社会裏産生出来的。旧腐的社会看不起女人、把女人看成是一個奴隷、奴隷要忠於一個主人、換了主人、就算没有節操。社会要女人守節操、男人也要女人守節操、（中略）我們是現代的人、我們不能有因襲的腐旧的思想、我們要把女人看成是一個「人」、和男人一様的「人」―不是奴隷。「人」能做的、女人就能做」。

27　原文は：「我是貴欄一長期読者、毎見有許多同性有很多困難承蒙主編先生的盛情、不厭煩労的很謙和皆一一詳答得使我們女界享受無窮的幸福感。（中略）毎見有很多大家閨秀及名門卿形兼有才有貌摩登女士因於戦争転眼就変為流離失所的難民享受種種的痛苦更因有傷失了慈愛的父母或依親友生活或以至為伶為妓我見這般的景状很為傷心我亦是由於戦争毀滅了我的家受了上述種種同様的困難。（中略）昨天有数友人託我覓尋三五位女子、待遇從豊、因為具有相当的人才較少、所以承他囑托我的話、推廣介紹、一係徵求百貨商店女職員一名、練習生一名、精写算員一名、図書販売部女售貨員一名」。

28　原文は：「我非是一自願堕落、是一個被生活所圧迫而去充当嚮導女的。（中略）当六年前的時候、我也有一個美満的家庭、在我的家郷—昆山、有父母、有兄弟、有姐妹、可是我美満的家庭受炮火的洗礼、而毀滅了、也把我的一生毀滅了。我的父親就在炮火中長逝、我的哥哥也在炮火中失了。我母親也在火中成了残廃的人、遺下来祇有我的弟和妹。（中略）当去年的年日、我為一家的生命、犠牲我一人的幸福、去充当嚮導女、更兼職舞女、因而変為売淫的人、被社会最軽視、最下賤的人。（中略）先生！我現在祇需要機指示我一種職業、任何苦我都能吃、祇要能維持我一家的人」。返答の原文：「走上現在的路決不是你的過錯、機不是慕着虚栄、不是為着享楽、你是由於生活的逼迫、生活的競争的！（中略）我們很能了解你的痛苦、也很希望幇助你走一條很好的道路。不過目前情形很困難、（中略）因此我們希望看見你、当面跟你談一談」。

29　原文：「我覚得婚姻和事業一様的重要、可是現存社会裏、似乎是二者不可得兼的、所以無可奈何就得捨其一求其二。国家把我們培植出来、為什麼又放棄不用呢？仮使我有了職業、又為什麼得放棄結婚呢？当然這是不合理的社会中才有此現象、難道我們生為此時就該活活的犠牲嗎？」。返答の原文：「這個問題、正是当今中国年青婦女所需要解決而感受着苦悶的一個実際問題。（中略）結婚与到社会去服務両件都是不可少的事、第一件、是要聽従自然律的、第二件是要為社会設想的、因為婦女也社会国家的一份子、応該有独立的事業与活動、然而在目前社会中這両件事却時々在那裏衝突、這一件可以阻礙那一件。（中略）記住這句話：『一個女人如果要做一件与男人同様的事、那是要用去比一個男人多幾倍気力的』。努力総有収穫的」。

30　原文は：「貴刊的出現、真好像替我們婦女的前途、照了一盞明灯似的可嘉、可貴、希望能永遠照耀我們、引導我們前進！我似乎覚得一個女子的運命、総比男子来得不詳、她們的一切、大都由環境来支配、由別人来支配。（在現今社会下、女子自己支配、自己発展出路的、固然不少）、因此、無形中犠牲了自己、做了一個家庭的依頼品」。

31　原文は：「難道女子当無聊的時候、結婚就是唯一的出路嗎？」。返答の原文：「中国人有一種很不好的習慣、就是貪好安閑。好像有一筆産業就是莫大的光栄和幸福。（中略）這批人物与其説是国民与民族的子孫無甯説是倉庫的老鼠和樟木虫。（中略）至於女人、那更是受了社会習俗的包囲、只要有一点父財或夫財、那更要高居閨閣、不事労動的」。

32　羅久蓉「忠誠楷模：關露的顛礩人生」『她的審判：近代中國國族與性別意義下的中奸之辨』（中央研究院近代史研究所、二〇一三

年一一月)

33　岸陽子「日本占領下の上海文学—華文女性月刊誌『女声』をめぐって—」(『深まる侵略　屈折する抵抗　一九三〇年—四〇年代の日・中のはざま』宇野重昭編、研文出版、二〇〇一年一一月)、一九三頁。

34　高橋孝助、古厩忠夫編『上海史　巨大都市の形成と人々の営み』(東方書店、一九九五年五月)、一七一頁。

35　劉建輝『魔都上海　日本知識人の「近代」体験』(講談社選書メチエ、二〇〇〇年六月)、八頁。

36　同注34、一四五—一六八頁。

37　同前。

38　元・コロンビア大学教授・夏志清は、*A History of Modern Chinese Fiction* (C. T. Hsai, New Haven: Yale University, 1961) で張愛玲を「中国近代のなかで、最も重要な作家」と再評価した。これをきっかけで、台湾、香港などの華文圏には、張愛玲が注目されはじめ、「張愛玲熱」を巻き起こした。

39　ここの引用文は茅盾の言葉でる。原文は:「放棄乃至鄙棄個人、〝全身心貢献給民族〞」である。孟悦、戴錦華『浮出歴史地表—現代婦女文学研究』(河南人民出版社、一九八九年七月)、二〇九頁。

40　邵迎建『伝奇文学と流言人生　一九四〇年代上海・張愛玲の文学』(お茶の水書房、二〇〇二年一〇月)、二〇九頁。丁玲の延安時代における作品、「我在霞村的時候(私は霞村にいたとき)」と「在医院中(病院の中にて)」などは、社会主義が主導する「解放区」で、女性の地位が依然として低下していたと暴いたと邵迎建が指摘している。

41　孟悦、戴錦華『浮出歴史地表—現代婦女文学研究』(河南人民出版社、一九八九年七月)、二〇三—二二六頁。

42　張愛玲(一九二〇—一九九五)の祖父は、張佩綸であり、母方の祖父は李鴻章である。両者とも清朝末期の重臣であり、彼女はいわゆる由緒正しい名門に生まれた。とはいえ、張愛玲の家庭は、新旧世代の過渡期において没落していく典型的な例である。父・張廷重は、清朝の「遺少(清時代の気風を受け継ぐままのお坊ちゃん)」であり、「遺少」によく見られる悪習、阿片吸い、芝居狂い、妾囲いなど行った。母親の黄素瓊(出国後、黄逸梵に改名)が、新時代の女性であり、この結婚を我慢できず、張愛玲とのその弟を残し、義理の妹(張廷重の妹)と外国へ留学に出かけた。帰国したのち、夫と一時的に和解したが、結局二人は離婚してしまった。継母とうまくいかず、張愛玲は母親と一緒に暮らそうと考えていたが、それに対して父親が激怒し、張愛玲を折檻し監禁していた。半年あまりの監禁生活を送ったのち、張愛玲は逃亡に成功し母親と暮らすようになったが、その代わりに自活の道も求めなければならなくなる。太平洋戦争が勃発したため、香港大学の学業が余儀なく中断されてしまった。上海に戻り、自活するため、作家になった。張愛玲「囁き（私語）」『流言』（中国科学公司、一九四四年一二月）『中国現代文学史参考資料』新華書店、一九八七年）を参照。また、邵迎建『伝奇文学と流言人生　一九四〇年代上海・張愛玲の文学』（お茶の水書房、二〇〇〇年一〇月）、三五―六八頁。

43　「傾城之恋」『張愛玲経典作品集』（時代文芸出版社、二〇〇二年九月）、一一三頁。原文は：「這堵牆、不知為什麼使我想起地老天荒那一類的話。…如果有一天、我們的文明整個都毀掉了、什麼都完了―燒完了、炸完了、坍完了、也許還剩下這堵牆、流蘇、如果那時候我們在這牆根底下遇見了、流蘇、也許我会対你有一点真心」。

44　同前、一三〇頁。原文は：「香港的陥落成全她、但是在這不可理喩的世界裏、誰知道什麼是因、什麼是果？誰知道呢？也許就因為要成全她、一個大都市傾覆了、成千上万的人死去、成千上万的人痛苦着、跟着是驚天動地的大改革、…流蘇並不覚得她在歴史的地位上有什麼微妙之点。…」

45　「封鎖」『張愛玲経典作品集』（時代文芸出版社、二〇〇二年九月）、一七五頁。「封鎖」は日本側にバックアップされていた『天地』の創刊号に発表された。『天地』の編集長・蘇青は、この創刊号を当時、南京政府宣伝部政務次長兼中華日報編集長・胡蘭成に送った。このとき、彼は、「南京政府が必ず亡び、日本が必ず敗れる」という社論で、筆禍を招き、汪精衛に監禁されるようになった。胡が「封鎖」を読み、張愛玲の才能に魅了され、彼女を訪ねた。胡がのちに張愛玲の最初の夫になった。張愛玲は、彼の女性関係に悩まされたあげく、胡と別離した。池上貞子「張愛玲と胡蘭成――〝漢奸〟をめぐって」（『文学空間』2巻9号、一九八九年七月）を参照。自らと張愛玲との関係について、胡蘭成は、のちに亡命先の日本で出版した自伝『今生今世』のなかで詳しく記述している。「民国女子」『今生今世　上』（ジャーナル社、一九五八年一二月）を参照。引用の原文は：「電車裏点上了灯、她一港眼看見他坐在原先的位子上。她震了一震―原来他並没有下車去！她明白他的意思了：封鎖期間的一切、等於没有発生。整個的上海打了個盹、做了個不近情理的夢」。

46　Edward M. Gunn, Jr. "Antiromanticism," *Unwelcome Muse—Chinese Literature in Shanghai and Peking* 1937-1945. New York: Columbia University Press, 1980.

47　氷心は、五四時期を代表する女性作家である。五四時期に女性問題と社会、国家との関係を題材に創作していた。代表的な著作は、『氷心文集』、『氷心選集』などがある。『二十世紀中国女性文学史』（盛英編、天津出版社、一九九五年六月）、六四―九〇頁。

48　白薇（一八九四～一九八七）は、二〇年代から三〇年代にかけて、中国を代表する女性劇作家である。彼女は、一九一八年から二六年にかけて、日本に留学していた。日本に留学していた期間、創作活動を始め、ドイツのロマン派を代表する劇作家、メーデルリンクなどに傾倒していた。留学中、創造社の田漢や、中村吉蔵の影響を受け、社会劇に関心を持ち始めた。その劇に現れる典型的な女性像は、封建社会の家父長を反抗する革命女性である。代表作は『打出幽霊塔』（一九二八年）などがある。白舒栄、何由編『白薇評伝』（湖南人民出版社、一九八三年一一月）、『白薇作品選』（湖南人民出版社、一九八五年三月）を参照。

49　「私に映す蘇青（我看蘇青）」（『天地』第19期、一九四五年四月）、『張愛玲散文全編』（浙江文芸出版社、一九九二年六月）。

50　蘇青（一九一四～一九八二）は本名が馮允庄、ほかの筆名は馮和儀がある。浙江省寧波県の裕福な家に生まれた。南京中央大学に入学したが、まもなく結婚し、出産のため、退学した。

51　邵迎建『伝奇文学と流言人生　一九四〇年代上海・張愛玲の文学』（お茶の水書房、二〇〇二年一〇月）、二三頁。

52　「蘇青・張愛玲対談記―関於婦女・家庭・婚姻諸問題」（『雑誌』一九四五年三月）、『張愛玲散文全編』（浙江文芸出版社、一九九二年六月）、二七四頁。原文は：「目前上海文壇上最負盛譽的女作家、無疑的是張愛玲和蘇青。她們都以自己周囲的題材写作、也就是説、款們所写的都是自己的事。由女人来写女人、自然最適当。尤其可貴的、似乎在她們二位的文章裏、都代表当前中国知識婦女的一種看法、一種人生観。就是在她們個人的談話中、記者也常可以聴到関於婦女問題的許多独特的見解」。

53　蘇青「女性を語る（談女人）」『張愛玲　蘇青散文精粋』（沈小蘭編、花城出版社、一九九四年二月）、四頁。原文は：「這裏又該説到婚姻問題了、女人与男人不同：男人是地位愈高、金銭愈多、則娶親的機会也与此等成正比例、女人却非須成反比例。因為在性的方面、男人比女人忠実、男人只愛女人的青春美貌、而与其他的一切無関」。

54　張愛玲「女性を語る（談女人）」（『天地』第６期、一九四四年三月）、『張愛玲散文全編』（浙江文芸出版社、一九九二年六月）、六九頁、七二頁。原文は：「女権社会有一様好処―女人較男人富于択偶的常識、這一点雖然不是什麼高深的学問、却与人類的前途休戚大大有関。男人挑選妻房、純粋以貌取人。（中略）女人択夫何嘗不留心到面貌、只是不似男子那麼偏頗、同時也注意到智慧健康談吐風度自給的力量等項、相貌倒列在次要。有人説現今社会的症結全在男子之不会挑揀老婆、以至於児女没有家教、子孫每況愈下。那是過甚其詞、可是一点我們得承認、非得要所有的婚姻全由女子主動、我們才有希望産生一種超人的民族。（中略）以美的身体取悦于人、是世界上最古老的職業、也是極普遍的婦女職業、為了謀生的女人全可以帰在這一項下。這也無庸諱言―有美的身体、用身体取悦人、有美的思想、用思想取悦人、其実也没有多大分別」。

55 Judith E. Barlow "O'Neill's Female Characters," *The Cambridge Companion to Eugene O'Neill*, Ed. Michael Manheim, UK: Cambridge University Press. 1998, 167.

56 同前、一七一頁。

57 迅雷「張愛玲の小説を論ずる（論張愛玲的小説）」『萬象』（第3年第11期、一九四四年五月）、『中国淪陥区文学大系　評論巻』（封世輝編、広西教育出版社、一九九八年一二月）、六一三頁。引用の原文は：「聡明機智成習気、也是一塊絆脚石。王爾徳派的人生観、和東方式的〝人生朝露〟的腔調混合起来、是没有前程的。它只能使心霊従洒脱而空虚而枯涸、使作者離開芸術、離開人、埋葬在沙堆裏」。

58 譚正璧「当代女作家小説選・敍言」『中国淪陥区文学大系　評論巻』（封世輝編、広西教育出版社、一九九八年一二月）、六一五頁。原文は：「前者都向着全面的抑圧作反抗、後者僅僅為了争取属於人性的一部分―情欲―的自由、前者是社会大衆的呼聲、後者只喊出了就在個人也僅是偏方面的苦悶」。

59 引用の原文は：「我不至於那麼糊塗。我犯不着花了銭娶一個対我毫無感情的人来管束我。那太不公平了。対于你、那也不公平、噢、你也許不在乎。根本你以為婚姻就是長期的売淫」。

60 原文は次のようである。「桜花一年一度開、你、人也不回来、魂也不回来！桜花一年一度開、游人少了歓笑、墓場越見開展！桜花一年一度開、萬衆的婦女、捏把眼涙対花洒」。白舒栄、何由編『白薇評伝』（湖南人民出版社、一九八三年一一月）、二一七頁。

61 戦時中、日中文化協会上海分会に所属していた川鍋東策は、二人の交遊についてこう回顧した。「田村俊子というひとにとっては、このクララ女史と村尾絢子らが特に濃い間柄にあり、特にクララ女史の場合には一時期、相当深い交流がみられた」という。室伏クララの上海時代に関しては、藤井省三「〝淪陥区〟上海の恋する女たち―張愛玲と室伏クララ、そして李香蘭」『李香蘭と東アジア』（東京大学出版会、二〇〇一年一二月）を参照。

62 この引用文について、原訳文の誤訳の部分を訂正したうえ、基本的に『大陸新報』で掲載された室伏クララの訳文を引用する。『大陸新報』（一九四四年六月二〇日）。

63 張愛玲の原文は「浮文」であるが、室伏クララが「不文」と誤訳した。「虚飾」が正しい。同前、六月二七日付。原文は：「歴史如果過注重芸術上的完整性便成為小説了。像威爾斯的『歴史大綱』所以不能濟身於正史之列、便是因為它太合理化了一点、自始至終記述小我与大我的鬥争。」「去掉了一切的浮文、剩下的彷彿只有飲食男女這両項。人類的文明努力要想跳出単純的獣性生活的

圏子、幾千年来的努力竟是枉費精神麼?事実是如此。」

64 張愛玲は、ハックスリーの『恋愛対位法』(Point Counter Point)を、「女性を語る(談女人)」(『天地』第6期、一九四四年三月)に、ウェルズを「燼餘録」(『天地』第5期、一九四四年二月)や、「『伝奇』再版の話(『伝奇』再版的話)」(『伝奇』再版本、上海雑誌社、一九四四年九月)に引用していた。これらの第一次世界大戦を経験した知識人が予言した人類文明壊滅の危機について痛感している、と張愛玲はしばしば言及していた。

65 張愛玲「自分の文章(自己的文章)」(『流言』中国科学公司、一九四四年一二月)、一九頁。原文は:「這時代、旧的東西在崩壊、新的東西在滋長中。但在時代的高潮来到之前、斬釘截鐵的事物不過是例外。人們只是感覚日常的一切都有点児不対、不到恐怖的程度。人是生活於一個時代裏的、可是這時代却在影子似地沈没下去、人覚得自己是被抛棄了。為要証実自己的存在、抓住一点真実的、最基本的東西、不能不求助於古老的記憶、人類在一切時代之中生活過去的記憶、這比瞭望将来要更明晰、親切」。

66 川鍋東策「田村俊子を繞る詩人たち——吉行理恵「夢のなかで」の受賞を機に」『歴程』117号(一九六八年六月)、二一頁。

67 川鍋東策「田村俊子を繞る詩人たち(完)」『歴程』127号(一九六九年四月)、一〇頁。

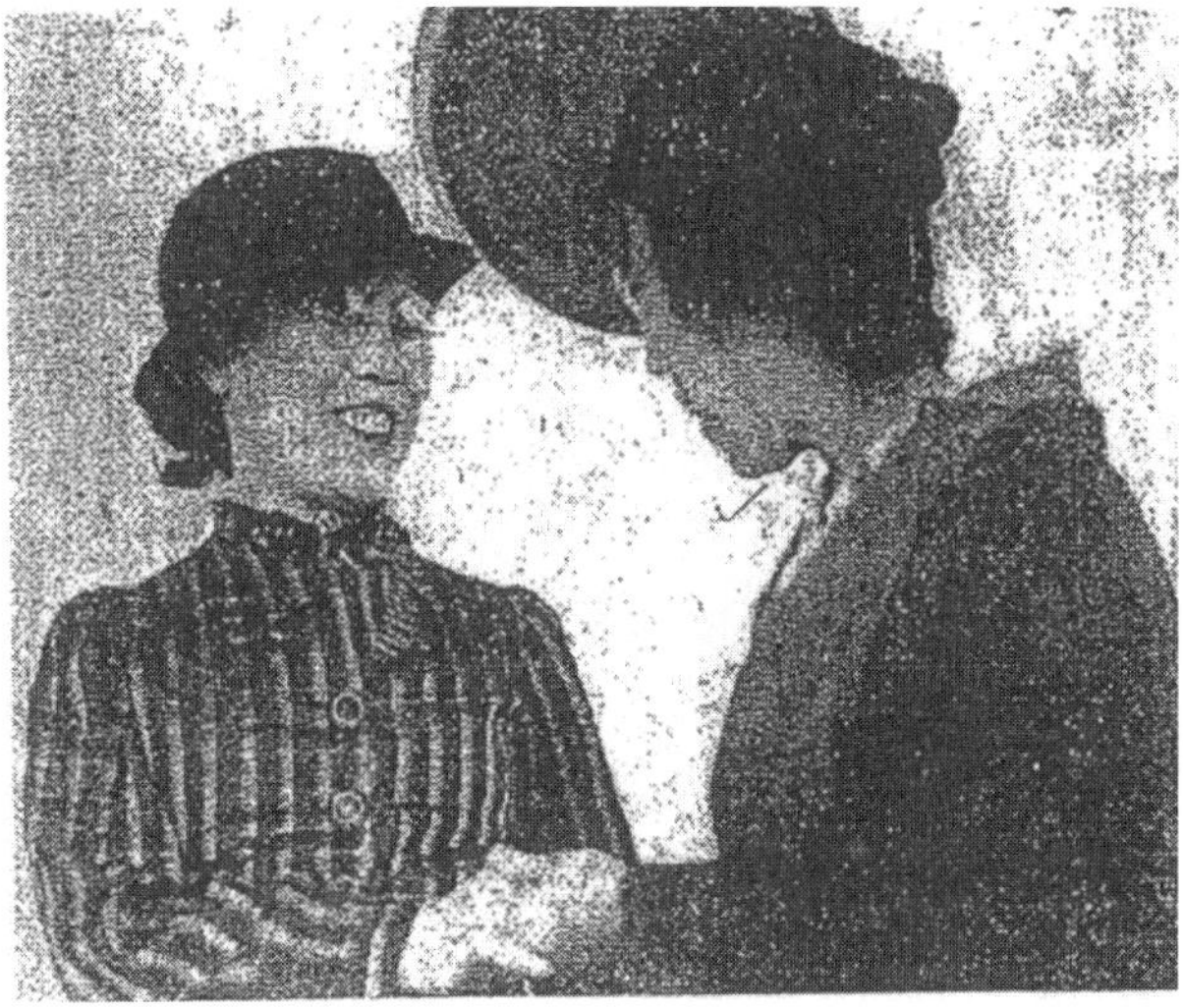

1936 年 3 月 31 日、カナダのバンクーバーより帰国した際、甲板の上に出迎えた長谷川時雨との写真。52 歳。

結章

1　本書のまとめ

第1部「ドメスティック・イデオロギーへの挑戦――田村俊子にみるジェンダーの諸問題」では、俊子の初期作品及びその作中人物、そして同時代の〈女性同性愛〉言説を分析し、「女性性・ジェンダー」が家父長社会に規定されていることにいち早く気付くことにより誕生した「作家・田村俊子」は、その強制された「ジェンダー・アイデンティティ」に対抗する作品を生みだしたことを示した。

作家・田村俊子のデビュー作『あきらめ』が出版されたのは、「新しい女」問題が社会の注目を集めはじめた時期であった。第1章では、『あきらめ』に見られる「新しい女」の諸問題を中心に論じた。女主人公・富枝は、「女学生世界＝ノ・マンズ・ランド」の内部にいる限り、〈恋愛関係〉においても〈書く領域〉においても、男性性の「ジェンダー・ロール」を自由に演じることはできるものの、社会に出るとその自由は全くなくなり挫折してしまう。このように、俊子は、「女学生世界《ノ・マンズ・ランド》」の共同体の形成から崩壊への過程が、女学生の〈同性愛〉と〈自立〉問題の消長とパラレルになっていると認識し、当時の「女学生上がり」が、「良妻賢母」という「女性性ジェンダー・ロール」に限られた、唯一の役割を担わされていることを描いて見せた。

俊子は、家父長社会に規定された、強制的異性愛を含む良妻賢母制度に対して異議申し立てを行ったが、それと同時に、「青鞜」同人との間で〈同性愛関係〉を作り実践していた。彼女たちが行ったレズビアン・パフォーマンスは、家父長制度の中で絶対視されていた女性性の「ジェンダー」「セックス」と「セクシュアリティ」の秩序を転覆させるものであった。第2章は、このことを中心に論じた。しかしながら、「女学生上がり」は、〈公的領域＝社会〉と〈私的領域＝家庭〉のいずれにおいても、その「女性性ジェンダー・ロール」から逃れえず、そのことを、俊子は、さらに初期作品の中で描いて見せた。第3章「ドメスティック・イデオロギーからの脱出願望―田村俊子の〈書く女〉と〈演じる女〉について―」では、俊子の作中人物であって、しかも「新しい女」を代表していた〈書く女〉と〈演じる女〉を中心に論じた。この章では、彼女たちの〈ドメスティック・イデオロギー〉からの脱出願望を分析し、後年、俊子自身が日本を離れていった事実解明の手がかりをそこに探った。〈私的領域＝家庭〉と〈公的領域＝社会〉において、絶対的な「女性性ジェンダー・ロール」を強制されていた女性たちにとって、海外とは、〈ドメスティック＝家庭＝日本国内〉から逃れるための選択肢の一つであった。

海外渡航願望を抱く女性像と同時代の海外渡航に関する言説は、実際に深く関わっていた。第4章「〈渡米熱〉〈堕落女学生〉と〈写婚妻〉――一八九〇年代後半の〈渡米熱〉と『大陸日報』にみる〈写婚妻〉像」は、第3章ですでに探究した問題、つまり、女性たちが海外へ脱出しようとする願望は、同時代言説の中にどのように位置づけられるべきかについて、さらに詳しく論じた。「移民政策」の一環である女性同伴の「殖民政策[1]」は、計画的に女性の海外渡航を奨励していたが、それによって「女学生上がり」の〈渡航熱〉は煽り立てられたといえよう。このような時代背景の中で、多くの「女学生上がり」は「写真結婚」の花嫁として渡航した。しかしながら、移民地における女性たちは、また別の苦境に直面することとなった。彼女たちは、「女性性ジェンダー・ロール」の抑制から逃れるどころか、男性と同じ肉体労働を強いられ、日系社会から〈遠隔地《ロング・ディスタンス》ナショナリズム〉を押しつけられ、その上、白人社会から人種差別を受けていたのである。そのような事情から、俊子は、「写婚妻」を読者に想定する「婦女欄」を『大陸日報』に設けた。

カナダのバンクーバー時代における俊子の思想的変遷、特に〈女性問題〉に関しては、移民先の日系社会の環境から深く影響を受けていた。第5章「ナショナル・アイデンティティとジェンダーの揺らぎ――佐藤俊子の日系二世を描く小説群に見る二重差別構造」では、俊子が一九三六年に日本に帰国してから創作した、日系二世を描く作品群を手がかりとして、〈女性問題〉に対する彼女の姿勢をさらに分析した。一九三〇年代、日系二世たち、特に日系二世の女性たちが白人社会で遭遇した〈人種差別〉問題をとおして、彼（女）たちは、日系社会内部（＝日本国内）にも同じような差別問題が存在していることに改めて気付く。「カリホルニア物語」のルイとナナを見れば、日系二世の女性たちが、移民社会の中で、「大和撫子」という「日本的な女性性ジェンダー・ロール」を強要されていたことがわかる。彼女たちを取り巻く状況は、その母親の世代とは変わらなかったのである。そこで、日系二世たちは、日系社会（＝日本社会）の内部と外部に存在していた問題を解決するための策として、「社会主義」に向かったのである。

第6章「佐藤俊子の人種問題への認識と社会主義的立場――「小さき歩み」三部作を軸として」では、人種問題及び彼女の社会主義的立場をめぐって、俊子が同時代思潮からどのような影響を受けていたかを論じた。俊子は、日系二世を描く作品群を創作すると同時に、カナダの女流詩人ポーリン・ジョンソン（E. Paulin Johnson）とアメリカの劇作家ユージン・オニール（Eugene O' Neill）を紹介・翻訳した。それは、俊子が、二人の作品に底流している「人種問題」に関心を寄せたからである。また、『小さき歩み』三部作で俊子が取り上げた、社会主義者や労働運動家たち、例えばユージン・デブス（Eugene Debs）、ラムゼー・マクドナルド（Ramsay Macdonald）、ローザ・ルクセンブルク（Rosa Luxemburg）などは、みな第一次世界大戦中に反戦的立場に立ち、帝国主義の拡張と資本主義との結びつきが戦争を引きおこしたと指摘している。

第7章「上海時代（一九四二―四五）の佐藤（田村）俊子と中国女性作家・関露――中国語女性雑誌『女聲』をめぐって」は、上海時代の俊子が『女聲』を介して、中共の地下工作員であった関露との連帯関係を築き上げたことについて論じた。俊子がカナダ時代に得た〈人種を越える〉国際的共闘の体験をふまえ、さらに彼女の社会主義的立場を視野に入れながら、俊子と関露の、国境を越える〈姉妹的連携（シスターフッド）〉関係を分析した。

日本占領下の上海において、俊子が取り組んだ中国の女性問題と、同時代の中国女性文学に見られる〈女性問題〉とを対比すれば、俊子が上海に残した足跡が一層明白になる。第8章「日本占領下の上海における女性問題の変容――プロパガンダ誌の女性文学と『女聲』の読者欄をめぐって」では、俊子が主催していた『女聲』の「読者投書欄」と、占領下の上海における女性文学との相関関係について分析した。日本占領下の上海という特殊な時間・空間において、それまで〈女性の声〉を表すことができなかった中国女性文学は、その開花期を迎えていた。『女聲』の「読者投書欄」及び張愛玲や蘇青らによる女性文学が、女性の「結婚」「日常生活」という問題に注目していたことから、これらの問題が、当時の女性に共通するものであったことが窺える。

2 本書の成果

第1章においては、俊子が提起した〈ジェンダー〉問題について、次のことを明らかにした。俊子は、女子学生が「女性性ジェンダー・ロール」に束縛されていることにたいして異議申し立てを行ったものの、逆に「男性性ジェンダー・ロール」を特権化してしまう危険を犯していたこと。例えば、富枝は下級生・染子との恋愛関係において、異性愛関係である男／女という二項対立のパラダイムを踏襲しており、二人の関係においては、富枝が明らかに「男性性ジェンダー・ロール」を演じていた。二人の上下関係を考えてみれば、「男性性ジェンダー・ロール」の優位性は、二人の関係をとおして再び強調されてしまう。このように、女性が「女性性ジェンダー・ロール」を強要される事態を批判した俊子であったが、この時期、「男性性ジェンダー」の優位性を認めていたことを指摘した。

第2章では、俊子と「青鞜」同人たちの〈同性愛関係〉においては、彼女たちの「ジェンダー」「セックス」そして「セクシュアリティ」が、必ずしも同一性を持っているとは限らないことを明らかにした。これによって、「良妻賢母」制度に規定されていた、女学生の「ジェンダー」「セックス」そして「セクシュアリティ」は、〈女性性〉そのものであったという神話が打破されたともいえよう。また、この章においては、第1章ですでに言及した、俊子の「ジェダー」意識を一層明らかにした。俊子は、〈二項対立〉のパラダイムで「ジェンダー」と「セクシュアリティ」を捉えていただけでなく、さらに、このパラダイムに常に優位的な〈男性性〉を求めていたことが明らかになった。むろんこれは、俊子の限界性を示唆するものではあるが、俊子のこの傾向は、家父長社会から〈女性性〉を押しつけられていたため、その反動として、〈男性性〉の「ジェンダー」や「セクシュアリティ」

を求めるようになっていたのである。

第3章では、〈公的領域＝家庭〉と〈私的領域＝社会〉において、「女性性のジェンダー・ロール」に強制されていた女性たちを描く俊子の初期作品の分析をとおして、当時、女性の新興職業を代表する〈書く女〉と〈演じる女〉の海外渡航願望と、俊子が後年、日本を離れていく行動との相関関係について明らかにした。

第4章は、海外渡航願望と同時代の渡米熱、そして「写真結婚」の流行との相関関係を解明した。とくに多くの「女学生上がり」が、「写婚妻」として海外渡航していた事実を解明し、それが、俊子の初期作品の作中人物の海外渡航願望に見られることを指摘した。さらに移民地の環境の中で、俊子の〈女性問題〉に対する考えにも変化が現れたことを示し、この時期の俊子の女性論説からわかるように、俊子が〈ジェンダー〉問題を社会主義の枠組みで捉えるようになったことをつきとめた。移民地の女性たちは、ほとんどの場合、夫と共働きをしていたため、〈ジェンダー〉問題は労働運動と結びつかざるをえなかったのである。

第5章では、北米時代の俊子が、日系二世の問題を描きつつ、社会主義的立場に傾いていったのは、日系二世の問題と関係があることを指摘した。そこには、日系社会（＝日本社会）内部に存在していた〈人種差別〉問題と〈ジェンダー〉問題を批判する俊子の姿勢が見てとれる。また、〈ジェンダー〉問題と〈人種差別〉問題に共通している問題、つまり「差別」の問題は、社会主義が主張していた「階級」という考えに基づくことによって解消できると、この時期、俊子が考えていたことを明らかにした。

第6章では、カナダの女流詩人ポーリン・ジョンソン（E. Pauline Johnson）とアメリカの劇作家ユージン・オニール（Eugene O'Neill）の翻訳・紹介を介して、俊子が抱えていた〈人種問題〉意識の時代背景をまず明らかにした。さらに、「小さき歩み」三部作で、第一次世界大戦中に反戦的立場をとっていた社会主義者をとりあげることによって、俊子は、自らの反戦的立場をほのめかしていると指摘した。その上で、俊子の社会主義的立場と反戦的立場、そして彼女が晩年、日本占領下の上海で中国女性問題に尽力していた姿勢との関連性を解明した。

第7章と第8章からなる第3部「インターナショナル・フェミニストの連携――上海時代の佐藤（田村）俊子と中国女性問題」では、中国語女性雑誌『女聲』を介して、上海時代の俊子と中国の左翼作家・関露との連帯関係を明らかにした。さらに、占領下の上海の中国女性文学に描かれていた女性問題をふまえながら、俊子と占領下の上海における女性問題との関わりについても解明した。関露の自伝的小説『新旧時代』（『上海婦女』一九三八年六月二〇日―一九三九年六月一〇日）、『黎明』（『女聲』第2巻第6期から第3巻12期、一九四三年一〇月一五日―一九四五年四月一五日）を見れば、彼女は、作家として出発した際に、〈女性問題〉に目覚め、そして〈女性問題〉の解決策を模索するうちに社会主義と出会い、信奉するに至ったという経緯がわかる。俊子と関露の辿る道は、似通っていたのである。また、これによって、社会主義的立場だけでなく、その相通じるメンタリティよって、二人の絆はさらに強められたと思われる。

第8章では、『女聲』の「読者投書欄」をとおして、晩年の俊子は、自分が抱いていた〈ジェンダー〉の諸問題が、中国女性の間に依然として存在していたことに気付く。彼女は、女性の「結婚」「日常」という、女性の間に偏在している問題に改めて着目し、そこに「インターナショナル・フェミニズム」の接点を見いだした。そして、俊子は、『女聲』体験をふまえて、〈異人種間〉の女性同士が一つの「階級」をなす〈レズビアンの連続体〉を中国・上海で再発見した、と指摘することができた。

全体としての成果をまとめれば、〈ジェンダー〉の視点からしか捉えられなかった従来の田村俊子像を、「人種」「階級」という視点を取り入れることによって再構築したということになろう。また、新たな田村俊子像の構築を通して、田村俊子研究におけるフェミニズム、ナショナリズム、そしてソーシャリズムの相関関係を一層明らかにしたといえる。これによって、日本、北米そして中国における俊子の全体像が捉えられ、俊子の思想面の変遷をつきとめることができた。それは、ジェンダー問題から出発した俊子が、北米で人種差別問題に出会ったことで、社会主義を信奉するようになったという思想遍歴である。

また、俊子の思想遍歴を解明することにより、晩年の俊子が、中国の女性問題に尽力した背景が理解できるようになった。それは、無国境、無国籍的に活動していた田村（佐藤）俊子像を理解するためには、現代社会におけるグロバライゼーションという視点が必要であったからである。換言すれば、本論文の位置は、このような田村（佐藤）俊子像を解読しえなかった過去の時代の限界性を裏付けるところにあったといえよう。従来の研究では、作家・田村俊子の「両性相克」を主題にする作品のみが注目され、本論文が明らかにしたように、〈海外に向けるまなざし〉を主題にしていた作品が対象とされなかった。とはいえ、俊子の海外への関心は、決して本書第1部で取り上げた作品にとどまるものではない。たとえば、「海坊主」（『新潮』、一九一三年一〇月）は、台湾に出稼ぎに出かけてきた母親の話、「暗い空」（『読売新聞』、一九一四年四月九日―八月二九日）には、台湾で事業に失敗し日本に帰国した父親が登場し、そして「前途」（『太陽』一九一五年九月）には、朝鮮人女学生が登場してくる。これらの作品は、いずれも作家・田村俊子が、いち早く海外や植民地に関心を示していた証左となる。こうした作品が、将来の研究対象となることはいうまでもない。

3　今後の課題

本書で論じた各章から、以下の課題が、今後取り組むべきものとして浮上してきた。「女学生上がり」たちが海外へ渡航する場合、その行き先は、欧米諸国もあれば、〈台湾〉や〈朝鮮〉のような日本の植民地もある。その逃避先として日本の植民地を選択したとするならば、それは、大日本帝国の植民地主義と共犯関係に陥りかねない。大日本帝国の「植民地」、例えば、朝鮮・台湾に移民していた女性層と、北米諸国に移民した女性層は、それぞれ移住する目的を異にしており、そして生活状況については、一層細かく研究する必要があると思われる。例えば、明治三〇―四〇年代には、「女教師」として朝鮮や台湾に赴任する女学生上がりを描く文学作品も徐々に現れたが、これらの作品の出現と「女学生上がり」が海外渡航する時代背景との相関関係については詳しく分かっておらず、今後の課題となっている。

それから、第6章で言及した俊子が取り上げた社会主義者たちが、日本や中国に与えた影響は一体いかなるものだったかは、さらに深く追求する必要がある。この部分の解明によって、上海時代の俊子と関露との連帯を、グローバルな面から再検討することが可能になろう。

さらに俊子と関露との連帯関係について、二人がほぼ同時期に、〈人種問題〉に関心を持ち始めた点に注目すべきである。一九三九年に関露は、アメリカの黒人詩人・作家のラングストン・ヒューズ（Langstone Hughes）の作品を翻訳した。[2] それに対して、一九三六年三月、日本に帰国した俊子が発表した日系二世を描く一連の作品群、そしてカナダの女流詩人・ポーリン・ジョンソンやアメリカ劇作家・ユージン・オニールの翻訳からみれば、〈人種問題〉は、この時期、俊子の関心の的であったことがわかる。俊子と関露との連帯関係については、二人の周辺だけでなく、同時代の文学思潮及び社会主義の動向も今後調査しなくてはならないと思われる。この課題は、第7章で浮上したことにも通じているといえる。つまり、三〇年代における日本と中国のユージン・オニールの受容の背景、そして日中女性間の連帯感がどのように構築されていたかを究明することである。一九三〇年代の俊子は、ユージン・オニールの作品を翻訳していたが、張愛玲も絶えず彼に言及していた。オニールが、当時、日・中両国においてどのように読まれていたかという問題は、戦時中における日・中両国の知識人のメンタリティを解明する際にも、重要な手がかりになる。また、敵国同士であった女性たち、つまり中国の左翼女性作家・関露や白薇、そして日本女性との連帯関係がどのように構築されていたのかという問題は、これからの研究を俟つ研究課題が依然として多い。ただし、近年、研究が進んでいることにしたがって、特に関露や『女聲』をめぐる中日地下工作組織、そして関露を始め、その書き手たちがどのように中国語雑誌『女聲』にかかわっていたかについては、筆者が博士論文を執筆していた二〇〇四年以降、より明らかにされたことが多い。[3]

現在、田村俊子研究の蓄積はまだ不十分であり、これからの課題は数多く残されている。例を挙げると、彼女の初期作品の中に多く描かれた「新しい女」像、そしてそこに見られた〈ジェンダー〉問題意識については、西洋文学から受容した可能性もあり、それはこれからの課題の一つだと思われる。[4]そして、前述したように、初期作品を、〈海外に向けるまなざし〉を研究視点に入れて、再読しなければならない。そのほか、演劇関係の作品、脚本（「やきもち」（『文芸倶楽部』、一九一〇年一二月）、「奴隷」（『中央公論』、一九一四年七月））、女優関係の小説（「秋海棠」（『美芸画報』、一九一一年一〇月）、「女優」（『女学世界』、一九一六年八―一二月））、そして劇評なども未開の研究領域である。〈台湾〉や〈朝鮮〉が登場している前述の作品や、これらの作品は、筆者が博士論文を執筆した当時、田村俊子研究の土台とされている三冊の『田村俊子作品集』（オリジン出版センター、一九八八年）には収録されていなかった。

二〇一二年以降、『田村俊子全集』（九巻、二〇一二年八月―二〇一七年五月）が、ようやく出版され始めた。前述した各研究分野のこれからの進展も、『田村俊子全集』の完全刊行にしたがって、さらなる飛躍的成長を祈ってやまない。

注

1 新渡戸稲造によれば、日本語の「殖民」は「ヨーロッパ語のコロニーを翻訳するに当たりて新造せられたる日本語」である。彼によると、幕末文久二年に『英和対訳』にColonyの訳語として「植民」が用いられているのが最初だそうであるが、明治元年の「仏和辞典」では「植人」の訳語が用いられており、明治四〜五年になって「殖民」が「民を殖すこと」（人口増殖）「民を殖ること」（開拓移住）の意味で定着したらしいとのことである。新渡戸は一九一六年の講義では、一般的に「〔殖ではなく〕『植』の字を用ひるやうになつたのは近頃数年来のことである」と述べていた。第4章のなかで、一八九〇年代の渡米熱を時代背景として論じていたため、ここでは、「植民」政策より、「殖民」政策と表記したのほうが適切だと思われる。小熊英二「『植民政策学』と開発援助―新渡戸稲造と矢内原忠雄―」（稲賀繁美編『異文化理解の論理にむけて』名古屋大学出版会、二〇〇一年六月）、注4を参照、一七三頁。また、『新渡戸稲造全集第4巻』（教文館、一九六九年）、四九―五〇頁、三四六―四五三頁。

2 関露は、ヒューズの作品を二つ翻訳した。それぞれ『上海婦女』の第3巻10期（一九三〇年一一月一〇日）と第3巻第11期（一九三九年一一月二九日）に発表した。原題は不明であるため、関露の翻訳のタイトルのみを示す。関露訳（アメリカ・ラングストン・ヒューズ作「米国休士作」）、「競売場の奴隷（競売場的奴隷）」『上海婦女』（第3巻10期、一九三九年一一月一〇日）、関露訳（アメリカ・ラングストン・ヒューズ作「米国休士作」）「ローギさんとポーリン――或る白人と黒人少女の恋物語（洛義先生と保琳――一個白人和一個黒女孩恋愛的故事）」（『上海婦女』第3巻11期、一九三九年一一月二五日）。丁言昭編『関露啊関露』（人民文学出版社、二〇〇一年一一月）を参照。

3 近年の研究動向について、序章ですでにふれたように、中国語女性雑誌『女聲』の研究が進んでいるにつれて、解明されたことが多い。その代表的な研究成果の一つは、山崎真紀子編『日中戦時下の中国語雑誌『女声』――フェミニスト田村俊子を中心に』（春風社、二〇二三年）。

4　俊子の読書記録からその一側面が窺い知れる。明治後期から大正にかけて流行していたダヌンツィオの『死の勝利』について、俊子は、最初「ハーデングの英訳」を読み、「極度の感激の為に殆ど泣き通して読んだ」が、その後、生田長江の訳を読んで「先ほどの印象はありませんでした」と述懐していた。また、『死の勝利』を感激したあまり、「当座は伊太利へ無暗に行きたくなつて、伊太利語を勉強するなんて云ひ出して夢中になつたり、もつと三味線を本式に勉強して伊太利へ漂泊してに女乞食《ジプシー》ならうかなんて」まで考えていた。『死の勝利』のなかに描かれている「宿命の女」像は、当時、日本文壇に大きな影響を与えていた。同時期に俊子が描いていた女性像も、実際にこのような「宿命の女」像と重なる部分が多い。前述したことからわかるように、俊子が西洋文学をある程度を通読していたのではないかと推測できる。田村俊子「読んだもの二種　『死の勝利』――生田長江訳、『絵の具箱』――岡田八千代著」（『新潮』第18巻第3号、一九一二年三月）。また、平石典子の「「新しい女」からの発信――『あきらめ』再読」（『人文論叢』（三重大学）二〇〇〇年三月）を参照。

参考文献

【凡例】

1 使用した日本語文献に関しては著者もしくは編者、刊行者姓名の日本語読みアイウエオ順に並べ、同一著者による文献は執筆もしくは発表年代順に並べて記載した。

2 英語文献の日本語版を使用した場合は、最初に原語で著者名と原著タイトルを示し、続けて［ ］内に使用した日本語版の情報を示した。

3 復刻版を使用した場合は、最初に旧版の情報を示し、続けて［ ］内に使用した復刻版の情報を示した。

4 使用した中国語文献に関しては著者もしくは編者、刊行者姓名の日本語読みアイウエオ順に並べ、同一著者による文献は執筆もしくは発表年代順に並べて記載した。

5 使用した英語文献に関しては著者もしくは編者、刊行者姓名のアルファベット順に並べ、同一著者による文献は執筆もしくは発表年代順に並べて記載した。

6 田村俊子の筆名に関しては、「田村俊子」以外、「佐藤露英」、「佐藤俊子」、「鳥の子」、「優香里」と「左俊芝」がある。その表記に関しては、使用した文献の筆名を示した。

【日本語文献】

アイセン ミトシコ「二世娘」（『羅府新報』一九三五年一〇月一九日）

青木生子、原田夏子、岩淵宏子『阿部次郎をめぐる手紙』翰林書房、二〇一〇年

浅野正道「やがて終わるべき同性愛と田村俊子―『あきらめ』を中心に―」（『日本近代文学』65号、二〇〇一年一〇月）

朝日新聞社『値段史年表』朝日新聞社、一九八八年

―「女優と女学生　1～3」（『東京朝日新聞』一九〇八年九月一二―一四日）

渥美育子「世紀末のボヘミアン　ヨネ・ノグチの素顔」（『読売新聞』一九七一年三月一一日）

阿部知二「花影」『阿部知二全集　第5巻』河出書房、一九七五年

Anderson, Benedict. "The New World Disoder." ［B・アンダーソン「〈遠隔地ナショナリズム〉の出現」関根政美訳、（『世界』586号、一九九三年九月）］

生田敏郎『明治大正見聞史』中央公論社、一九七八年

池上貞子「張愛玲と胡蘭成――〝漢奸〟をめぐって」（『文学空間』(20世紀文学研究会) 第2巻第9号、一九八九年七月）

―「田村俊子と関露―華字雑誌『女声』のことなど―」（『文学空間』(20世紀文学研究会) 第3巻第3期、一九九二年七月）

石川猶興「耐える強さと解放の強さ―丸岡秀子著『田村俊子と

わたし』」（『農政調査時報』371号、一九八七年八月）

逸見久美『在米十八年の軌跡　翁久允と移民社会　1907-1924』勉誠出版、二〇〇二年

伊藤成彦『ローザ・ルクセンブルクの世界』社会評論社、一九九八年

伊藤野枝「雑音――『青鞜』の周囲の人々『新しい女』の内部生活」『定本　伊藤野枝全集 第1巻』井出文子等編、学芸書林、二〇〇〇年

内田魯庵「自覚せよ若き女！」（『婦女界』第2巻第6―7号、一九一一年六―七月）［復刻版：『内田魯庵全集　第6巻』野村喬編、ゆまに書房、一九八四年］

――「性欲研究の必要を論ず」（『新公論』第26年第9号、一九一一年九月）

――「醒めたる女」（『東京朝日新聞』一九一二年一月三日）［復刻版：『内田魯庵全集　第6巻』ゆまに書房、一九八四年］

S.F.女「渡米して結婚せんとする姉妹　〈虚栄心に憧れたる私の懺悔〉」（『婦女新聞』一九一〇年三月一一日）

エティエンヌ・バリバール「人種主義と国民主義」須田文明・若森章孝訳、エティエンヌ・バリバール＆イマニュエル・ウォーラーステイン著、『人種・国民・階級―揺らぐアイデンティティ―』若森章孝［ほか］訳、大村書店、一九九七年

――「階級闘争から階級なき闘争へ？」須田文明訳、エティエンヌ・バリバール＆イマニュエル・ウォーラーステイン著、『人種・国民・階級―揺らぐアイデンティティ―』若森章孝［ほか］訳、大村書店、一九九七年

遠藤泰生「多文化主義とアメリカの過去」『多文化主義のアメリカ　揺らぐナショナル・アイデンティティ』油井大三郎編、東京大学出版会、一九九九年

大岡昇平「サッコとヴァンゼッティ」『大岡昇平集　第6巻』岩波書店、一九八三年

大森郁之助「田村俊子「あきらめ」のもう一つの顔―初出稿から見た異端の愛と悲しみ―」（『札幌大学女子短期大学紀要』第19号、一九九二年二月）

小栗風葉『青春』岩波書店、一九五三年

小熊英二「『植民政策学』と開発援助―新渡戸稲造と矢内原忠雄―」『異文化理解の論理にむけて』稲賀繁美編、名古屋大学出版会、二〇〇一年

王紅「上海時代の田村俊子―中国語の雑誌『女聲』を中心に―」（『中国女性史研究』第8号、一九九八年六月）

小平麻衣子「女が女を演じる―明治四十年代の化粧と演劇・田村俊子「あきらめ」にふれて」（『埼玉大学紀要（人文・社会）』第47巻第2号、一九九八年九月）

――「再演する〈女〉―田村俊子『あきらめ』のジェンダー・パフォーマンス」（『国語と国文学』（東京大学国語国文学会）第77巻第5号、二〇〇〇年五月）

――「『けれど貴女！　文学を捨ては為ないでせうね。』―『女

子文壇』愛読諸嬢と欲望するその姉たち―」(『文学』(岩波書店)第3巻第1号、二〇〇二年一―二月)

O' Neill, Eugene. *Anne Christie.* [ユーゼン・オニイル「アンナ・クリスチイ」(『婦人之友』佐藤俊子訳、第32巻第8号、一九三八年八月)]

小此木武子「写真結婚の喜劇と悲劇」(『婦人世界』10巻1号、一九一五年一月)

外務省「対米移民問題経過概要」『日本外交文書　大正期第24冊』外務省、一九七二年

片岡良一「田村俊子の生涯」『現代日本文学全集70』筑摩書房、一九五七年

片山潜『続渡米案内』渡米協会、一九〇二年

――「青年女子の渡米」(『社会主義』第8年第3号、一九〇四年一月)

加奈陀新聞社「日本人の農業種類」『加奈陀日本人農業発展號』一九三〇年五月[復刻版:『カナダ移民資料　第一巻』、不二出版、一九九五―二〇〇一年]

川鍋東策「田村俊子を繞る詩人たち――吉行理恵『夢のなかで』の受賞を機に」(『歴程』117号、一九六八年六月)

――「田村俊子を繞る詩人たち(完)」(『歴程』127号、一九六九年四月)

川村邦光『オトメの祈り――近代女性のイメージの誕生』紀伊国屋書店、一九九三年

川村湊「移民と棄民――移民文学論序説」(『国文学』(学燈社)第44巻第12号、一九九九年一〇月)

神田鵜平「創作時評」(『新潮』第35巻第8号、一九三八年八月)

関露、窪川稲子「日華両国女性の生活」(『毎日新聞』一九四三年八月二四―六日)

岸陽子「夜に鳴く鳥―大東亜文学者大会と一人の中国女性作家―」(『人文論集』(早稲大学法学会)第35号、一九九七年二月)

――「日本占領下の上海文学　華文女性月刊誌『女声』をめぐって」『深まる侵略屈折する抵抗　一九三〇年―四〇年代の日・中のはざま』宇野重昭編、研文出版、二〇〇〇年

北田幸恵「明治女性作家の書く行為とその意味」『女性作家集　新日本古典文学大系第23巻　明治編月報6』岩波書店、二〇〇二年

木村曙「婦女の鑑」『女性作家集　新日本古典文学大系第23巻　明治編』高田知波、中川成美等編、岩波書店、二〇〇二年

草野心平「『歴程への道』〈南京招請とわが戦後〉」『凹凸の道――対話による自伝』日本図書センター、一九九四年

工藤美代子、S・フィリプス『晩香坡の愛』ドメス出版、一九八二年

工藤美代子『旅人たちのバンクーバー　我が青春の田村俊子』筑摩書房、一九八五年

黒公子『現代女性観』聚精堂、一九一二年

黒川みどり『異化と同化の間――被差別部落認識の軌跡』青木

書店、一九九九年
黒沢亜里子「『遊女』から『女作者』へ―田村俊子における自己定位の位置をめぐって―」(『法政大学大学院紀要』14号、一九八五年三月)
――「田村俊子ノート――平塚らいてう・森田草平の『炮烙の刑』論争を中心に」(『日本文学論叢(別巻)』(法政大学大学院)一九八七年三月)
黒沢亜里子、長谷川啓監修『田村俊子全集　9巻』ゆまに書房、二〇一二―二〇一七年
桑野桃華『女優論』三芳屋書店、一九一二年
桑谷定逸「戦慄す可き女性間の顛倒性慾」(『新公論』第26年第9号、一九一一年九月)
小杉天外『魔風恋風』岩波書店、一九五一年
小林英夫『日中戦争と汪兆銘』吉川弘文館、二〇〇三年
在米国無名女「(自己告白)異郷に神を信ずる私」(『婦女新聞』一九一四年一一月二七日)
櫻井鴎村「亜米利加だより　北米紀行(第二回)」(『女学雑誌』第502号、一八九九年一二月二五日)
佐多稲子「『女作者』」『佐多稲子全集　第4巻』講談社、一九七八年
――『作家の自伝34　佐多稲子』日本図書センター、一九九五年
佐藤俊子「一とつの夢―或る若きプロレタリア婦人作家におくる―」(『文芸春秋』第14巻第6号、一九三六年六月)
――「小さき歩み」(『改造』第18巻第10号、一九三六年一〇月)
――「薄光の影に寄る―小さき歩み(続)―」(『改造』第18巻第12号、一九三六年一二月)
――「愛は導く―小さき歩み(完)―」(『改造』第19巻第3号、一九三七年三月)
――「カリホルニア物語」(『中央公論』第53年第7号、一九三八年七月)
――「侮蔑」(『文芸春秋』第16巻第21号、一九三八年一二月)
――「第二世の子女の教育は外国人として扱へ　花嫁学校式を排す」(『東京日日新聞』一九三七年三月一六日)
――「幸福の一滴」(『新女苑』第2巻第3号、一九三八年三月)
――「挿話(加奈陀女流詩人の原稿に代へて)」(『明日香』第3巻第4号、一九三八年四月)
――「イースト・イズ・イースト」(『改造』第20巻第8号、一九三八年八月)
――「上海に於ける支那の働く婦人」(『婦人公論』第24年第2号、一九三九年二月)
――「知識層の婦人に望む―日支婦人の真の親和」(『婦人公論』第24年第3号、一九三九年三月)
――「日本の婦人を嗤ふ支那の婦人」(『婦人公論』第24年第9号、一九三九年九月)
――「陳璧君女士印象記」『華文大阪毎日』第四巻第八期

（一九四五年四月一五日）［復刻版：『華文大阪毎日』不二出版、二〇二二年］
沢部仁美『百合子、ダスヴィダーニャ――湯浅芳子の青春』文芸春秋、一九九〇年
塩田良平「解題」『明治文学全集　明治女流文学集（一）』塩田良平編、筑摩書房、一九六六年
渋川玄耳（柳次郎）「支那行き女教師」『閑耳目』春陽堂、一九〇八年
実業之日本社「写真結婚をして不幸に陥りし小説的実例」（『婦人世界』4巻4号、一九〇九年四月）
島貫しか子「写真結婚を媒介をして」（『婦女新聞』一九一九年七月一八日）
島貫兵太夫「海外移住と日本国民」（『力行』第2巻第7号、一九〇四年五月二五日）
――『最近渡米策』日本力行会、一九〇四年［復刻版：『近代欧米　渡航案内記集成第3巻』ゆまに書房、二〇〇〇年］
――『力行会とは何ぞや』警醒社、一九一一年
――「アメリカ移民のために写真結婚を奨励」（『東京朝日新聞』一九一一年六月二六日）
ジャパンタイムス社『加奈陀同胞発展大鑑　全』一九二一年［復刻版：『カナダ移民資料　第7巻』不二出版、一九九五―二〇〇一年］
周海林「『風雨談』、その言説に包含された真実と虚構――上海からの照明」『交争する中国文学と日本文学』杉野要吉編、三元社、二〇〇〇年
小学館編『日本国語大辞典4』小学館、一九七四年
邵迎建『伝奇文学と流言人生　一九四〇年代上海・張愛玲の文学』お茶の水書房、二〇〇二年
食満南北「女優と女形の価値」（『演芸画報』第6年第4号、一九一二年三月）
殖民協会「婦人ノ海外渡航ニ就テ杉村通商局長ノ談話」（『殖民時報』第69号、一八九九年六月一二日）
女学雑誌社「時事　渡米倶楽部」（『女学雑誌』520号、一九〇三年八月二五日）
新潮社「昭和十三年小説界のメモ」（『新潮』第35巻第12号、一九三八年一二月）
杉森長子「Pacifism と Feminism の融合（2）―ジェーン・アダムスの場合―」（『日本女子大学紀要　人間社会学部』第5号、一九九四年）
鈴木悦「亡命の人　▲第一信（八）」（『大陸日報』一九一八年七月三一日）
鈴木正和「佐藤俊子『侮蔑』を読む―異文化からみた日本への視座―」（『昭和文学研究』29号、一九九四年七月）
青鞜社「編集室より」（『青鞜』第2巻第10号、一九一二年一〇月）
清野暢一郎『オニール　研究社英米文学評伝叢書　98』研究社、一九三五年

瀬戸内晴美『田村俊子』文芸春秋新社、一九六一年
高橋孝助、古厩忠夫編『上海史　巨大都市の形成と人々の営み』東方書店、一九九五年
武田泰淳「うら口」『上海の蛍』中央公論社、一九七六年
竹村和子「フェミニズムとポストコロニアリズム」『ポストコロニアリズム』姜尚中編、作品社、二〇〇一年
――「資本主義社会とセクシュアリティ――〔ヘテロ〕セクシズムの解体へ向けて――」（『思想』879号、一九九七年九月）
立川健治「明治後半期の渡米熱――アメリカの流行」（『史林』第69巻第3号、一九八六年五月）
――「島貫兵太夫と力行会―信仰・成功・アメリカ―」（『史林』第72巻第1号、一九八九年一月）
大陸日報社編『加奈陀同胞発展史』一九〇九年［復刻版：『カナダ移民資料　第1巻』不二出版、一九九五―二〇〇一年］
大陸日報社「一青年の手紙、浮田領事の説明を求む」（『大陸日報』一九一〇年一月九日）
――「恋を弄ぶ女」（『大陸日報』一九二〇年六月七日、一四日）
――「恋を恋する女」（『大陸日報』一九二〇年一〇月八―九日）
田中メイ「女性所感29」（『羅府新報』一九三七年五月一三日）
田村総「北京時代の田村俊子」『田村俊子作品集　月報1』、オリジン出版センター、一九八七年
田村俊子「あきらめ」（『大阪朝日新聞』一九一一年一月一日―三月二一日）
――「静岡の友」（『新小説』第16年第12巻、一九一一年二月）
――「読んだもの二種　『死の勝利』―生田長江訳、『絵の具箱』―岡田八千代著」（『新潮』第18巻第3号、一九一二年三月）
――「簾の蔭から」（『女学世界』第12巻第11号、一九一二年八月）
――『紅』桑弓堂、一九一二年［復刻版：『近代女性作家精選集　25』ゆまに書房、二〇〇〇年］
――「遊女」（のちに「女作者」）（『新潮』第18巻第1号、一九一三年一月）
――「同性の恋」（『中央公論』第28年第1号、一九一三年一月）
――『山吹の花』植竹書院、一九一四年［復刻版：『近代女性作家精選集　7』ゆまに書房、一九九九年］
――『恋むすめ』牧民社、一九一四年［復刻版：『近代女性作家精選集　6』ゆまに書房、一九九九年］
――『恋のいのち』実業之世界社、一九一五年［復刻版：『近代女性作家精選集　7』ゆまに書房、一九九九年］
――『彼女の生活』牧民社、一九一七年［復刻版：『近代女性作家精選集　26』ゆまに書房、二〇〇〇年］
――「二重生活のヂレンマ」（『新世界新聞』一九二四年四月一六日）
――『作家の自伝87　田村俊子』日本図書センター、一九九九年
田村紀雄「梅月高市と『日刊民衆』―カナダ日系人「キャンプミル労組」の機関誌活動―」（『東京経大学会誌』151号、

一九八七年六月）
――『鈴木悦　日本とカナダを結んだジャーナリスト』リブロポート、一九九二年
田山花袋「蒲團」『定本　花袋全集』臨川書店、一九九三年
張愛玲「燼余録」（『大陸新報』室伏クララ訳、一九四四年六月二〇、二七日）
陳蘇黔「田村俊子『あきらめ』私見」（『論樹』第4号、一九九〇年九月）
東京日日新聞社「第二世に日本教育　生まれる〝国際女子学園〟校長は高野渓個女史」（『東京日日新聞』一九三七年三月一一日）
渡米協会会員「女性渡米案内」（『婦女新聞』一九〇六年八月一三日）
鳥の子「自ら働ける婦人達に」（『大陸日報』一九一九年八月九日）
――「日会改造案通過に由って全在留同胞婦人の覚醒をしなければならない事並びに諸婦人会の革新の必要について」（『大陸日報』一九二一年一二月七日）
――「婦人よ」（『大陸日報』一九二四年一月一日）
ドラ・ラッセル夫人「支那に於ける女権主義と女性改造運動」（『女性改造』第1巻第1号、一九二二年一〇月）
内務省警保局保安課「中国共産党対日諜報団竝に之に関聯する外患に関する罪及治安維持法違反事件の取調状況」（『特高月報』一九四三年一〇月）［復刻版：『特高月報』政経出版社、一九七三年］
永井松三『日米文化交渉史　第5巻　移住編』洋々社、一九五五年
長江曜子「田村俊子の『悪寒』について―その恐怖の本質―」（『文学研究』聖徳学園短大、第5号、一九九〇年一月）
中西功『中国革命の嵐の中で』青木書店、一九七四年
中野好夫「人と文学」『石川達三集』筑摩書房、一九八一年
中村久吾「北米新音」（『婦女新聞』一九〇八年九月一八日）
中村春雨（吉蔵）「脚本　波」（新社会劇団第二回試演用）（『早稲田文学』第59号、一九一〇年一〇月）
中村宏『福祉国家と社会主義』法律文化社、一九八五年
名取勘助「小説月評」（『新潮』第35巻第1号、一九三八年一月）
西山悊治「米国女尊の思想　米国だよりの十九」（『婦女新聞』一九〇七年一〇月二一日）
新渡戸稲造『新渡戸稲造全集　第4巻』教文館、一九六九年
長谷川啓編『田村俊子作品集　第1～3巻』オリジン出版センター、一九八七―八年
――「初出「あきらめ」を読む―三輪の存在をめぐって―」（『社会文学』第2号、一九八八年七月）
――「書くことの〈狂〉――田村俊子の『女作者』」『フェミニズム批評への招待――近代女性文学を読む』岩淵宏子等編、学芸書林、一九八五年
――「〈妻〉という制度への反逆――田村俊子『炮烙の刑』を読

む」『現代女性学の探究』長谷川哲・橋本泰子編、双文社、一九九六年
花房露子「私の扮した女音楽師」（『歌舞伎』第125号、一九一〇年一一月）
Butler, Judith. "Imitation and Gender Insubordination." [ジュディス・バトラー「模倣とジェンダーへの抵抗」杉浦悦子訳、（『Imago』7巻6号、一九九六年五月）]
――"Preface in *Gender Trouble*" [ジュディス・バトラー「『ジェンダー・トラブル』序文」高橋愛訳、（『現代思想』28巻14号、二〇〇〇年一二月）]
馬場睦夫『キプリング　研究社英米文学評伝叢書68』研究社、一九三五年
平石典子「『新しい女』からの発信―『あきらめ』再読」（『人文論叢』（三重大学）第17号、二〇〇〇年三月）
平塚らいてう「円窓より」（『青鞜』第2巻第4号、一九一二年四月）
――「一年間」（『青鞜』第3巻第2号、一九一三年二月）
――『原始、太陽は女性であった 上』大月書店、一九七三年
福田はるか『田村俊子　谷中天王町の日々』図書新聞、二〇〇三年
福地潮人「古典的アソシエーショナリズムの現代的再生―P.Q.ハーストのG.D.H.コール解釈をめぐって―」（『立命館産業社会論集』第37巻第4号、二〇〇二年三月）
藤井省三「"淪陥区"上海の恋する女たち―張愛玲と室伏クララ、そして李香蘭」『李香蘭と東アジア』四方田犬彦編、東京大学出版会、二〇〇一年
婦女新聞社「女子大学の文芸会」（『婦女新聞』一九〇六年一二月三日）
――「結婚難（下）」（『婦女新聞』一九一一年七月一一日）
――「同性の愛」（『婦女新聞』一九一一年八月一一日）
――「同性の恋と其実例」（『婦女新聞』一九一一年八月一一日）
――「厭世的自覚―帝国劇場所演『日の出』の浜子」（『婦女新聞』一九一二年二月一六日）
古川誠「同性愛考」（『Imago』6巻11号、一九九五年一〇月）
平凡社編『社会問題辞典　社会思想全集　第40巻』平凡社、一九三三年
ヘンリー木山義喬『漫画　四人書生』木山義喬画室（サンフランシスコ）、一九三一年
法政大学大原社会問題研究所編『太平洋戦争下の労働運動　日本労働年鑑特集版』法政大学大原社会問題研究所、一九七五年
本田和子『女学生の系譜――彩色される明治』青土社、一九九〇年
――『女学生の系譜　増補版――彩色される明治』青弓社、二〇一二年
前山加奈子「雑誌『女聲』の関露」（『中国女性研究史』第3号、

一九九一年七月)
松井須磨子「新しき女優の覚悟」(『女子文壇』第7巻第15号、一九一一年一二月)
松本伸子『日本の演劇史』演劇出版社、一九八〇年
丸岡秀子『田村俊子とわたし』中央公論社、一九七三年
三神真彦『わがまままいっぱい名取洋之助』筑摩書房、一九八八年
水島治男『改造社の時代 戦中編』図書出版社、一九七六年
水田珠枝編『世界女性学基礎文献集成 昭和初期編 第9巻』ゆまに書房、二〇〇一年
村山敏勝「わたしは作文を引き裂いた―『ヴィレット』と語る女性の私的領域―」(『現代思想』28巻3号、二〇〇〇年二月)
文部省大臣官房総務課編『歴代文部大臣式辞集』文部省大臣官房総務課、一九六九年
柳田泉、勝本清一郎等編『座談会 明治・大正文学史3』岩波書店、二〇〇〇年
山内邦臣『ユージン・オニール 現代英米文学セミナー双書14』山口書店、一九八八年
山川菊栄「民族の融和に対する国家の自覚」(『公道』第2巻9号、一九一五年一二月)[復刻版:『山川菊栄 女性解放論集2』鈴木裕子編、岩波書店、一九八四年]
――「現代結婚制度の根本的缺陥」(『婦女新聞』一九一九年七月一八日)
――「人種的偏見・性的偏見・階級的偏見」(『雄弁』一九二四年六月)[復刻版:『山川菊栄 女性解放論集2』鈴木裕子編、岩波書店、一九八四年]
山崎真紀子編『日中戦時下の中国語雑誌『女声』――フェミニスト田村俊子を中心に』春風社、二〇二三年
山根吾一『最近渡米案内』渡米雑誌社、一九〇四年
与謝野晶子「異国に在留さるる婦人の方々へ」(『大陸日報』一九一八年一月一日)
吉川豊子「近代日本の「レズビアニズム」―一九一〇年代の小説に描かれたレズビアンたち―」『性幻想を語る』近藤和子編、三一書房、一九九八年
吉村大次郎『渡米成業の手引』岡島書店、一九〇三年[復刻版:『渡米案内 日系移民資料集 北米編 第2巻』日本図書センター、一九九一年]
Yoneda, Karl G. Sixty-Year Struggle of a Kibei Worker. [カール・ヨネダ『がんばって日系米人革命家60年の軌跡』田中美智子・田中礼蔵訳、大月書店、一九八四年
米田佐代子『平塚らいてう―近代日本のデモクラシーとジェンダー―』吉川弘文館、二〇〇二年
読売新聞社「新しき女(十二)▲危険なる写真結婚」(『読売新聞』一九一二年六月六日)
Russell, Dora. The *Tamarisk Tree.* [ドラ・ラッセル、『タマリスクの木―ドラ・ラッセル自叙伝―』山内碧訳、リブロポート、

一九八四年三月」
Rich, Adrienne. "Compulsory Heterosexuality and Lesbian Existence." ［アドリエンヌ・リッチ「強制的異性愛とレズビアン存在」大島かおり訳、『血、パン、詩』晶文社、一九八九年］
劉建輝『魔都上海　日本知識人の「近代」体験』講談社選書メチエ、二〇〇〇年
呂泉明「田村俊子の中国での足跡」『中国語で残された日本文学――日中戦争のなかで』西田勝訳、法政大学出版局、二〇〇〇年
早稲田大学出版部「新刊書一覧」（『早稲田文学』69号、一九一一年八月）
――「新書批評　田村とし子氏の『あきらめ』」（『早稲田文学』70号、一九一一年九月）
渡邊澄子「『女聲』の総目次」（『大東文化大学紀要　人文科学』第27号、一九八三年三月）
――「田村俊子の『女声』について」（『文学』（岩波書店）第53巻第3号、一九八八年三月）
――「木村曙『婦女の鑑』を読む」（『日本文学』47巻1号、一九九八年一月）
――『青鞜の女　尾竹紅吉伝』不二出版、二〇〇一年

【中国語文献】
回憶潘漢年編輯組編『回憶潘漢年』（江蘇人民出版社、一九八五年）
柯興『魂帰京都――関露伝』群衆出版、一九九九年
関露「姨太太日記」『申報』一九三五年三月二四日、三一日、四月七日、一四日、二八日
［復刻版：『仲夏夜之夢』柯霊編、上海古籍出版、一九九九年］
――「日本女性作家印象」『日本一瞥　中日文化叢書第一種』中日文化協会編、中日文化協会上海分会、一九四四年）
金宇澄『回望』（新経典図文伝播有限公司、二〇二四年二月）
季瘋「言與不言之間」『雑感之感』新京益智書局、一九四〇年［復刻版：『中国淪陥区文学大系　史料巻』銭理群編、広西教育出版社、二〇〇〇年］
胡蘭成『今生今世　上、下』ジャーナル社、一九五八年一二月
女聲社『女聲』第1巻第1期〜第4巻第2期（一九四二年五月―一九四五年七月）
蕭陽、広群『一個女作家的遭遇――記関露的一生』北方文芸出版社、一九八八年
蕭陽文「一個不該被遺忘的女作家関露」『新文学史料』（新文学史料編輯組）第18号（一九八三年二月）
迅雷「論張愛玲的小説」『萬象』第3年第11期（一九四四年五月）［復刻版：『中国淪陥区文学大系　評論巻』封世輝編、広西教育出版社、一九九八年］
盛英編『二十世紀中国女性文学史』天津人民出版社、一九九五年
銭理群「文壇大事記」『中国淪陥区文学大系　史料巻』銭理群編、

広西教育出版社
二〇〇〇年

蘇青「談女人」（初出不詳）［復刻版：『張愛玲　蘇青散文精粋』沈小蘭編、花城出版社、一九九四年］

蘇青、張愛玲「蘇青・張愛玲対談記――関於婦女・家庭・婚姻諸問題」『雑誌』（一九四五年三月）［復刻版：『張愛玲散文全編』浙江文芸出版社、一九九二年］

譚正璧「当代女作家小説選・敍言」『当代女作家小説選』太平洋書局、一九四四年［復刻版：『中国淪陥区文学大系　評論巻』封世輝編、広西教育出版社、一九九八年］

張愛玲「傾城之恋」『雑誌』第11巻第6期（一九四三年九月）［復刻版：『張愛玲経典作品集』時代文芸出版社、二〇〇二年］

――「封鎖」『天地』第2期（一九四三年一一月）［復刻版：『張愛玲経典作品集』時代文芸出版社、二〇〇二年］

――「燼餘録」『天地』第5期（一九四四年二月）［復刻版：『張愛玲散文全編』浙江文芸出版社、一九九二年］

――「談女人」『天地』第6期（一九四四年三月）［復刻版：『張愛玲散文全編』浙江文芸出版社、一九九二年］

――「私語」『天地』第10期（一九四四年七月）、『流言』中国科学公司一九四四年［復刻版：『中国現代文学史参考資料』新華書店、一九八七年］

――「自己的文章」『流言』中国科学公司、一九四四年［復刻版：『中国現代文学史参考資料』新華書店、一九八七年］

――「『伝奇』再版的話」『伝奇　再版本』上海雑誌社、一九四四年［復刻版：『張愛玲散文全編』浙江文芸出版社、一九九二年］

――「我看蘇青」『天地』第19期（一九四五年四月）［復刻版：『張愛玲散文全編』浙江文芸出版社、一九九二年］

丁景唐「関露同志与女聲」『関露啊関露』丁言昭編、人民文学出版社、二〇〇一年

――「関于『女聲』的一些情況」『関露啊関露』丁言昭編、人民文学出版社、二〇〇一年

丁言昭「関露生平年表」『関露啊関露』丁言昭編、人民文学出版社、二〇〇一年

涂晓華『上海淪陥期《女聲》雑誌研究』中国傳媒大学出版社、二〇一四年

陶坊資「回憶父親」『新文学史料』新文学史料叢刊編輯組、第57号、一九九二年一一月

南渓「淪陥時期的上海文学期刊」『中華文学史料』中華文学史料学学会編、百科出版社、一九九〇年

白舒栄、何由編『白薇評伝』湖南人民出版社、一九八三年

白薇『白薇作品選』湖南人民出版社、一九八五年

碧野「思憶関露」『関露啊関露』丁言昭編、人民文学出版社、二〇〇一年

孟悦、戴錦華『浮出歴史地表――現代婦女文学研究』河南人民出版社、一九八九年

羅久蓉『她的審判：近代中國國族與性別意義下的中奸之辨』中央研究院近代史研究所、二〇一三年
劉平「陶晶孫和『大東亜文学者大会』」『新文学史料』（新文学史料叢刊編輯組）第5号、一九九二年一一月

【英語文献】

Barlow, Judith E. “O’ Neill’ s Female Characters.” *The Cambridge Companion to Eugene O’Neill*. Ed. Michael Manheim. UK: Combridge University Press, 1998.

Bourne, Randolph. “Transnational America.” *Atlantic Monthly* 118（June 1916）: 86-97.

Crichton, Judy. *America 1900—The Sweeping Story of a Pivotal Year in the Life of the Nation.* New York: Owel Books, 2000.

Eugene V. Debs Internet Archive. http://www.marxists.org/arhive/debs/（二〇一三年四月二九日確認）

Gilbert, Sandra M. and Gubar, Susan. *No Man’s Land—The Place of the Women Writer in the Twentieth Century* Vol. 1. New Haven: Yale University Press, 1988.

Gorn, Elliott. *Mother Jones—the Most Dangerous Woman in America.* New York: Hill and Wang, 2001.

Gunn, Edward M. Jr. *Unwelcome Muse—Chinese Literature in Shanghai and Peking 1937-1945*. New York: Columbia University Press, 1980.

Havelock, Ellis. and Symonds. John. *Sex Inversion, Studies in the Psychology of Sex* Vol.1. London: Ailson and Macmillan, 1897.

Houchin, John. “Bad Girls, Tough Guys and the Changing of the Guard.” *Censorhip of the American Theatre in the Twentieth Century*. UK: Cambridge University Press, 2003.

Hsia, C. T. *A History of Modern Chinese Fiction, 1917-1957*. New Haven: Yale Univsity Press, 1961.

Internet Broadway Database, http://www.ibdb.com/production.asp?ID=8338（二〇一三年四月二九日確認）

Kanada Shinbun（The Canada Daily News）and Nikkan Minshu（The Daily People）for 1941 on Microfilm: A Preservation Microfilming Project at the Universtiy of British Columbia Library. http://www.library.ubc.ca/kanada95.html（二〇〇〇年七月七日確認）

Kano, Ayako. *Acting Like a Woman in Modern Japan—Theater, Gender, and Nationalism*. New York: Palgrave, 2001.

Kipling, Rudyard. “The Ballad of East and West.” *A Choice of Kipling’s Verse: Selected with an Essay on Rudyard Kipling*. Ed. T.S. Eliot. London: Cox&Wyman Ltd, 1988.

Marchand, Roland. *Advertising the American Dream: Making Way for Modernity, 1920-1940*. Berkeley: University of California Press, 1985.

New York Co. ““Sapho” Jury Complete.” *The New York Times*. June 4, 1900, 14.

—— "Court Cuts Short the "Trial." *The New York Times*. June 5, 1900, 14.

—— "Jury Soon Acquits Miss Nethersole." *The New York Times*. June 6, 1900, 14.

—— "Rush for "Sapho" Tickets." *The New York Times*. June 7, 1900, 14.

Noguchi, Yone.（Miss Morning Glory）. *The American Diary of a Japanese Girl*. New York: Frederick A. Stokes Company, 1902.

——*The American Letters of a Japanese Parlor-Maid*. Tokyo: The Fuzanbo Publishing, 1905.

Noguchi, Yone. "A Japanese Girl' s One Week in London 1-5." *Eigo Seinen*（*The Rising Generation* 14:10-11（January 1, 1906）, 165-6; 14:13（Febuary 1, 1906）, 197; 14:14（Febuary 11, 1906）, 232-3; 14:17（March 11, 1906）, 261; 14:18（March 21, 1906）, 277.

O' Neill, Eugene. *The Plays of Eugene O'Neill VII:Dynamo, Diff'rent*. Ed. Wilderness, Kyoto: Rinsen Book Company, 1934.

Rafu Shimpo sha. "S' 37 Nisei Class is Largest in History—Over 600 Graduate From Southland High Schools; Impressive Records Made." *The Rafu Shimpo*. June 20, 1937, 3.

—— "Yes, We Want : White Collar Poisitions! Say Majority of Nisei." *The Rafu Shimpo*. June 20, 1937, 6.

Strong -Boag Veronica and Gerson Carole. " 'Canadian Born' : Imagining the Nation." *Padding Her Own Canoe: the Times and Texts of E. Pauline Johnson*（*Tekahionwake*）. Canada: University of Toronto Press, 2000.

Tsukutani, Henry. " 'After Graduation, Young Woman, What?' Queries 'Inquisitive Nisei Male,' " *The Rafu Shimpo*, June 20, 1937, 5.

The National Learning Curve, http://www.spartacus.schoolnet.co.uk/PRmacdonald.htm（二〇〇三年四月二九日確認）

Yoo, David. *Growing Up Nisei: Race Generation, and Culture among Japanes Americans of California, 1924-1945*. Urbana and Chiago: University of Illinoss Press, 2000.

図版出典一覧

p.8　『女学世界』第18巻第12号、一九一八年一二月

p.35　日本近代文学館提供

p.80　「あきらめ」（第二回）『大阪朝日新聞』一九一一年一月二日

p.86　『田村俊子作品集　第1巻』東京、オリジン出版センター、一九八七年

p.90　*America 1900—The Sweeping Story of a Pivotal Year in the Life of the Nation*, New York: Owel Books, 2000, p.80.

p.103　日本近代文学館提供

p.122　『漫画　四人書生』（サンフランシスコ、一九三一年）。英文版 The Four Immigrants (Stone Bridge Press, 1999), pp.114–115

p.189　日本近代文学館提供

p.251　佐藤俊子「久しぶりにみる日本の女」『婦人公論』第21年第7号、一九三六年七月

初出一覧

序章　書き下ろし

第一章

「女学生世界＝ノ・マンズ・ランド―田村俊子の『あきらめ』について―」『明治から大正へ　メディアと文学』（筑波大学近代文学研究会）二〇〇一年一一月、二六六―二八一頁

第二章

「一九一〇年代の日本におけるレズビアニズム―「青鞜」同人を中心に―」『稿本近代文学第二六集』（筑波大学日本文学会近代部会）二〇〇一年一二月、五一―六五頁

Peichen Wu, "Performing Gender Along the Lesbian Continuum: The Politics of Sexual Identity in the Seito Society," *U.S.–Japan Women's Journal* (Center for Inter-Cultural Studies and Education, Josai University and Purdue University), 2002, pp.64-86.（日本語論文の一部を改訂、改稿したものである）

第三章

Peichen Wu「ドメスティック・イデオロギーからの脱出願望―田村俊子の〈書く女〉と〈演じる女〉について―」

"Observing Japan from Within"（内側から見た日本：在住外国人研究者の視点）シンポジウム、日本文化研究センター（京都）二〇〇三年九月二五―二七日（口頭発表）

第四章

Peichen Wu, "The Representation of the Picture Bride and the Degenerate Female Student: The America-going Boom and the Picture Marriage" (Panel Title: On the Periphery of the Empire: The Creation of New Racial, Cultural and Gender Identities in Modern Japan, Organizer: Peichen Wu, Panelists: Peichen Wu/University of Tsukuba, Robert Tierney/Stanford University, Anne Sckolsky / University of California, Berkeley) Seventh Annual Asian Studies Conference Japan（ASCJ）, Ichigaya Campus, Shophia University, Tokyo, Japan. 二〇〇三年六月二一—二二日（口頭発表）

第五章
「アイデンティティとジェンダーの揺らぎ—佐藤俊子の日系二世を描く小説群にみる二重差別構造—」『〈翻訳〉の圏域：文化・植民地・アイデンティティ』（筑波大学文化批評研究会）二〇〇四年二月、二四五—二六四頁

第六章　書き下ろし

第七章
「上海（一九四二—四五）佐藤（田村）俊子と中国女性作家関露—中国女性雑誌『女聲』をめぐって—」『比較文学』第四五巻（日本比較文学会）二〇〇三年三月、一二五—一三九頁

第八章　書き下ろし

結章　書き下ろし

本書を出版するために、博士論文を改稿した際、一九九九年から二〇〇四年にかけて、筑波大学における留学生活をもう一度顧みた。それ以前は、筑波大の地域研究研究科の修士課程を経て、その後、アメリカのシカゴ大学に進学した。一九九八年にシカゴ大学東アジア文明言語研究科より修士号を取得したのち、進路を迷っているところ、もう一度日本交流協会の奨学金試験を合格し、同時に筑波大学文芸言語研究の博士課程の編入試験を通過し、ふたたび筑波大学に入学した。そのとき、英語から日本語へ切り替える過渡期と格闘しながら、博士論文のテーマについても悩んでいた。おそらく入学してから三年目、田村俊子の伝記とその作品と出会い、明治生まれの女性作家が、そのような波乱万丈の人生を送っていたことを初めて知り、驚いた。だが、彼女がかつて北米と中国に渡り、さまざまな仕事を成し遂げていたことがあまりにも知られていない事実にも驚いた。このことがきっかけで、田村俊子の日本、北米と中国の足跡、そしてその作品ないし思想の形成の軌跡を研究することを、博士論文のテーマにした。

博士論文の執筆期間、そして学位論文を提出した際、指導教官の荒木正純先生をはじめ、池内輝雄先生、平石典子先生、堀池信夫先生、宮本陽一郎先生、吉原ゆかり先生から諸々のご指導と学恩をいただき、この場を借り、深謝の意を表したい。また、在学中、先輩たちである九州大学の波潟剛先生、愛媛大学の中根隆行先生と名古屋大学の日比嘉高先生からも様々な助言をいただき、お世話になり、それによって研究の道をより精進することが可能になった。

本書の刊行に当たって、文学通信の渡辺哲史氏と原稿の査読をお引き受けくださった匿名のお二方の先生には、編集の検討と改稿の助言に感謝する。そして、本書の索引を作成することを手伝ってくれた、政治大学台湾文学研究所の陳安文さんにもありがとう。

最後ながら、長いあいだ、さまざまな面で支えてくれた家族、そして天国にいる愛猫たち、てんてん、ピィーウーとネロ君に感謝の気持ちを伝えたい。

や

ら

5. 事件

さ

た

な

は

ま

な

は

ま

や

ら

わ

4. 事項

あ

か

3. 雑誌

アルファベット

あ

か

さ

た

ま

や

ら

わ

な

は

た

さ

か

2. 作品名

アルファベット

あ

ま

や

ら

わ

た

な

は

さ

索引

1. 人名

アルファベット

あ

か

［著　者］

呉　佩珍（ご・はいちん）

1967年台湾生まれ。東呉大学日本語学系助教授を経て、現在国立政治大学台湾文学研究所教授。専門は、日本近代文学、日台比較文学。
筑波大学地域研究研究科修士、シカゴ大学東アジア文明言語研究科修士。筑波大学文芸言語研究科博士課程修了、博士（学術）。

主な著書・論文は『福爾摩沙與扶桑的邂逅：日治時期台日文學與戲劇流變』（國立臺灣大學出版センター、2023年）、『帝国幻想と台湾：1871–1949』（共著、花鳥社、2021年）、『真杉靜枝與殖民地台灣』（聯經出版、2013年）、「松本清張「或る『小倉日記』伝」と「両像・森鷗外」、そして知られぬ森鷗外の台湾体験」（『松本清張研究』二四号、2023年3月）、「女性解放と恋愛至上主義との間——大正・昭和期のコロンタイ言説の受容」『女性と闘争 雑誌「女人芸術」と一九三〇年前後の文化生産』（青弓社、2019年）など。

太平洋を越える〈新しい女〉

—田村俊子とジェンダー・人種・階級—

2024（令和6）年12月31日　第1版第1刷発行

ISBN978-4-86766-073-7　C0095　

発行所　株式会社 **文学通信**

〒113-0022 東京都文京区千駄木2-31-3 サンウッド文京千駄木フラッツ1階101
電話 03-5939-9027　Fax 03-5939-9094
メール info@bungaku-report.com ウェブ https://bungaku-report.com

発行人　岡田圭介
印刷・製本　モリモト印刷

ご意見・ご感想はこちらからも送れます。上記のQRコードを読み取ってください。

※乱丁・落丁本はお取り替えいたしますので、ご一報ください。書影は自由にお使いください。